KB272632

권력중독

그들은
왜
지배할수록
괴물이 되는가

권력중독

카르스텐 C. 셰르물리Carsten C. Schermuly 지음

곽지원 옮김

미래의창

중독을 벗어나 건설적인 권력으로

당신은 권력의 심리에 관한 책을 구입했고, 이제 그 책을 읽고 있다. 이와 관련해 질문을 던지고 싶다. 왜 '권력'에 관심을 갖게 되었는가? 그리고 무엇을 기대하고 이 책을 펼쳤는가? 먼저 확실히 해두자면, 이 책은 어떻게 하면 빠르게 권력을 얻을 수 있는지를 알려주는 안내서가 아니다. 주변 사람들을 조종해서 내 말에 모두 따르게 만드는 법을 알려주는 심리 기술서도 아니다. 이미 1513년에 마키아벨리가 그런 책을 쓴 바 있다. 하지만 이 책이 다루는 주제는 그것과는 다르다.

이 책은 우선 권력이 인간에게 어떤 영향을 미치는지 살펴본다. 예를 들어, 권력은 인간을 포함해 유인원 모두에게 일종의 중독 작용을 일으킨다. 권력을 쥐면 뇌의 특정 보상 회로가 활성화되고, 그

쾌감은 쉽게 잊히지 않는다. 한 번 권력의 단맛을 본 사람은 그 감각을 계속해서 갈망하게 된다. 하지만 권력은 단순히 중독성만 가진 것이 아니다. 권력은 아예 사람을 바꾸기도 한다. 사고방식이 달라지고, 행동 양식이 바뀌며, 감정의 결도 변한다. 그리고 그러한 변화는 때로 불편한 결과를 낳는다. 공감 능력은 무뎌지고, 충동성은 강화되며, 도덕적 경계가 흐려질 수 있다. 이 변화는 인류 역사에서 반복적으로 비극적인 결과를 만들어왔다.

이 책이 던지는 핵심 메시지는 간단하다. 권력을 가졌을 때, 혹은 가지지 못했을 때, 그 권력이 나 자신과 타인에게 어떤 영향을 미치는지 인식할 필요가 있다는 것이다. 사회심리학자들의 공통된 견해에 따르면, 인간관계를 지배하는 가장 큰 두 축은 '사랑'과 '권력'이다. 사람들은 어떤 만남에서든 '서로를 좋아하는지', '누가 더 많은 권력을 쥐고 있는지'를 자연스럽게 가늠한다. 사랑에 대해서는 우리 사회에서 이미 수많은 글과 말이 오가고 있다. 이제는 일상 속에서 권력이 지니는 의미에 대해서도 논의할 때가 되었다.

물론 권력은 인간관계에서만의 문제는 아니다. 조직 역시 권력에 의해 움직이고, 권력을 통해 다시 구조화된다. 예를 들어, 오픈AI의 CEO, 샘 올트먼의 사례를 떠올려보자. 한때 그는 기업 내 권력 다툼에서 패배한 것처럼 보였다. 하지만 실제로는 올트먼의 해임 이후, 오픈AI의 통제 기구가 오히려 통제력과 권력을 상실했다. 그의 해고에 반발해 700명이 넘는 직원들이 사직서를 내겠다고 나섰기 때문이다. 결국 그는 '샘 올마이티Sam Almighty(전능하신 샘)'이라는 별명과 함께 복귀했고, 지금은 인공지능의 미래를 결정짓는 가장 영향력 있는 인물 중 하나로 평가받고 있다.

이처럼 권력 다툼은 조직 내에서 엄청난 시간과 에너지를 소모시키고, 그 결과 정작 제품 개발이나 고객 응대에 쓰여야 할 자원이 낭비된다. 더 큰 문제는 그런 내부 싸움에서 가장 유능한 사람이 살아남는 것도 아니라는 사실이다. 이런 구조는 조직 전체의 성과를 떨어뜨리고, 일하는 사람들의 정신 건강과 만족도도 해친다. 하지만 나는 권력이 책임감 있게 사용된다면 사람과 조직, 더 나아가 사회 전체를 이롭게 만들 수 있다고 확신한다.

권력은 사람을 중독시키고 자제력을 무너뜨리는 힘을 지니고 있다. 이와 같은 권력의 작동 방식은 조직이 무너지는 이유가 되기도 한다. 하지만 권력이 책임감 있게 사용될 경우, 사람과 조직 그리고 사회의 이익을 위해 필요한 변화를 이끌어내는 긍정적인 힘이 될 수도 있다. 권력을 통해 사람들이 자신의 영향력, 역량, 자율성, 일의 의미를 경험하게 될 때, 그들은 보다 능동적이고 창의적이며 만족스러운 결과를 만들어낸다. 지금 우리가 직면한 사회적·경제적 난제들을 해결하려면, 바로 이러한 '건설적인 권력의 힘'이 필요하다.

이 책은 두 부분으로 구성되어 있다. 1부에서는 권력의 기본 개념을 다루고 권력이 인간에게 어떤 심리적·생리적 반응을 일으키는지 설명한다. 이를 위해 심리학자들이 진행한 다양한 연구 결과를 바탕으로 내용을 구성했다. 막스 베버의 권력에 대한 정의도 함께 소개된다. 그 외에 철학이나 사회학의 고전 이론을 깊이 파고들지 않는 이유는,[1] 그것을 가볍게 여겨서가 아니라 해당 분야에 대해서는 이미 다른 곳에서 충분히 상세하게 논의되고 정리되어왔기 때문이다. 이 책의 초점은 자연과학적 접근에 기반한 심리학 연구에 있다.

이 책의 여러 부분에서 나는 수많은 개별 연구들을 종합해 연구 동향을 압축적으로 보여주는 메타분석을 활용했다. 그에 더해 여러 형태의 사례들도 함께 제시했다. 그중 상당수는 실제 조직 내 상황에서 비롯됐지만, 일부는 가상의 사례다. 이는 조직심리학자로서 기업과의 협업 과정에서 알게 된 내용을 허가 없이 공개할 수는 없기 때문이다.[2] 이외에도 이미 입증되어 문서화된 역사적 사례들을 통해 관점을 넓히고자 했다. 이는 단순한 자기계발서의 틀을 넘어서기 위한 시도이기도 하다.

1부를 읽다 보면, 권력이 자신과 타인에게 부정적인 영향을 줄 수 있다는 인상을 받을지도 모른다. 사실이다. 하지만 그것이 권력의 전부는 아니다. 앞서 말했듯, 권력은 긍정적인 변화도 가능하게 한다. 바로 그 지점이 2부에서 내가 다루고자 하는 핵심이다. 나는 심리학적 관점에서 개인과 조직이 권력을 보다 건설적으로 다루는 방법을 모색하고자 했다. 일상에서 권력의 부작용을 줄이고, 긍정적 효과를 극대화하려면 무엇이 필요할까? '권력'이라는 중독적 자극을 대체할 수 있는 것은 무엇일까? 책임감 있게 권력을 사용한다는 것은 어떤 모습일까? 권력을 손에 쥐었을 때 성숙하게 사용할 수 있는 사람은 어떻게 선별하고 길러야 할까?

2부 역시 심리학 연구를 기반으로 구성되었으며, 특히 내가 몸담고 있는 연구진의 '임파워먼트empowerment(권한 부여 또는 권한 이양)' 관련 연구에 초점을 맞췄다. 그러면서도 이론에만 머무르지 않고, 실제 적용 가능한 제안들을 함께 담았다.

이 책 자체가 권력을 가지는 데 도움이 되진 않을 것이다. 나는 단지, 심리학 연구에서 얻은 결과를 전할 뿐이다. 2부에서는 내 의견도 함께 담았지만 당신의 행동에 대한 결정권은 오직 당신에게 있다. 자신의 삶, 조직 그리고 사회 속에서 성숙하게 권력을 사용하도록 책임지겠다고 마음먹을 수 있는 사람은 당신 자신뿐이다. 그 첫걸음을 이 책이 도와줄 수 있다면, 그것만으로도 이 책의 의미는 충분하다.[3]

목차

PART 2. 권력은 어떻게 다루어야 하는가

Chapter 7 • 개인을 위한 제안

Chapter 8 • 조직을 위한 제안

Chapter 9 • 사회를 위한 제안

PART 1

우리는 왜
권력에 끌리는가

권력이란 무엇인가

권력에 대한 다양한 접근

• • •

권력이라는 개념은 문화마다 상이하게 인식된다. 독일어로 '권력Macht'이라는 단어는 인도유럽어족 어원 'magh', 즉 '할 수 있다', '능력이 있다', '가능하다'는 뜻에서 유래되었다.[1] 그러나 독일에서는 이 단어가 반드시 긍정적으로 받아들여지지는 않는다. 이는 제국주의 시대 그리고 파시스트 및 공산주의 지도자들의 권력 남용을 경험한 독일 특유의 역사적 배경과 관련이 있다. 반면 영어에서 'power'

는 '권력'과 동시에 '에너지'라는 의미도 지니고 있으며 상대적으로 훨씬 긍정적인 뉘앙스를 가진다.[2]

막스 베버는 권력이라는 개념을 최초로 본격 정의한 이들 가운데 한 사람으로, 베버를 빼놓고 권력을 논하는 책은 없다고 해도 과언이 아니다. 1864년에 태어나 1920년에 사망한 베버는 사회학·법학·경제학 세 분야에서 전문성을 인정받았다. 베버는 권력을 "사회적 관계 안에서, 그 근거가 무엇이든, 타인의 저항에도 불구하고 자신의 의지를 관철시킬 수 있는 모든 가능성"으로 보았다.[3] 권력은 언제나 사회적이다.[4] 다른 사람과의 관계없이 권력을 행사할 수도, 이해할 수도 없다.[5] 관계가 없다면, 권력을 가진 자는 무력하다. 따라서 권력을 논할 때는 권력을 행사하는 쪽과 그것을 받아들이는 쪽, 이 두 측면을 함께 살펴봐야 한다. 베버와 그 이후 수많은 학자들은 권력이란 결국 다른 사람들을 자기 의지에 따라 가능한 한 광범위하게 움직일 수 있는 잠재력이라고 보았다.[6]

하지만 다른 시각도 있다. 권력에 대한 심리학적 정의는 대개 '통제control'를 핵심 요소로 강조한다. 가령 이런 식이다. "권력이란 가치 있는 자원을 비대칭적으로 통제함으로써, 타인의 결과·경험·행동을 좌우할 가능성을 개인에게 부여하는 것이다."[7] 이 관점도 권력을 대인 관계 안에서 작동하는 잠재적 영향력으로 본다는 점에서는 베버의 접근과 맞닿아 있다. 이때 특히 중요한 요소가 두 가지 있다.

첫째, 자원의 접근권이 비대칭적이어야 한다. 권력자는 그렇지 않은 자보다 더 많거나 더 효과적인 자원에 손쉽게 접근할 수 있어야 한다. 예컨대 이모가 간식 상자의 열쇠를 혼자만 쥐고 있고, 그 열쇠를 이용해 아이들에게 초콜릿을 미끼로 뽀뽀를 요구한다면 그는 권력을 가진 셈이다. 그러나 아이들이 열쇠를 갖게 되는 순간, 이모의 영향력은 바로 사라진다.

둘째, 권력에 있어서 상대적으로 약자인 쪽이 강자가 보유한 자원을 중요하고 매력적으로 인식해야 한다. 즉, '가치 있다'고 여겨야 한다.[8] 예를 들어, 상사가 새로운 프로젝트 자리를 배정할 권한을 갖고 있더라도 그 자리를 동료들이 매력적으로 느끼지 않으면 권력은 매우 빠르게 약해지거나 경우에 따라서는 뒤바뀌기까지 한다. 구성원 가운데 아무도 그 프로젝트에 관심을 보이지 않는다면, 결국 상사가 떠맡아야 할지도 모른다.

앞서 언급한 열쇠를 가진 이모의 예도 마찬가지다. 간식 상자에 유통기한이 지난 맛없는 간식만 남아 있다면 그는 더 이상 아이들에게서 뽀뽀도 권력도 기대할 수 없다. 마찬가지로 사람들이 원하는 자원을 다른 경로를 통해 손쉽게 얻을 수 있게 된다면, 한 사람이 지니던 권력은 사라진다. 아이들이 간식을 스스로 살 수 있게 되면 간식 상자의 매력도 떨어지는 것이다.

이러한 시각에서 보면, 권력은 역동적이며 심리적인 성격을 가진다. 권력 관계는 절대 불변의 것이 아니다. 자원의 분배에 따라, 시간이 흐름에 따라, 상황에 따라 누가 더 많은 권력을 가지는지 달라질 수 있다. 권력은 유동적이며, 그 누구도 권력을 영원히 소유할 수는 없다.

또 다른 방식으로도 권력을 구분할 수 있다. 권력은 타인의 운명을 좌우하는 '사회적 통제'일 뿐 아니라, 자신의 삶을 더 자율적으로 움직일 수 있게 해주는 '개인적 통제'이기도 하다.[9] 따라서 사람들은 서로 다른 동기에서 권력을 바란다. 누군가는 풍부한 자원을 가진 자리에 오르기 위해 권력을 원하며, 그 위치에 올라서면 타인의 결과·경험·행동을 통제할 수 있게 된다. 또 다른 누군가는 통제에서 벗어나기 위해 권력을 추구한다. 그들은 자유로워지고 자신의 자원을 자율적으로 관리하기 위해 정상에 오르고자 하는 것이다.

'통제력으로서의 권력'은 '지위'와는 다르다. 지위란 한 사람이 사회 체계 안에서 다른 사람들로부터 받는 존중 또는 인정의 정도를 뜻한다.[10] 개인뿐 아니라 직업군 전체가 높은 지위를 얻는 경우도 있다. 흔히 지위의 원천은 사람들이 부여하는 '능력' 혹은 '전문성'에 대한 인식이다.[11] 이를 잘 보여주는 연구가 있다. 스티븐 세시Stephen J. Ceci와 더글러스 피터스Douglas P. Peters는 권위 있는 학술지에 이미 게재되어 높은 평가를 받은 적이 있는 논문 12편을 다시 투고했다. 해당 논문의 저자들은 각자 분야에서 저명한 전문가들이었다. 물론 이번에는 무명 연구자와 무명 대학 이름으로 바꾼 뒤 제출했다. 즉, '지위'에서 비롯되는 보너스 없이 논문이 평가받도록 한 것이다. 그 결과, 세 편은 조작이 발각되었고, 한 편만이 긍정적인 평가를 받았으며, 나머지 여덟 편은 질이 낮다는 이유로 반려되었다.[12]

이제 다시 권력과 지위의 차이를 살펴보자. 도둑은 대부분의 사회에서 지위가 낮다(물론 도둑들 사이에서는 별도의 지위 체계가 있을 수 있다). 그럼에도 도둑이 매우 가치 높은 자원을 훔쳤을 경우, 재계 거물이나 정치인에게 상당한 권력을 발휘할 수 있다. 이러한 맥락에서 정보기관은 적국의 정치인을 협박할 자료를 확보하려고 힘쓴다. 또한 겉보기에는 지위가 낮아 보이는 평사원이라도, 상사가 과거에 저질렀던 회계 부정 사실을 알고 있다면 그 상사에게 적잖은 영향력을 행사할 수 있다.

권력감의 반대: 학습된 무기력

••••

이제 시선을 돌려, 권력이 없는 '무력감 또는 무기력'이 만들어내는 심리적 경험을 살펴보자. 혹시 반려견을 키우고 있는가? 그렇다면 지금부터 나오는 이야기를 읽기에 앞서 마음의 준비가 필요할지 모른다.

1960년대, 심리학자들은 사람들이 왜 우울증에 빠지는지를 설명할 단서를 찾고 있었다. 쌍둥이 연구를 통해, 우울증에 일정 부분 유전적 요인이 작용한다는 사실은 이미 알려져 있었지만, 환경 역시 중요한 영향을 미친다는 점도 분명했다. 마틴 셀리그먼Martin Seligman과 스티븐 마이어Steven F. Maier가 이를 증명하기 위해 동물 실험을 계획했고, 실험 대상은 개였다.[13] 연구진은 개의 기질 차이를 고려하여 가능한 한 다른 성향의 개들을 선별했다. 이를테면 겁이 많은 소형견 피피뿐 아니라, 사나운 성격의 하소, 지배적인 기질을 지닌 브루노 그리고 어딘가 엉뚱한 크뇔 같은 다양한 성향의 개들이 포함되었다. 실험은 총 세 단계로 나뉘어 진행되었다.

- **1단계:** 첫 번째 단계에서 개들은 각각 두 개의 구역으로 나뉜 상자에 들어갔다. 왼쪽 구역은 전기 충격이 가해지는 곳이고, 오른쪽은 안전한 곳이었다. 개가 왼쪽 구역에 머물면 예고 없이 전기 충격이 가해졌고, 이를 피하기 위해서는 낮은 칸막이를 넘어 오른쪽으로 이동해야 했다. 실제로 개들은 그렇게 행동했다. 성향과 상관없이 고통이 주어지면 어떤 개든 본능적으로 그 상황에서 벗어나려 한다.
- **2단계:** 두 번째 단계에서 개들은 다시 왼쪽 구역에 놓였지만, 이번에는 오른쪽으로 넘어가지 못하도록 벽이 설치되었다. 어떤 행동을 해도 탈출은 불가능했다. 다시 전기 충격이 시작되었고, 개들은 짖고, 벽을 긁고, 울부짖으며 저항했지만 아무 소용이 없었다. 결국 많은 개들이 체념하고 움직임을 멈췄다. 고통을 그대로 받아들이기 시작한 것이다. 무기력이란, 자신이 처한 상황에서 아무것도 바꿀 수 없다고 느끼는 상태를 말한다. 이런 상태는 인간에게서 종종 우울증으로 나타난다.

- **3단계:** 마지막 단계에서 개들은 다시 처음과 같은 조건에 놓였다. 즉, 전기 충격을 피할 수 있는 방법이 다시 주어진 것이다. 칸막이를 넘으면 고통에서 벗어날 수 있었다. 다시 개들에게 전기 충격이 가해졌다. 개들의 반응은 어땠을까? 개들의 반응은 1단계와 달랐다. 대부분의 개가 그 자리에 그대로 누워 고통을 참는 쪽을 선택했다. 도망칠 수 있는데도 시도조차 하지 않았다. 이전 단계에서 이미 '아무리 노력해도 바뀌지 않는다'는 경험이 깊이 각인되었기 때문이다. 주변 환경에 어떤 영향을 미칠 수 있다는 믿음과 확신이 사라진 것이다. 그 결과, 해결책이나 탈출 가능성이 분명히 존재했음에도 불구하고, 개들은 아무런 행동도 하지 않았다. 이러한 현상을 심리학에서는 '학습된 무기력'이라고 부르며, 무력감이라는 심리적 상태가 어떻게 만들어지는지를 잘 보여준다.

'학습된 무기력'은 인간에게도 뚜렷하게 관찰된다. 특히 어린 시절부터 부정적인 환경 요인을 통제할 수 없다는 경험을 반복한 사람들은 훨씬 쉽게 무력감에 빠지는 경향이 있다. 마틴 셀리그먼은 이 현상이 인간에게 끼치는 영향을 세 가지 차원으로 정리했다.

1. **동기적 결핍:** 아무리 노력해도 변화가 일어나지 않는다는 '예상'은, 사람을 점점 수동적으로 만들고, 학습 능력까지 떨어뜨린다.

2. **인지적 결핍:** 무기력을 겪은 사람은 어떤 상황은 변화가 가능하고, 어떤 상황은 불가능한지를 구분하는 능력이 떨어진다. 결국 모든 상황을 '내 힘으로는 바꿀 수 없다'는 식으로 일반화한다. "결국 윗사람들(권력자들)이 다 결정한다"는 인식이 대표적이다.

3. **정서적 결핍:** 그 결과, 우울 증상이 나타나고 의기소침해지며 미래를 향한 희망도 매우 적다.[14]

이처럼 무력감이라는 심리적 경험을 다루는 이유는, 무기력이 매일 수없이 직장 내 관계와 가족 그리고 우리 사회 전반에서 조용히 학습되고 강화되고 있기 때문이다. '학습된 무기력'은 단지 심리학계에서만 흥미롭게 다루고 있는 연구 주제가 아닌 것이다.

아이가 슬퍼한다. 그런데 아무도 그 아이를 안아주지 않는다. 아이가 기분이 좋을 때조차, 아무도 관심을 보이지 않는다. 부모와 조부모는 각자의 문제로 바쁘거나 이미 우울증을 앓고 있거나, 그 우울감을 과도한 일로 보상하고 있을지도 모른다. 어느 날 아이가 학교에서 좋은 성적을 받아온다. 아무도 반응하지 않는다. 나쁜 성적을 받아와도, 역시 아무도 반응하지 않는다. 어느 순간, 아이는 아예 학교에 가지 않게 된다. 그제야 뒤늦게 주변에서 아이에게 관심을 보이기 시작하지만, 이미 늦었다. 그 아이는 10년에 걸친 '무기력 훈련'을 완벽히 마친 상태다.

독일의 유명한 예술가이자 문학평론가, 베스트셀러 작가인 엘케 하이덴라이히Elke Heidenreich는 어느 인터뷰에서 "가족 안에서 겪은 고통을 하나의 단어로 표현한다면 무엇일까요?"라는 질문에, 자신의 유년 시절을 떠올리며 이렇게 답했다. "깊은 외로움이요." 아버지에 대해서는 "아버지와의 관계는 나쁘지 않았지만, 나를 위해 쓸 시간은 없어 보였어요"라고 회상했다. 하지만 어머니에 대해서는 보다 냉정한 평가를 남겼다. "한 번은 엄마에게 '엄마, 나를 사랑하긴 해?'라고 물었더니, 엄마는 짜증 섞인 목소리로 이렇게 말했어요. '지금부터 3일 동안 네 얼굴을 보거나 목소리를 듣지도 않아도 된다면, 그때 사랑할지도 모르지.' 그래서 저는 정말로 3일 동안 식탁 아래 숨어 있었어요. 그런 말은 아이에게 해서는 안 되는 거예요."[15]

이처럼 학습된 무기력 속에 놓인 아이는 자신이 보이지 않는 존재이며, 그렇게 존재해야만 한다는 경험을 하게 된다. 하이덴라이히는 청소년기에 가족을 떠났고, 다행히도 따뜻한 보살핌을 주는 위탁가정을 만나 새로운 삶의 가능성을 경험하게 된다. 그러나 이런 행운을 누리는 아이는 드물다.

문제가 있는 가정환경처럼, 일부 직장 역시 매우 비슷한 방식으로 무기력을 학습시킨다. 예를 들어, 어느 지방 행정기관의 '녹지환경부'에서 일하는 직원이 새로 부임한 동료에게 말한다. "매년 똑같은 식물을 심어. 6월이면 다 말라 죽지만 상관없어. 늘 그래왔거든." 새로 부임한 동료는 결과가 정해진 무의미한 입찰 절차를 수행해야 한다. 가장 적절한 업체가 아니라, 가장 낮은 금액을 제시한 정원 업체가 계약을 따낼 것을 알고 있음에도, 며칠간 그 입찰을 준비하고 감독해야 한다. 시간이 흐를수록, 그는 자신의 일에서 의미를 느끼기 어려워진다. 그렇지만 이미 공무원으로 임용됐으니 은퇴 후에 받을 안정적인 연금을 꿈꾸며 언젠가 다시 활력과 삶의 기쁨을 되찾을 수 있으리라는 희망만으로 버틴다.

결국 직장에서도, 앞서 소개한 실험 속 개들처럼, 많은 이들이 고통을 그저 견디기만 한 채 구석에 웅크려 무기력하게 살아간다. 그리고 이러한 현상은 사회 전반에서 반복된다.

자신의 의지와는 무관하게 지역사회와 공공기관이 서서히 해체되는 과정을 목격한 사람들 역시 비슷한 무력감을 느낀다. 처음에는 지역의 은행이 문을 닫는다. 그리고 폐쇄된 은행의 유리창에는 이미 오래전에 판매했던 금융 상품 포스터만이 덩그러니 남아 있다. 그다음에는 슈퍼마켓이 문을 닫고, 가까운 도시의 병원은 인근 지역으로 이전된다. 교육 수준이 높은 여성들은 대도시로 이주하고, 무기력한 이들만 남겨진다. 그들이 유일하게 '눈에 띄는 순간'은 선거의 유권자로서 역할을 수행할 때뿐이다.

요약하자면, 인간은 오랫동안 자신이 통제할 수 없는 부정적인 사건에 반복적으로 노출되면, 자신의 행동으로 무언가를 바꿀 수 있다는 믿음을 잃는다. 그리고 점차 무기력한 상태로 빠져든다. 자발적으로 무언가를 시도하려는 능동성은 사라지고, 세상은 언제나 다른 사람들, 혹은 '저 위에 있는 이들'에 의해 결정된다고 느끼게 된다.
이러한 무기력은 권력이 없는 심리적 무력감과 일맥상통한다.

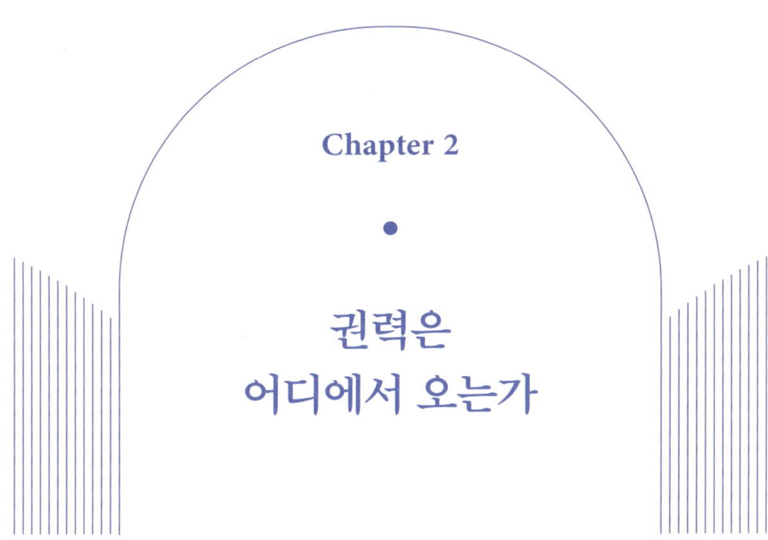

권력은
어디에서 오는가

공공의 이익을 위해 권력을 현명하게 사용하고자 한다면, 먼저 권력이 어떤 기반 위에서 작동하는지 이해해야 한다. 또한 누군가에게 조종당하지 않으려면, 영향력이 어떤 방식으로 작동하는지를 알아야 한다. 권력 남용에 제동을 걸고 싶다면, 그 권력이 어디에 숨어 있는지 파악해야 한다. 바로 이런 이유로, 이제 중요한 질문 하나를 던질 때다. 사람이 다른 사람에게 권력을 행사할 수 있게 만드는 자원은 무엇인가?

미국의 사회심리학자 존 프렌치John French와 버트럼 레이븐Bertram Raven은 1959년에 이 질문에 답하기 위한 권력의 분류 체계를 제시했다. 두 학자는 사람들이 인간관계 속에서 타인에게 영향을 미칠 수 있는 권력의 기반을 다섯 가지로 구분했다.

- 처벌에 기반한 권력
- 보상에 기반한 권력
- 합법성과 정당성에 기반한 권력
- 전문성에 기반한 권력
- 카리스마에 기반한 권력

이 다섯 가지 권력의 기반을 차례로 살펴본 뒤, 여기에 하나를 덧붙이고자 한다. 먼저 '처벌에 기반한 권력'부터 살펴보자. 이 권력은 인간 행동 전반에 걸쳐 널리 관찰되는 유형이다. 가장 극단적인 사례를 살펴보기 위해, 18세기로 잠시 돌아가보자. 그곳에는 절망에 빠진 한 프로이센 왕자가 있었다.

처벌에 기반한 권력

• • •

1730년 8월, 프로이센의 왕세자는 더 이상 참을 수 없었다. 그는 떠나고 싶었다. 훗날 '프리드리히 대왕'이라 불리게 될 이 청년은, 어린 시절부터 아버지에게 가혹할 정도로 엄격한 훈육을 받아왔다. 그 고통을 더 이상 견딜 수 없게 된 열여덟 살의 프리드리히는 젊은 장교 헤르만 폰 카테와 함께 탈출을 계획한다. 두 사람의 관계는 매우 가까웠고, 당시 사람들은 이들이 거의 연인 같았다고 회상했다.[1] 안타깝게도 그들의 계획은 미숙하고 조잡했다. 게다가 국왕 프리드리히 빌헬름 1세는 교사와 하인들을 감시자로 활용해, 두 젊은이가 무엇을 꾸미고 있는지 항상 파악하고 있었다.

8월 5일, 남독일을 여행 중이던 프리드리히는 이른 아침 몰래 숙영지에서 빠져나갔다. 마차 같은 탈출 수단도 없이 그저 맨몸으로 도망쳤고, 곧 한 하인이 이를 알아채고 소리쳐 알렸다. 아버지에게 즉시 연락이 갔고, 왕세자는 금방 체포되어 프로이센으로 압송되었다. 그는 죄수복을 입고 오데르 강 인근의 퀴스트린 요새에 감금되었고, 경비병들은 그와 어떤 대화도 나누지 못하도록 명령받았다. 하지만 진짜 벌은 따로 있었다.[2]

아들에게 교훈을 주기 위해, 아버지는 훨씬 더 가혹한 처벌을 준비했다. 바로 주변 사람들을 표적으로 삼았던 것이다. 프리드리히가 한때 호감을 보였던 16세의 소녀 도리스 리터는 채찍질을 당하며 포츠담 시내를 끌려다녔고, 이후 수년간 수감되었다. 그러나 가장 가혹한 처벌은 헤르만 폰 카테에게 내려졌다. 재판관들은 그에게 종신형을 선고했다. 하지만 그것으로는 아들을 벌주기에 부족하다고 여겼던 국왕 프리드리히 빌헬름은 절대 권력을 행사해 판결을 뒤집고,

사형을 명했다. 그는 폰 카테가 왕세자의 탈영과 도주 계획에 가담한 것을 심각한 반역죄, 곧 국왕에 대한 중대한 범죄로 간주했다. 따라서 폰 카테는 달군 집게로 찢기고, 이후 교수형에 처해져야 한다는 형벌을 내린다. 당시 프로이센에서 이보다 더 잔혹한 처형 방식은 존재하지 않았다.

프리드리히는 충격에 빠진다. 그는 차라리 자신의 목숨을 내놓겠다며, 심지어 왕위 계승권마저 포기하겠다고 호소한다. 하지만 아버지는 아들의 간절한 요청에 전혀 귀 기울이지 않았다. 그가 원하는 것은 처벌이었고, 진짜 표적은 아들 프리드리히였기 때문이다. 국왕은 이와 같은 권력의 행사를 통해 왕세자의 행동과 사고방식을 굴복시키고 통제하려 했다.[3]

1730년 11월 6일, 형이 집행된다. 국왕은 막판에 처형 방식을 참수형으로 바꿨다. 하지만 그 결정마저도, 국왕에게 있어 젊은 장교의 생명은 단지 왕세자를 통제하기 위한 수단일 뿐이라는 본질적인 부분은 변하지 않았다. 국왕은 폰 카테를 퀴스트린으로 이송하도록 명령했고, 프리드리히는 극심한 공포에 휩싸여 혼절하고 만다. 다음 날 아침, 병사들이 폰 카테를 데려갔다. 이 모든 상황은 왕세자가 친구와 마지막 인사를 나눌 수 있도록 정교하게 짜여 있었다. 마침내 폰 카테가 모래 언덕 위 처형대로 향하게 되었고, 참수형을 집행하기 위해 가발 장식, 셔츠, 스카프 등을 벗겼다. 그 순간, 병사들은 프리드리히의 얼굴을 감방 창살에 억지로 밀어붙이고 처형 장면을 보게 했다.

왕세자는 친구의 목이 잘리는 장면을, 붉은 피가 모래 위에 튀는 모습을 지켜봐야만 했다. 그 이후에도 시신은 몇 시간 동안 그대로 방치되었다.[4]

처벌적 권력의 행사는, 한 개인이나 집단이 다른 개인이나 집단에게 해를 가할 수 있는 수단이나 가능성을 갖고 있을 때 성립된다. 처벌이란, 상대방에게 부정적인 행위를 실제로 가하거나 가할 수 있다고 믿게 만드는 것을 의미한다. 꼭 프리드리히 대왕의 경우처럼 극단적인 방식일 필요는 없다. 예를 들어, 상대가 긍정적으로 생각하는 무언가를 박탈하는 것 또한 일종의 처벌이 될 수 있다. 관리자가 직원이 흥미를 느끼는 프로젝트나 핵심 업무에서 그를 배제시키거나 성과에 따른 인센티브를 줄이거나, 오랫동안 기다려온 승진을 보류할 수도 있다. 이러한 처벌의 목적은 분명하다. 권력을 쥔 사람은 이를 통해 이전에 보였던 원치 않는 행동, 예를 들어 비효율적인 업무 방식이 다시는 반복되지 않기를 기대하는 것이다.[5]

그러나 처벌적 권력을 사용할 때는 신중할 필요가 있다. 수많은 연구에서, 이러한 권력 행사가 기대한 결과를 가져오기보다는 오히려 여러 부작용을 초래할 수 있음이 밝혀졌기 때문이다. 무엇보다 처벌은 바람직한 행동이나 더 나은 성과로 이어지는 경우가 드물다. 예를 들어, 한 영업 사원이 협상 과정에서 실수를 하거나, 젊은 기술자가 기계를 조립하다가 잘못된 부품을 사용하는 실수를 했다고 가정해보자. 이들은 상사로부터 경고를 받는다. 두 사람 모두 상사의 경고를 통해 자신이 무엇을 잘못했는지는 알게 되었을 것이다. 하지만 무엇을 어떻게 했어야 했는지, 올바른 행동이 무엇이었는지도 알게 되는 것은 아니다. 처벌은 대개 잘못된 행동에만 초점을 맞추며, 어떻게 행동했어야 하는지는 알려주지 않기 때문이다. 젊은 기술자는 이제 그 부품을 사용해서는 안 된다는 사실은 알게 되었지만, 벌을 받지 않았더라도 그 사실 정도는 이미 짐작했을 것이다. 왜냐하면 조립 후 기계가 작동하지 않았을 것이기 때문이다. 하지만 그 경험을 통해 '어떤 부품이 올바른 것이었는지'에 대한 정보는 얻지 못한다.

처벌적 권력이 낳는 부정적 영향에는 공포, 수치심, 분노와 같은 부정적인 감정도 포함된다. 이러한 감정은 처벌을 받은 당사자뿐 아니라, 그 장면을 지켜본 사람들에게도 영향을 미친다. 특히 처벌이 과도하게 이루어져 공포 분위기가 형성될 경우에는 더욱 그렇다.[6] 젊은 기술자의 동료들은 그가 무너진 표정으로 상사의 사무실에서 나오는 모습을 보게 된다. 또는 영업팀의 다른 직원들은 그들의 동료가 모두 앞에서 상사에게 호되게 질책당하는 장면을 목격한다. 공포와 분노가 감도는 환경에서는, 누구든 명료하게 사고하기 어려워진다. 효율적인 업무 수행도 기대하기 어렵다. 실제로 메타분석에 따르면, 불안 상태에서는 작업 기억의 기능이 떨어진다고 한다. 즉, 정보를 일시적으로 저장하고 처리하는 능력이 저하되며,[7] 그 결과 학업 성취도 같은 수행 성과 또한 하락하게 된다.[8]

심리학에서는 오랫동안 '심리적 안전감'이라는 개념을 연구해왔다.[9] 이는 팀 구성원 모두가 공유하는 감각으로, 자유롭게 의견을 표현하고 상호 간의 리스크를 감수하며 약점이나 실수를 드러내도 경력에 불이익을 받을까 두려워하지 않아도 된다는 믿음을 의미한다.[10] 심리적 안전감이 확보된 조직에서는 개방적이고 진솔한 소통이 이루어진다. 이는 곧 창의적인 아이디어의 발현, 효과적인 의사결정, 문제 해결 능력의 향상으로 이어진다. 하지만 처벌적 권력이 반복적으로 행사되는 환경에서는 이러한 안전감이 만들어질 수 없다. 예를 들어, 앞서 살펴본 젊은 기술자의 사례에서처럼, 지속적으로 처벌을 받는 상황에서는 일견 실수가 줄어드는 것처럼 보일 수 있다. 하지만 실제로는 구성원들이 실수에 대해 보고하지 않거나 아예 은폐하는 쪽을 택하게 되는데, 이는 공동 학습의 기회를 약화시키는 결과를 낳는다. 또한 구성원들은 새로운 시도를 꺼리게 되고, 결국 조직은 점점 정체된다.

처벌적 권력이 초래하는 또 다른 문제는, 때로는 그것이 보상처럼 보일 수 있다는 점이다. 예를 들어, 일부 대학 신입생들은 학기 초부터 의도적으로 그리고 반복적으로 수업에 늦는다. 대중교통이 불편할 때도 있지만, 대부분의 경우 도시 안에서 A 지점에서 B 지점, 혹은 C 지점까지 이동하는 데 큰 문제는 없다. 이들이 늦는 이유는 단순히 게으르기 때문만은 아니다. 그들은 중고등학교 시절부터 지각이 일종의 '주목'을 끌 수 있는 행동이라는 것을 학습해왔다. 모두가 지켜보는 가운데 늦게 들어오고, 규칙 위에 군림하는 듯한 태도는 '쿨하다'는 인상을 줄 수 있다. 이에 교사나 교수들은 처벌적 권력에 의존하게 된다. 어떤 교수는 지각생에게 강의실 출입을 금지하고, 또 다른 교수는 그 자리에서 공개적으로 지각 사유를 추궁한다. 하지만 상황은 의도한 대로 흘러가지만은 않는다. 의도적으로 지각을 하는 학생들은 이미 그 상황을 예상하고, 대화를 유쾌하게 뒤집을 유머나 농담을 준비해온 경우가 많다. 결국 청중이 지켜보는 가운데 교수는 학생과 아무 소득 없는 실랑이를 하게 되고, 학생은 마치 승리자가 된 것처럼 자리에 앉는다.

처벌적 권력이 지닌 또 다른 문제는, 그 사용 방식이 본보기로 작용한다는 점이다. "윗물이 맑아야 아랫물도 맑다"는 말처럼, 이 경우에도 문제는 위에서부터 시작된다. 예를 들어, 경영진이 직원의 실수를 발견할 때마다 즉시 구두나 서면으로 경고를 주는 방식에 익숙해져 있다면, 그 모습을 지켜본 그 하위 단계의 임원들도 자연스럽게 같은 방식으로 부하 직원들을 다루게 된다. 그리고 이 과정은 계속 되풀이된다. 심리학에서는 이런 현상을 모델링 학습, 혹은 관찰 학습이라고 부른다.

이 개념은 사회심리학자 앨버트 반두라Albert Bandura의 '보보 인형Bobo Doll' 실험으로 널리 알려졌다. 그는 실험을 통해 공격적 행동이 어떻게 모방을 통해 전파되는지 입증했다. 그의 실험에 참여한 유치원생 일부는, 성인이 풍선 인형 '보보'를 폭력적으로 다루는 영상을 시청했다. 어른이 아무 이유 없이 인형을 때리고, 걷어차고, 고함을 지르는 장면이었다. 다른 그룹의 아이들은 공격성이 전혀 없는 평범한 영상을 봤다.

영상 시청 이후, 두 그룹의 아이들은 무작위로 배정되었고 다양한 장난감이 비치된 놀이방으로 들어갔다. 그 방에는 영상에 나왔던 '보보' 인형도 있었다. 먼저 눈에 띈 점은 여자아이들이 전반적으로 신체적 공격성을 덜 보였다는 사실이다. 그 외에도 두 그룹 사이에는 뚜렷한 차이가 드러났다. 공격적인 영상을 본 아이들은 그렇지 않은 아이들보다 현저히 더 많은 공격 행동을 보였다. 누구도 그렇게 하라고 지시하지 않았지만, 아이들은 스스로 성인의 행동을 따라 했다. 더 놀라운 점도 있었다. 일부 아이들은 영상 속 모델이 하지 않은 공격 행동까지도 스스로 창안해냈다. 말하자면, 그들은 공격적 권력의 '맛'을 보고, 창의적으로 폭력성을 확장시킨 것이다.[11]

처벌적 권력은 전염된다. 부모든, 리더든, 아무리 좋은 말을 하고 올바른 가치를 강조해도 사람들은 결국 우리의 '행동'을 기준으로 삼는다. 관찰을 통한 학습, 즉 모델링은 사회화의 가장 강력한 형태다. 아이를 때리는 부모는, 알게 모르게 그 아이가 훗날 자기 자녀를 때릴 가능성을 높이는 셈이다. 조직 내에서도 마찬가지다. 갈등 상황에서 리더가 어떤 태도를 보이는지 그리고 그 과정에서 처벌적 권력을 어떻게 사용하는지가 조직 전체에 영향을 미친다. 이런 변화는 대개 아주 작은 관찰과 행동에서 시작된다. 그리고 그것이 서서히 정당화되고 반복되며, 결국 처벌은 조직의 일상적인 문화로 자리 잡는다.

그 순간부터 그것은 하나의 관행이 되고, 새로운 세대로 자연스럽게 전해진다.

처벌적 권력에는 또 하나의 함정이 있다. 그것은 권력을 행사하는 입장에서도 지속적인 에너지와 집중력을 필요로 한다는 것이다. 예를 들어보자. 수습 직원들이 회의에 참석하여 서로 욕설을 섞어 말하거나, 상사를 가볍게 대한다. 이런 상황이 발생할 때마다, 상사는 회의를 멈추고, 처벌을 예고하거나 즉시 징계를 내린다. 자연히 회의는 점점 길어진다. 그러다가 어느 날 회의가 비교적 조용하게 끝나면 상사는 생각한다. '내가 단호하게 대응했기 때문에 상황이 개선된 거야.' 그리고 이제부터는 회의에 꼭 참석하지 않아도 되겠다고 판단할 수도 있다. 하지만 곧 깨닫게 된다. 자신이 직접 회의 자리에 있어야만 문제 행동이 사라진다는 것을. 결국 예의 바른 태도를 유지시키기 위해 상사는 다시 모든 회의에 참여해야만 한다. 요컨대, 처벌은 단속을 멈추는 순간 즉시 효력이 사라지며 지속적인 감시와 개입을 요구하기 때문에 매우 피곤한 일이다.

하지만 문제는 거기서 끝나지 않는다. 처벌적 권력을 유지하려면, 사람들에게 두려움을 불러일으킬 수 있는 자원을 끊임없이 확보해야 한다. 로마의 젊은 황제 네로는 음악을 사랑했고, 전차 경주를 즐겼으며, 로마를 불태웠다는 (지금은 신빙성이 없는) 이야기로 널리 알려져 있다. 네로는 전대의 황제들처럼 강력한 처벌적 권력을 지니고 있었고, 실제로 그것을 자주 행사했다. 그러나 어느 날 밤, 그의 친위대가 궁을 떠난다. 그 순간, 네로는 더 이상 처벌할 권력을 잃어버리게 된다. 더 많은 보상을 제시한 다른 귀족이 친위대를 포섭하자, 몇 시간 만에 네로의 통치 권력이 무너지고 만 것이다.[12] 다시 말해, 처벌하는 자가 약자의 위치로 밀려나면, 처벌적 권력은 되려 자신을 향해 돌아온다.

마지막으로 처벌은 시간이 지나면서 효과가 점점 약화된다. 사람은 처벌에도 익숙해지기 때문에 그 강도를 계속 높여야만 한다. 처벌을 자주 사용하는 리더일수록 점점 더 강력한 처벌 수단을 동원해야만, 동일한 효과를 유지할 수 있는 것이다.

이처럼 처벌은 지속적으로 에너지를 소모하게 만들고 장기적으로는 거의 도움이 되지 않는다. 물론 권력 남용 같은 일부 상황에서는 처벌이 불가피할 수 있다. 하지만 보다 효과적이고 지속가능하게 사람을 움직이는 방식도 있다.

보상에 기반한 권력

● ● ●

2007년, 독일의 보험사 함부르크-만하이머가 보험 판매 실적이 가장 뛰어난 직원 100명을 부다페스트로 초대하고 3일간의 포상 여행을 제공했다. 이번 여행은 성과를 낸 영업사원들을 회색빛 일상에서 끌어내, 단 한 번이라도 '황제'가 된 듯한 기분을 느끼게 해주려는 의도로 기획되었다. 다만, 그들이 꿈꾼 '황제'란 2천 년 전의 네로 황제에 더 가까웠다.

이 여행의 하이라이트는 부다페스트의 명소이자 유명 관광지인 겔레르트 온천 방문이었다. 회사 측은 직원들에게 열심히 일한 만큼 충분히 휴식할 자격이 있다고 설명했다. 하지만 이 행사는 단순한 직장 건강 관리 차원의 프로그램이 아니었다. 직원들은 온천 입구에서 소지품 검사를 받았고, 사진 촬영 금지 서약서까지 써야 했다. 물론 누가 상사의 수영복 차림을 사진으로 남기고 싶겠는가 하고 넘길 수도 있다. 하지만 이 행사의 핵심은 온천욕이 아니었다.

온천장 내부에는 천막이 쳐진 침대가 줄지어 놓여 있었고, 주변에는 젊고 매력적인 여성들이 돌아다니고 있었다.[13] 이 여성들이 바로 보험사 직원들을 위한 '추가 보상'이었다. 그들의 손목에는 각각 빨간색, 노란색, 하얀색 리본이 묶여 있었다. 빨간 리본을 찬 여성은 대화를 나누거나 가볍게 플러팅할 수 있는 호스티스였고, 노란 리본을 찬 여성은 성적인 요구를 들어주는 역할을 맡았다. 하얀 리본을 찬 여성은 극히 소수였고, 특히 뛰어난 외모를 가진 여성들이었다. 이들과의 접촉은 오직 가장 실적이 우수한 영업 사원이나 경영진에게만 허락되었다. 한 침대를 사용하고 나면, 해당 여성의 팔뚝에는 도장이 찍혔다. 얼마나 많은 직원이 그와 함께했는지를 동료들이 알아볼 수 있도록 하기 위해서였다.[14]

이 이야기는 너무 충격적이어서 믿기 어려울 정도지만, 실제로 있었던 일이다. 당시 논란의 중심에 섰던 보험사는 지금은 에르고 ERGO에 합병되었고, 이 여행은 '인센티브 여행'이라는 명칭으로 불리게 되었다. 이를 부인하거나 은폐하는 것은 애초에 불가능했다. 당시 이 행사는 회사의 공식 영업 매거진에 버젓이 소개되었고, 심지어 자랑스럽게 홍보되었기 때문이다. 매거진에는 이런 문장도 실려 있었다. "이 대형 파티는 모든 면에서 최고의 이벤트였다."[15] 이 보험사를 인수한 에르고의 대변인은 훗날 《슈피겔Spiegel》과의 인터뷰에서 이렇게 말했다.

"이건 정말 부끄러운 일입니다. 누구도 이를 반가워하지 않았습니다." 그러면서 그는 잠시 영업 현장의 경쟁 강도와 인센티브의 필요성에 대해 언급했다. 하지만 이내 말을 덧붙였다. "그렇다 해도, 이런 일은 결코 용납될 수 없습니다."[16]

남성 보험설계사가 자신의 일을 성실히 수행하도록 동기를 부여한다는 명목으로 제공된 '보상'. 이 장에서는 이렇게 보상이 동원될 때 발생하는 권력의 작용에 대해 살펴보고자 한다. 물론, 보험사의 사례처럼 보상이 그렇게까지 왜곡되거나 성차별적인 방식으로 나타나는 경우는 흔치 않다. 그러나 당신이 책임 있는 태도로 권력을 행사하고자 한다면, 자신이 어떤 방식으로 보상을 활용하고 있는지에 대해서도 솔직하고 비판적인 성찰이 필요하다. 처벌의 사용만큼이나, 보상의 방식도 권력을 드러내는 수단이기 때문이다.

보상은 권력의 일상적인 작동 방식 중 하나다. 우리가 조직 안팎에서 타인에게 보상을 줄 때, 심리학적으로는 '강화'라는 메커니즘을 활용하고 있는 셈이다. 이 강화에는 두 가지 형태가 있다. 하나는 긍정적 강화, 다른 하나는 부정적 강화다. 두 방식 모두 특정 행동이 반복되도록 동기를 부여한다는 공통점이 있다. 즉, 어떤 행동에 대한 보상이 주어지면, 그 행동은 다시 발생할 가능성이 높아진다. 이러한 관점에서 보면 보험설계사들은 인센티브나 보상이 주어질 때 더 많은 보험 상품을 판매하게 된다.

그들은 보상을 받기 위해, 다시 말해 인센티브나 각종 강화 요소를 얻기 위해, 더 적극적으로 영업에 나선다. 긍정적 강화는 이처럼 수혜자가 가치 있다고 여기는 보상을 제공하는 방식이다. 직원이 성과를 인정받아 급여 인상이나 보너스를 받게 되면, 그 직원은 이후에도 유사한 행동을 반복하려는 경향을 보인다. 반면, 부정적 강화는 권력을 가진 사람이 부정적인 자극이나 부담을 제거함으로써 상대에게 보상 효과를 준다. 예를 들어, 리더가 직원에게 이렇게 말한다. "이 일은 다른 부서에서 처리하도록 하죠." 이는 직원이 맡고 싶어 하지 않는 작업을 제거하는 방식으로 보상을 제공하는 것이다. 또 다른 예로, 한 동료의 승진을 밀어주기 위해 경쟁자를 조직 내 위계에서 배제함으로써 보상할 수 있다.[17]

사람들이 원하는 행동을 하도록 만드는 데 사용할 수 있는 보상의 방식은 다양하다. 심리학에서는 이 보상들을 1차적 보상과 2차적 보상으로 구분한다. 1차적 보상은 그 가치를 따로 학습하지 않아도 스스로 의미를 지닌 것들이다. 맛있는 음식, 따뜻한 관심, 기분 좋은 신체 활동(운동이나 산책)이 이에 해당한다. 반면, 2차적 보상은 시간이 지나면서 보상으로서의 가치를 깨닫게 된다. 다시 말해 그것은 학습된 보상이며, 그 가치의 배경에는 사회화와 경험의 과정이 놓여 있다. 대표적인 예가 '돈'이다. 두 살짜리 아이에게 지폐를 준다면 아이는 지폐에 낙서를 하거나 찢어버릴 수도 있고, 전혀 관심을 보이지 않을 수도 있다. 아이에게 지폐는 그저 아무 의미 없는 종잇조각일 뿐이다. 하지만 열 살짜리 아이라면 다르다. 지폐를 건네받는 순간 두 눈이 반짝이며 흥분한다. 왜냐하면 아이는 이미 그것으로 초콜릿을 사거나, 조립하는 재미가 쏠쏠한 레고 같은 다른 1차적 보상 수단을 구매할 수 있다는 사실을 학습했기 때문이다.

하지만 보상도 처벌과 마찬가지로 후속 비용을 유발한다. 그리고 이 비용은 권력자들조차 예상하지 못하는 경우가 많다. 이 점은 자녀의 행동을 보상으로 통제하려는 부모에게도 똑같이 적용된다. 보상은 사람과 사람 사이에 거래적 관계를 형성한다. 사람들은 무엇인가를 얻기 위해 노력하고, 그에 상응하는 대가를 기대하게 된다. 표면적으로 보면 문제가 없지만, 시간이 지나면서 문제가 생긴다. 사람들은 보상이 있을 때만 좋은 성과를 내려고 하고, 점차 당연한 일에서조차 보상을 기대하게 된다. 이처럼 보상은 마치 약물처럼 일종의 내성 효과를 만들어낸다. 초기에는 작은 칭찬이나 보너스에도 동기가 부여되지만, 시간이 지나면 같은 자극으로는 만족하지 못한다. 더 강한, 더 정교하고 특별한 보상이 뒤따르지 않으면, 사람들은 이전과 같은 수준의 노력을 기울이지 않는다. 그래서 보상이 끊기면 어떻게 될까? 그 보상에 조건화된 사람들은 빠르게 조직이나 리더에게서 마음을 돌린다. 예컨대, 더 많은 수당을 제시하는 경쟁 회사가 나타나면, 한 팀 전체가 이직하는 경우도 흔하다. 이런 경우, 그들이 충성했던 대상은 '회사'가 아니라 보상 그 자체였던 셈이다. 많은 리더가 이 사실을 잘 알고 있다. 그래서 점점 더 많은 보상 자원을 확보하려 애쓰고, 그렇게 해서 겨우 자신의 위치를 유지한다.

심리학에서는 이를 '외재적 보상의 타락 효과'라고 부른다. 이는 물질적 보상처럼 외부에서 제공되는 보상이 오히려 내면의 동기를 갉아먹는 현상을 말한다. 예를 들어, 그림 그리기를 좋아하는 아이에게 초콜릿이나 용돈 같은 외재적 보상을 주기 시작하면, 처음에는 즐거움으로 시작했던 그림 그리기가 점점 보상을 위한 행동으로 바뀌게 된다. 그리고 시간이 지나면, 보상이 없을 때는 그 행동 자체를 하지 않게 되며 그림을 그리고자 하는 내재적 동기를 잃게 된다.

내재적 동기란, 활동 그 자체에서 만족과 의미를 느끼는 상태를 말한다. 코딩 자체가 즐거운 개발자, 무언가를 설계하고 개선하는 데서 희열을 느끼는 엔지니어가 그런 예다. 그런데 보상이 개입되면, 뇌 속에서 변화가 일어난다. 활동에 대해 다시 평가하기 시작하는데, 특히 보상이 통제적인 방식으로 주어졌다고 느껴질 때 이러한 효과가 더욱 두드러진다. 그 결과, 엔지니어는 보너스를 받을 때만 새로운 아이디어를 고민하게 되고, 보너스가 없을 때는 불공정하다고 느끼며 일부러 역량을 숨기기도 한다.

외재적 보상은 상대적으로 더 많은 비용이 들 뿐만 아니라(내재적 보상은 대개 무료이기 때문이다), 효과 면에서도 내재적 보상에 훨씬 미치지 못한다. 예를 들어, 나는 인세 수입을 기대해서가 아니라, '권력'이라는 주제를 탐구하고 정리하는 일이 내게 큰 즐거움을 주기 때문에 글을 쓰고 있다. 따라서 조직에서 보상 수단이나 개인별 보너스 시스템을 도입할 때는, 그 일이 내재적 보상을 받을 수 있는 일인지 먼저 따져봐야 한다. 물론 사람마다 일의 의미를 다르게 느끼겠지만, 많은 이들이 반복적인 생산 라인 작업 같은 일에서는 내재적 보람을 느끼지 못한다. 이런 경우에는 건별 보상, 즉 성과 기반 임금 체계가 자연스럽게 적용된다. 앞서 언급한 보험 상품을 판매하는 일 역시 많은 이들에게 매우 흥미로운 직업은 아닐 수 있다. 그렇더라도 값비싼 보너스나 보상 여행을 기획하기보다는, 보험설계사라는 직업이 더 자율적이고, 더 의미 있고, 스스로 동기를 느낄 수 있는 일로 바뀔 수는 없는지 고민해볼 필요가 있다.

마지막으로 보상적 권력이 초래할 수 있는 부정적인 사회적 결과도 함께 살펴봐야 한다. 다시 보험회사의 사례로 돌아가보자. 판매 실적이 가장 우수한 상위 100명의 영업 사원만이 부다페스트 여행에 초대되었다. 즉, 계약 규모가 클수록 더 큰 보상을 받는 구조였다. 이런 시스템은 한편으로 고객에게 실제로 필요하지 않은 상품을 판매하도록 유도할 수 있고, 다른 한편으로는 조직 내 경쟁과 갈등을 부추길 가능성을 높인다. 부다페스트에 모두가 갈 수는 없기 때문이다. 사람들은 보상을 얻기 위해 서로 경쟁한다. 한 사람의 보상은 곧 다른 사람의 기회 상실이 되고, 이는 조직 내 분열로 이어진다. 동료는 이제 협력해야 할 파트너가 아니라 이겨내야 할 경쟁자로 인식된다. 이런 환경에서는 협동을 기대하기 힘들며, 직원들은 서로 영업전략이나 제품에 대한 유용한 정보를 공유하지 않으려 한다. 그 결과 회사는 창의적 잠재력을 잃게 된다. 게다가 경쟁이 치열한 권력 문화는 구성원의 건강에도 좋지 않은 영향을 미친다.

이처럼 개인별 보너스는 오직 단순하고 반복적인 과업에 그리고 혼자서 수행할 수 있는 일에 적합하며, 협업이 요구되는 환경에서는 오히려 조직의 성과를 떨어뜨릴 수 있다.

권위주의 체제에서의 보상과 부패

잠시 시선을 넓혀 사회 전체로 관점을 옮겨보자. 보상을 활용하는 것은 기업만이 아니다. 독재자들 역시 보상을 즐겨 사용하며, 이를 위해 국가의 물질적 자원을 장악한다. 사회의 자산과 세금이 그들의 손에 들어가는 순간, 그들은 자신을 추종하는 세력에게 과도하게 보상하기 시작한다. 여기에 더해 독재자들은 보통 상당한 개인 재산을 보유하고 있는데, 이는 많은 경우 불법적인 방식으로 축적된 것이다. 이러한 수단들을 통해 사람들을 매수하고 체제에 복종하게 만든다.

스페인의 독재자 프란시스코 프랑코는 1939년부터 1975년까지 국가를 통치했다. 영국의 역사학자 이언 커쇼Ian Kershaw는 그에 대해 다음과 같이 설명한다.

"프랑코가 엘리트를 자기 편으로 끌어들인 핵심 수단은 출세와 부의 축적 가능성이었다. 그가 구축한 체제는 만연한 부패에 기반한 시스템이었고, 권력층은 거의 아무런 제재 없이 자유롭게 부를 축적할 수 있었다. 이 때문에 권력층은 프랑코 정권을 적극적으로 지지할 수밖에 없었다. 군대, 정보기관, 치안 기구 등은 모두 충분한 보상을 받는 조건하에 정권을 보호했고, 프랑코의 뜻에 따르지 않는 자들은 철저하게 억압받았다."[18]

이러한 부패는 개인은 물론, 그들이 살아가는 사회 전체에 영향을 미친다. 나는 볼프강 숄Wolfgang Scholl과 함께 《비즈니스 윤리 학술지Journal of Business Ethics》에 기고할 논문을 준비하며, 각국의 권력 구조와 시민의 자유권을 측정하는 방법을 연구했다. 우리는 이 측정치를 '권력균형적 자유Power Balanced Freedom'라고 명명했는데, 간단히 말해 한 사회에서 권력이 얼마나 소수에게 집중되어 있는지를 나타내는 지표다. 우리는 국제투명성기구Transparency International에서 발표한 부패인식지수Corruption Perception Index를 바탕으로 2010년부터 2012년까지 가능한 한 많은 국가의 데이터를 수집했다. 이때 분석의 종속변수로 사용된 지표는 불평등 조정 인간개발지수IHDI, In-equality-Adjusted Human Development Index였다. 이 지수는 2014년 데이터를 바탕으로, 한 나라에서 기대수명, 교육 수준, 소득이 얼마나 불평등하게 분배되는지를 보여준다. 즉, 불평등으로 인해 각국의 인간개발 수준이 얼마나 손실되었는지를 수치화한 것이다.[19]

그렇다면 변수들 사이에는 어떤 상관관계가 드러났을까? 결과는 명확했다. 국가가 권위적으로 운영될수록, 사회의 자유가 제한당할수록, 부패 수준은 훨씬 더 높았다. 이 부패는 단지 도덕적 문제에 그치지 않고, 그 사회에 속한 사람들의 삶의 기회에도 영향을 미쳤다. 부패가 만연할수록, 시민 개개인의 삶의 가능성은 더 줄어들었다. 권력 집중, 자유의 부재, 만연한 부패는 결국 국민총생산GDP의 뚜렷한 감소로 이어졌다.[20] 이 또한 놀라운 결과는 아니다.

소수의 매우 강력한 권력자가 사회적 자원을 독점적으로 차지할수록, 사회 전체에게 돌아갈 몫은 줄어들고 기업 활동은 예측 불가능해진다. 경제는 위축되고, 삶의 기회 또한 줄어든다. 오늘날에도 여전히 어떤 이들은 '강력한 지도자'를 통해 세상을 바로잡아야 한다고 외친다. 하지만 그로 인해 얻게 되는 것은 권위주의적 통치, 권력의 집중, 그에 따르는 구조적 부패 그리고 경제 쇠퇴일 가능성이 더 크다. 이 책의 후반부에서 이와 관련된 구조적 상관관계를 더 자세히 다룰 예정이다.

처벌적 권력이 그러하듯, 보상적 권력도 분명 양날의 검이다. 단기적으로 보면 단순하고 반복적인 과업에서는 일정한 효과를 발휘하는 듯 보이지만, 그 효과를 유지하기 위해서는 상당한 비용과 에너지를 필요로 한다. 게다가 복잡하고 창의적인 과업을 하게 되거나, 협력과 상호 작용이 필수적인 환경에서는 보상적 권력이 가져오는 피해가 이익보다 클 가능성이 높다.

합법성과 정당성에 기반한 권력

• • •

2023년 12월, 브란덴부르크 주의 빌다우. 크리스마스를 며칠 앞둔 어느 토요일 아침, 한 휴게소 앞이 아수라장이 된다. 이곳은 쇼핑몰 근처에 있어서 휴게소 내의 주유소에는 차들이 움직일 수 없을 정도로 빼곡하게 줄을 서 있다. 나가야 할 차도 나가지 못하고, 들어오려는 차 역시 진입하기 힘든 지경이다. 혼잡은 휴게소 내부에서도 계속된다. 문제의 원인은 명백하다. 인력이 턱없이 부족한 것이다. 한 젊은 여성이 무려 네 가지 역할을 동시에 수행하고 있었다. 그는 계산을 하고, 커피를 만들고, 택배를 접수하며, 전날 접수된 소포를 찾으러 온 체격 좋은 택배 기사에게 물건을 건네줘야 한다. 이 상황은 분명 그에게는 지옥과도 같을 것이다. 안타까운 마음이 들지만, 한편으

로는 조직심리학자로서 이런 장면은 현장감 넘치는 생생한 사례이
기도 하다. 공간 전체에 퍼진 긴장감이 피부로 느껴진다.

줄은 두 개로 나뉘어 있다. 하나는 계산을 기다리는 줄, 다른 하
나는 택배 접수를 기다리는 줄이다. 그리고 그사이에 인내심이 한계
에 달한 듯 보이는 택배 기사 한 명이 서 있다. 직원은 두 줄을 오가
며 빠르게 일을 처리하려 애쓰고 있지만, 혼자서는 역부족이다. 나는
곧 한쪽 줄에서 소란이 일어날 것이라는 걸 직감한다. 내가 선 계산
줄의 두 번째 사람은 은발의 마른 남성이다. 줄이 줄어들 기미가 보
이지 않자 그는 점점 더 초조해 보인다. 비싸 보이는 운동화를 신었
고, 검은색 퀼팅 점퍼 역시 꽤 값이 나가 보인다. 그는 계속해서 다른
줄을 곁눈질하며 짜증 섞인 눈빛을 보내고 한숨을 쉰다. 바지 주머니
에서 자동차 열쇠를 꺼냈다 넣었다 하기를 반복하다가, 마침내 참지
못하고 외친다.

"여기는 도대체 어떤 기준으로 응대하는 겁니까?"

직원은 반응하지 않았다. 그것이 오히려 중년 남성의 분노에 불
을 지폈다.

"이거 너무한 거 아닙니까? 거의 10분이나 기다리고 있잖아요!"

직원은 남성의 소란에도 아랑곳없이 묵묵히 택배 상자 위에 송
장을 붙일 뿐이다. 사람들의 시선은 이제 모두 그 남성에게 쏠렸다.
계산대 너머에서는 여전히 아무런 반응이 없었고, 그 침묵은 남성에
게 무시당하고 있다는 인상을 남겼다. 그는 누군가가 자신의 요청에

즉각 반응하지 않는 상황에 익숙하지 않아 보였고, 결국 폭발했다.

"내가 누군지 알아?"

그 목소리가 주유소 안을 울렸다.

아니, 직원은 그가 누군지 몰랐다. 직원은 아무 말없이 택배 창구에서 계산대로 자리를 옮겼다. 그리고 다음 손님에게 밝게 인사한 뒤, 계산을 진행했다. 나는 그 순간, 그 직원에게 존경심이 생겼다. 그는 아무 일도 없다는 듯 침착했다. 어쩌면 소란을 피운 남성은 이 휴게소의 관리자일 수도, 주 의회 의원이나 지역 은행의 재무 담당자일 수도 있다. 그러나 그가 누구든 간에, 이 주유소 안에서는 아무 권한도 없는 사람일 뿐이다. 여기서는 그가 행사할 수 있는 합법적 권력이 없다.

계산대 줄이 빠르게 줄어들었고, 불평 많던 그도 계산을 마치고 휴게소를 나섰다. 마침내 내 차례가 되었다. 그 남성은 이미 차에 타 있었다. 여전히 짜증에 찬 얼굴로 욕을 퍼붓고 있었지만, 차가 앞뒤로 모두 막혀 있어 휴게소를 빠져나가지 못하고 있었다. 조금 전의 소란은 그 어떤 변화도 가져오지 못했다. 그는 여전히 자신의 상황에 아무런 영향력을 발휘하지 못하는 상태였다. 내가 계산을 마치는 동안, 직원은 창밖을 힐끔 바라보았다. 그러더니 약간은 체념이 섞인, 하지만 공격적이지 않은 목소리로 말했다.

"가다가 차나 고장났으면 좋겠네요."

나는 그 바람이 충분히 정당하다고 느꼈다.

합법적 권력은 부여되는 것이다. 그 남성에게는 그 어떤 것도 부여되지 않았다. 합법적 권력은 조직이 특정한 직위를 통해 개인에게 권한을 위임할 때 생기는 힘이다. 그래서 이를 직위 권력이라 부르기도 한다.[21] 직위를 통해 부여된 이 권력은 개인으로 하여금 다른 사람에게 영향력을 행사할 권리를 준다.[22] 합법적 권력을 가진 사람은 지시를 내릴 수 있으며 다른 사람들은 그것을 따라야 한다. 기업의 상사, 학교의 교사, 대학의 교수들이 그 대표적인 예다. 조직심리학자 볼프강 숄에 따르면, 합법적 권력은 하나의 '권력 기반 묶음'이다. 왜냐하면 이 권력에는 강제력, 보상력, 처벌력이 동시에 결합되어 있기 때문이다.[23]

합법적 권력이 가장 뚜렷하게 드러나는 예 중 하나는 축구 경기장의 주심이다. 경기장에 모인 수천 명의 관중 중, 심판을 보기 위해 온 사람은 아무도 없다. 심판은 경기장에 있는 어떤 선수보다도 느리고 드리블 실력은 말할 것도 없으며, 그다지 멋져 보이지 않는 유니폼을 입는다. 기념품 숍에서 심판의 유니폼을 찾는 사람 역시 없을 것이다. 그러나 심판의 유니폼에 달린 축구협회의 엠블럼은, 그가 조직으로부터 합법적 권력을 위임받은 인물임을 나타낸다. 그는 경기장에서 선수들의 행동에 직접적으로 개입할 수 있는 권한을 가진다. 심판의 셔츠 주머니에는 규칙 위반을 제재할 수 있는 옐로우 카드와 레드 카드가 들어 있고, 손목에는 호루라기가 끈에 감겨 있으며, 벨트에는 프리킥 위치를 표시하기 위한 스프레이가 달려 있다. 심판은

한 팀에 페널티킥이라는 보상 혹은 처벌을 부여할 수 있고, 선수를 퇴장시켜 경기장에서 내보낼 수 있다. 심지어는 경기 자체를 조기에 종료할 수도 있다.

합법적 권력은 그 권력을 부여한 기관의 정당성이 인정될 때 작동한다. 선수들이 경기장에 들어서는 순간, 그들은 축구협회와 그 산하의 심판 규정을 자발적으로 수용하는 것이다. 관중들도 마찬가지다. 비록 그들이 끊임없이 심판을 향해 야유를 보내고, 그렇게 해서 심판의 보상이나 처벌 판단에 영향을 줄 수 있다고 진지하게 믿는다 해도, 기본적으로는 그 규칙과 체계를 받아들이고 있다는 뜻이다. 하지만 만약 축구협회가 더 이상 사회적으로 인정받지 못하게 된다면? 또는 그것을 대체할 수 있는 경쟁 단체가 새로 생긴다면? 그 순간, 축구협회는 물론이고, 그 산하의 심판들도 권력을 잃게 된다.

합법적 권력의 흥미로운 점은, 그것이 특정한 상황과 시간 속에서만 유효하다는 것이다. 이 점을 많은 권력자들이 종종 간과한다. 예를 들어 축구 심판이 유니폼을 벗고 경기장을 떠나는 순간, 그의 심판으로서의 합법적 권력은 완전히 사라진다. 실제로 매년 약 3,000명의 심판이 경기장 밖에서 차별이나 폭력의 대상이 된다고 한다. 주차장에서 성난 축구 팬에게 발길질을 당한 심판도 있다.[24] 또한 합법적 권력을 부여한 기관은 언제든 그 권한을 철회할 수 있다. 가령 독일 분데스리가 심판의 공식 정년은 만 47세이므로 연령 한계에 도달한 심판의 합법적 권력은 자동으로 소멸된다.

합법적 권력과 연관된 개념으로는 정당화된 권력이 있다. 이 권력의 작동 기준은 규범이다. 그리고 합법적 권력과 달리 이 권력은 법적으로 보장되지 않는다.[25] 예를 들어, 영화 〈대부〉의 시작 장면을 떠올려보자. 장례업자인 보나세라는 딸의 결혼식 날, 마피아 대부를 찾아가 한 가지 부탁을 한다. 보나세라는 평생 법을 지키며 살아온 인물이다. 하지만 그가 청하는 부탁은 법의 테두리를 완전히 벗어난 복수, 다시 말해 살인 청부다. 그는 자리에서 일어나 술잔을 내려놓고, 보스의 귀에 속삭이듯 요청한다.

대부는 처음에는 거절한다. "넌 그동안 나와의 관계를 피했지. 왜 그런 줄 알아? 나에게 빚지는 것이 두려웠기 때문이야." 보나세라는 그러면 얼마를 지불해야 하느냐고 묻지만, 대부에게 돈은 문제가 아니었다. 그가 원하는 것은 다른 것이다. 보나세라는 곧 그의 뜻의 이해하고 고개를 숙여 대부의 손에 입을 맞추며 충성을 맹세한다. 대부도 그를 안아주고는 이렇게 말한다. "언젠가, 어쩌면 절대 오지 않을 그 언젠가, 내가 부탁을 하나 할지도 모르지." 이 순간 작동하는 것은 상호성의 규범이다. 내가 상대방에게 호의를 베풀면, 상대방도 언젠가 나에게 호의를 돌려주어야 한다는 원리다.[26] 이 순간 대부는 자신이 원하던 것을 얻게 되었다. 즉, 보나세라에 대한 권력을 얻은 것이다.

이처럼 정당화된 권력은 가치에 기반하며, 합법적 권력은 제도와 직위를 통해 부여된다. 이상적인 경우, 합법적 권력은 전문성과 결합된다. 축구 심판 역시 경기에 출전하기 전에 심판 규정에 대한 전문성을 입증했고, 체력 테스트를 통과해야만 했다. 축구 심판 중에는 리더십 전문가로 활동하면서, 기업의 임직원을 대상으로 강연을 하는 사람도 있다. 그리고 바로 이 지점에서 우리는 자연스럽게 전문성에 기반한 권력으로 넘어가게 된다.

전문성에 기반한 권력

• • •

한 설비회사의 기술 전문가 브리기테는 오늘 온라인 미팅에 참석하지 않았다. 바쁘기도 했지만, 오늘 해야 할 일은 따로 있었기 때문이기도 했다. 그는 회의에 참석하는 대신 조용히 이메일을 확인하며 업무를 정리하고 싶다. 그동안 다른 동료들이 온라인 미팅에서 고객 관리 문제를 논의하고 해결하면 된다. 그리고 그는 회사를 대표하는 전문가이기 때문에 그렇게 해도 된다.

브리기테가 다니는 회사는 기계 부품의 마모 상태를 자동으로 측정하고, 대형 설비의 부품이 언제 고장 날 수 있는지를 현장 작업자에게 알려주는 제품을 만드는 곳이다. 브리기테는 20년 전 회사가 설립되었을 때부터 함께한 초기 멤버 중 한 명으로, 첫 제품의 하드웨어와 소프트웨어를 혼자서 개발했다. 원래 그는 공동 대표로 승진해 이 중견기업의 경영자가 될 예정이었다. 그러나 회사와 브리기테는 어느 시점에서, 그가 큰 조직을 이끄는 관리자보다는 소규모 팀을 이끄는 기술 전문가로 남는 것이 더 낫다는 결론에 도달했다. 그 사이 기술은 빠르게 발전해 초기 제품에 사용된 하드웨어는 이제 새로운 제품에 사용되지 않았고, 그가 개발한 소프트웨어는 구식이 되었다. 요즘에는 인공지능AI의 도움을 받아 정보를 자동으로 수집하고 해석하는 애플리케이션이 표준이 되었고, 이 소프트웨어는 숙련된 정보기술 전문가들이 AI와 협력해 개발한다. 브리기테는 이러한 신세대 프로그래밍 언어를 잘 다루지는 못한다. 그럼에도 그는 여전히 영향력 있고, 좋은 대우를 받으며, 거의 모든 것을 마음대로 할 수 있는 위치에 있다.

그렇다면 그에게 주어진 보상과 권한이 여전히 큰 이유는 무엇일까? 그가 만든 제품은 더 이상 미래지향적이지 않지만, 고객사가 사용하는 기계의 약 60퍼센트를 차지하고 있다. 회사 매출의 절반 이상이 이 구형 제품에서 발생하며, 유지 및 보수와 교체 부품으로 인한 수익률 또한 매우 높다. 예를 들어, 대형 제과 공장의 생산 설비는 보통 20년에 한 번 정도 교체된다. 고객들이 기계 교체를 고려하지 않는 한, 브리기테의 기술은 여전히 중요하며, 그의 존재 역시 마찬가지다.

브리기테는 자신이 경영자로서 필요한 사회적 역량과 동기를 갖추지 못했다는 점을 인식한 후, 보유한 구형 제품 관련 지식을 철저히 자기 손에 쥐고 있으려 애썼다. 후배들이 이해할 수 있도록 구형 기계 관련 소프트웨어 문서를 작성하지 않았고, 지식을 다음 세대로 전수하기 위한 멘토링 프로그램에도 참여는 했지만, 자신의 전문성에 위협이 되지 않을 만큼의 정보만 공유했다. 결국 회사가 지식 공유를 의무화하는 지시를 내리자, 그는 병가를 내고 4주간 휴직했다. 스트레스로 인해 심장에 무리가 갈 수 있다는 이유에서였다. 이런 방식으로 브리기테는 수년간 자신의 권력을 지켜냈고, 은퇴할 때까지 이를 유지하려 한다. 오래된 구형 설비를 사용하는 고객이 절박한 목소리로 회사에 전화를 걸 때마다 브리기테의 전문성이 절실히 필요해진다. 그럴 때 그는 다시 움직이고, 그 순간을 즐기기까지 한다.

"아는 것(지식)이 곧 힘이다." 1597년에 영국 철학자이자 정치가인 프랜시스 베이컨이 《성찰록Meditationes Sacrae》에 남긴 말이다. 이 문장은 400년이 지난 오늘날에도 여전히 유효하며, 널리 쓰이고 있다. 많은 사회에서 특정 분야에 정통한 전문가, 혹은 그렇게 인식되는 사람들은 권력을 부여받는다.

전문성에서 비롯된 권력은, 사람들이 자신의 운명을 전문가에게 넘기고 그 과정에서 스스로를 취약한 위치에 놓이게 한다. 오늘날 우리가 살아가는 현실은 심리학자들에 의해 흔히 '뷰카VUKA'라는 약어로 설명된다. 이는 독일어로 변화무쌍하고Volatilität, 불확실하며Unsicherheit, 복잡하고Komplexität, 모호한Ambiguität 세계를 의미한다. 이런 환경에서는 전문성 권력이 점점 더 중요해진다. 이토록 역동적인 세상에서는 한 사람이 동시에 수많은 영역의 전문가가 될 수 없기 때문이다. 따라서 우리는 일상적으로 타인의 전문성에 의존하여 살아가며, 그래야만 실행력과 성공 가능성을 유지할 수 있다. 한편 전문성에서 비롯된 권력도 유동적인 성격을 지닌다. 앞서 예로 든 기술 설비 회사의 고객이 설비를 최신식으로 전면 교체하기로 결정하는 순간, 브리기테는 권력을 잃게 되고, 젊은 후배들이 그 자리를 대체하게 될 것이다.

AI의 발전도 이와 유사한 전개를 보여줄 가능성이 크다. AI는 누가 전문가인지에 대한 기준과 역할 자체를 근본적으로 바꾸어놓을 것이다. AI가 전문성 권력에 막대한 영향을 미칠 것이라는 전망은, 전문성이 희소해야 한다는 사실에서 비롯된다. 그런데 AI는 이 전문성을 민주화한다. 동시에, AI를 가장 효과적으로 다루고 신뢰도 높은 정보를 생산할 수 있는 이들이 새로운 권력을 얻게 된다. 즉, 앞으로의 권력은 AI와 얼마나 잘 협업할 수 있는가에 달려 있다. 물론 AI에 담을 수 없는 고유한 지식이나 경험을 가진 사람들도 여전히 중요한 권력을 유지할 것이다. 그러나 궁극적으로 가장 큰 권력을 쥐게 되는 이는 AI를 개발하고, AI가 학습할 데이터를 보유하며, AI에 대한 접근 권한을 관리할 수 있는 사람들, 혹은 기업들이다.

전문성 권력이 작동하기 위해서는 상대적인 희소성 외에도 두 번째 조건이 필수적이다. 두 번째 조건은 그 전문성이 반드시 필요한 것이어야 한다는 점이다. 다른 사람들이 그것을 필요로 해야만, 전문성은 권력으로 작용할 수 있다. 여기에 더해 세 번째 조건도 있다. 권력의 출처, 즉 전문성을 지닌 사람이나 기관이 신뢰할 만하다고 여겨져야 한다. 이때 흥미로운 점은, 실제 전문성보다 '전문가처럼 보이는 것'이 더 강력하게 작용한다는 사실이다.[27] 예를 들어, 의료 영역에서는 대부분의 사람들이 의사들의 전문성을 기꺼이 받아들인다. 심지어 자신의 몸을 맡기고 장기 수술을 받기도 한다. 이처럼 전문성 권력은 보상이나 처벌 같은 외적 권력보다 훨씬 자연스럽고 저항 없이 작동하는 경우가 많다. 하지만 코로나 팬데믹은 디지털 시대에 이러한 전문성 권력의 경계가 얼마나 빠르게 흐려질 수 있는지 극명하게 보여줬다. 갑자기 '건강 전문가'를 자처하는 인물들이 여기저기서 등장했고, 놀랍게도 많은 사람들이 그들을 신뢰할 수 있는 존재로 받아들였다.

리더가 오랫동안 전문성 있는 인물로 영향력을 인정받기 위해서는 두 가지 방법 중 하나를 선택해야 한다. 첫째, 충분한 시간을 들여 주변에 자신의 전문성을 입증하거나, 둘째, 끊임없이 학습하여 지식을 갱신해야 한다. 전문성을 보여주는 방식으로는 학위나 수료증 등도 있다. 요즘은 수많은 사람이 링크드인에 자신이 어떤 교육을 이수했는지를 수시로 자랑스럽게 게시한다. 하지만 스크럼 마스터, 디자인 씽킹 코치, 마음챙김 트레이너 등의 자격증 상당수는 형식적인 참여만 있으면 누구나 수료증을 받을 수 있는 사실상 '출석증'에 가깝다. 이와 달리 진짜 전문성을 입증하는 더 나은 방법이 있다. 조직심리학자 게리 유클Gary Yukl은 복잡한 문제 해결, 현명한 의사결정 그리고 중요하고 가시적인 프로젝트를 성공적으로 완수하는 것을 제안한다.[28] 진정한 전문성 권력은, 다른 사람들의 문제를 해결할 수 있을 때 비로소 힘을 가진다.

전문성 권력의 일종의 '동생'쯤 되는 것이 바로 정보 권력이다. 정보에 접근하고 그것을 유통할 수 있는 통제력을 가진 사람은, 적어도 단기적으로는 지식 면에서 우위를 점할 수 있다.[29] 특히 리더의 위치에 있는 사람은 정보를 수집하고 배포할 기회를 많이 가진다. 그들은 중요한 회의에 참석하며, 대체로 누구보다 먼저 정보를 접한다. 이렇게 수집된 정보는 개인의 이해관계에 따라 미리 해석되거나 의도에 맞게 가공될 수 있다.[30] 예컨대 신규 투자자에 대한 인상을, 아직 정보를 전달받지 못한 동료들에게 긍정적 혹은 부정적으로 묘사해 자신이 원하는 분위기를 만들 수 있다.

또한 정보 권력은 구성원들을 보다 순응적으로 만들 수도 있다. 리더가 조직의 운영 방식이나 협업의 원리를 사실상 자신만이 이해하고 있는 것처럼 보이게 할 수 있기 때문이다. 정보 흐름을 통제하는 리더는 자신의 실수를 감추는 것에 유리하다.[31] 물론 믿을 만한 정보가 있다면, 조직을 위험으로부터 지키거나 새로운 시장 기회를 포착하는 것에도 쓰일 수 있다. "이 투자에는 참여하지 않는 것이 좋겠습니다. 재무제표가 맞지 않거든요"와 같은 판단을 내리는 데 도움이 된다. 나아가 정보 권력은 팀을 사전에 준비시키고, 안심시키며, 더 현명하고 창의적으로 만들 수도 있다.

　　다만 정보 권력과 전문성 권력 사이에는 중요한 차이가 있다. 자신에게 제공된 정보가 유용한지 여부를 판단하는 것은 비교적 쉬운 반면, 전문성의 가치를 가늠하는 일은 훨씬 어렵다. 어떤 동료가 경쟁사 신제품에 대한 정보를 가지고 있다면, 상사는 그 정보가 자기에게 쓸모 있는지 즉각 가늠할 수 있다. 이 때문에 전문가가 아니더라도 정보 권력을 가질 수 있다. 결국 정보 권력에서는 전문성 권력과 달리 사람이 아니라, 정보 그 자체가 힘을 발휘한다.[32]

　　하지만 소셜 미디어 시대에 들어서면서 정보 권력은 새로운 국면에 접어들었다. 도널드 트럼프 미국 대통령의 전 수석 전략가 스티브 배넌Steve Bannon은 이 전략을 "쓰레기로 뒤덮어 버리기flood-the-zone-with-shit"라고 불렀다. 이 전략의 핵심은 무의미하거나, 거짓이거나, 오해를 불러일으키는 정보를 대량으로 퍼뜨려 공적 여론의 장을 혼란스럽게 만드는 것이다. 이에 따라 여론은 점점 더 혼돈에 빠지게 되고, 사람들은 진짜 정보와 가짜 정보를 구분하기 힘들어지게 된다. 결국 신뢰할 만한 정보나 비판적 목소리들은 가짜 정보가 만들어내는 소음에 묻히고 만다. 여기에 더해 점점 더 많은 사람들이 소위 전통적인 매체에서 정보를 얻지 않는다는 점도 문제가 된다. 디지털 시대에는 누구나 정보 생산자이자 송신자가 될 수 있다. 사실 확인을 담당하던 언론의 필터링 기능은 더 이상 작동하지 않으며, 정보가 아니라 감정과 의견이 사회와 조직의 의사결정에 더 큰 영향을 미치고 있다. 기술 재벌들, 예컨대 일론 머스크 같은 인물들은 이미 막대한 자본력과 데이터 권력, 정치적 영향력을 가지고 있으면서 이제는 주요 정보 채널까지 손에 넣고 있다. 머스크는 자신이 인수한 플랫폼 X(구 트위터)에 하루에도 수십 건의 글을 올린다. 미국 대선을 앞두고 올린 이민자 음모론과 관련된 게시물만 해도 두 달간 330건에 달했다.[33] 머스크뿐만 아니라 민주주의나 권력 분립에 대해 권위주의적 태도를 가지고 있는 국가들도 정보 채널을 통제함으로써 정보 권력을 적극적으로 활용하고 있다.[34]

20세기에는 많은 서구 정치인들이 자유주의적 가치가 권위주의 체제에 스며들어 변화를 일으킬 것이라고 믿었다. 하지만 21세기에 이르러 변화의 방향은 반대가 되었다. 오히려 권위주의적 사고방식이 흘러들어와 사회 전체를 흔들고 있다. 오늘날의 조직과 사회에서는 허위 정보, 나아가 거짓말이 널리 용인되고 있다. 그런데 도널드 트럼프 같은 정치인들은 여기서 한 걸음 더 나아간다. 이에 대해 정치학자 미하엘 취른Michael Zürn은《프랑크푸르터 알게마이네 차이퉁》에서 기고문을 통해 설명한 바 있다.

취른에 따르면, '거짓말'은 예나 지금이나 여전히 위험한 전략이다. 들통날 가능성이 언제나 존재하기 때문이다. 그는 '거짓말'과 비교되는 개념으로 '헛소리Bullshit'를 구분해 제시한다. 거짓말을 하는 사람은 진실을 의도적으로 숨기거나 왜곡하지만, 최소한 진실이 무엇인지 알고 있다. 그렇기 때문에 거짓말은 필요할 때, 제한적으로 사용된다. 반면 트럼프 미국 대통령처럼 헛소리를 하는 사람은 진실 자체에 아무 관심이 없기 때문에 이 전략을 일상적으로, 반복적으로 사용할 수 있다. 이렇게 되면 사람들 사이에서 진실을 검증하고 합의해가는 과정이 무너지며, 사회의 이성이 마비된다. 그리고 이것이야말로 권위주의 세력이 바라는 바다.[35] 수십 년 전, 독일계 미국 철학자 한나 아렌트는 다음과 같은 경고를 남긴 바 있다. "끊임없는 거짓말로 인해 아무것도 믿지 않게 된 국민들에게는, 무엇이든 할 수 있다."

마지막으로 전문가의 권력에 관한 흥미로운 심리학 연구 한 가지를 살펴보고자 한다. 앞서 언급한 브리기테의 사례와 잘 들어맞는 연구다. 굴람 알리 아라인Ghulam Ali Arain은 동료 연구자들과 함께 '지식 은폐knowledge hiding'에 관한 104개의 연구를 메타분석했다. 이들이 먼저 확인한 사실은, 지식 은폐는 지식 공유의 정반대 개념이 아니라는 점이다. 즉, 직원들은 지식을 공유하면서도 동시에 지식을 숨길 수도 있다. 연구자들은 지식 은폐를 세 가지 유형으로 분류했다.

1. **회피적 은폐**: 불완전하거나 부분적으로 잘못된 정보를 제공하며 얼버무린다.
2. **무지를 가장한 은폐**: 자신도 해당 지식에 대해 모른다거나 충분히 알지 못한다고 가장한다.
3. **합리적 은폐**: 지식을 공유하지 않는 나름의 이유가 있다고 설명한다.

연구 결과는 또 다른 점도 밝혀냈는데, 지식을 적극적으로 은폐하는 사람들은 종종 조직으로부터 배신당했다고 생각하거나, 직무 안정성에 불안을 느끼며, 이직 성향이 강하다. 이 메타분석을 통해 지식 은폐가 초래하는 결과 역시 분명해졌다. 지식을 의도적으로 숨길수록, 직원들의 창의성과 혁신 성과는 물론 일상 업무 효율성과 만족도도 떨어진다. 더 나아가 팀 내 불신이 증폭되며, 이는 다시 더 많은 지식 은폐로 이어지는 악순환을 유발한다.[36]

전문성 권력이 약화되고, 사회 전반에 거짓과 헛소리가 판을 치는 시대가 도래할 때, 도덕과 감정을 무기로 삼은 오래된 존재가 다시 등장한다. 바로 카리스마 권력이다.

카리스마에 기반한 권력

● ● ●

니코는 무대 위로 올라오며 박자에 맞춰 손뼉을 친다. 그는 회사 로고가 박힌 모자를 쓰고, 양손을 허리에 얹은 채 직원들로 가득 찬 대강당을 바라본다. 오늘은 회사에서 진행하는 '파워데이'가 열리는 날이다. 이 회사는 게이밍 마우스, 헤드셋, 특수 키보드 등 고급 게이밍 장비를 판매하는 기업이다. 직원들은 1년에 한 번 있는 이날을 위해 본사로 모두 모였다.

니코는 챙 모자를 고쳐 쓰고는, 할머니 집 지하실에서 처음으로 제품을 포장해 택배를 보내던 시절의 이야기를 꺼낸다. 일주일에 치즈 한 팩, 빵, 잼 등으로 버티며 제대로 된 식사조차 하지 못했던 때를 떠올린다. 은행 직원이 대출을 거절하며 비웃듯 바라봤던 일화도 덧붙인다. 그러곤 프랭크 시나트라의 말을 인용한다. "최고의 복수는 큰 성공이다." 그리고 지금은 은행 앞을 지날 때마다, 일부러 포르쉐의 스포츠 모드를 켜고 엔진 소리를 크게 낸다고 덧붙인다. 그러고는 청중을 향해 외친다.

"내가 한 번이라도 포기한 적이 있었던가?"

어두워진 강당 속에서 직원들이 한 목소리로 외친다.

"없었습니다!"

이어서 니코는 회사가 지금 어디에 와 있는지 설명한다. 그의 뒤에 있는 거대한 스크린에는, 회사가 연간 최소 1,000만 달러의 매출을 올리는 나라들이 하나둘씩 나타난다. 그다음으로 자사 주식으로 큰돈을 벌게 된 직원들의 모습이 화면에 비친다.

"여러분도 부자가 되고 싶으신가요?"

그가 묻자 직원들은 환호성으로 응답한다. 니코는 의도적으로 잠시 말을 멈춘 후, 무대를 천천히 거닐며, 능숙하게 목소리를 낮춘다. 집중하지 않으면 들리지 않을 정도의 나지막한 목소리로 말을 이어가자, 사람들은 서로에게 "뭐라고 하는 거야?"라며 속삭이며 묻는다. 그러다 니코는 갑자기 모두가 들을 만큼 크게 외친다.

“그렇다면, 이제 우리는 다음 단계로 나가야 합니다.”

이어서 그는 변화하고 성장하는 것이 얼마나 중요한지 그리고 게임 주변기기 시장이 점점 포화 상태에 가까워지고 있고, 수익률이 얼마나 줄어들었는지를 설명한다.

직원들은 이제 그가 어떤 새로운 사업을 준비했는지, 그것이 자신들을 어떻게 부자로 만들어줄 것인지를 기대하며 숨을 죽인다. 갑자기 장엄한 음악이 흘러나오고, 드디어 니코가 새로운 계획을 밝힌다. 컴퓨터 게임을 직접 개발하고 배급하겠다는 것이다. 그는 앞으로 야근이 불가피할 정도로 고된 시기가 오겠지만, 이 정도의 과감한 변화는 꼭 필요하다고 말한다. 대신 직원 모두에게는 상상할 수 없는 수준의 높은 보상이 주어질 것이며, 이제 직원들도 ‘게임 개발자’가 될 수 있다고 강조한다. 그다음 니코는 게임 프로토타입 영상을 보여준다. 회장은 크게 술렁이고 직원들은 열광한다. 이를 지켜보고 있던 니코의 카리스마 트레이너는 두 주먹을 불끈 쥐고 무대에서 내려오는 그에게 달려와 포옹한다. 열광하던 직원들 중 일부는 이유도 모른 채 눈물을 흘린다.

카리스마 권력은 사실 예수, 모세, 무함마드 같은 종교 지도자들이 지니고 있었던 권력이다. 이는 ‘카리스마’라는 단어의 어원과도 깊은 관련이 있다. 그리스어에서 유래한 이 단어는 ‘신의 은총 또는 선물’을 의미한다. 즉, 카리스마를 지닌 사람은 신이 특별히 선택한 ‘은총을 받은 존재’로 간주되며, 자연스럽게 그들에게는 마법 같은 능력이 있다고 여겨지곤 했다.[37] 예를 들어, 오늘날에는 버락 오바마와 미셸 오바마, 다이애나 비, 간디, 스티브 잡스, 빌리 브란트뿐 아니라 도널드 트럼프나 일론 머스크도 카리스마를 강하게 발휘했던 대표적인 인물로 자주 거론된다.

카리스마는 일종의 마법처럼 여겨지는 경우가 많다. 실제로 카리스마를 지닌 사람들은 사람들의 마음을 사로잡고 때로는 이성적인 판단력까지 흐리게 만드는 것처럼 보인다. 그러나 그것은 마법이나 특별한 천성 때문이 아니다.[38] 카리스마 권력은 타고난 성격보다는 구체적인 행동 방식 그리고 이를 받아들이는 사람들과의 상호 작용으로 설명하는 편이 훨씬 정확하다.

카리스마 리더십을 실천할 때 리더의 행동 방식

이와 관련해 다양한 연구자들이 공통적으로 분석한 바에 따르면, 카리스마와 연관된 행동 특성은 특정한 경향성을 보인다. 제이 콩거Jay Conger와 라빈드라 카눈고Rabindra Kanungo는 카리스마를 유발하는 여덟 가지 행동 특성을 다음과 같이 정리했다.[39]

1. 급진적인 변화를 이끄는 주체로 행동한다.
2. 기존의 질서를 바꾸고자 하는 강한 열망이 있다.

3. 외부 환경의 기회와 제약 조건을 현실적으로 분석한다.

4. 지지자들이 필요로 하는 바와 기대를 민감하게 감지한다.

5. 이상적인 미래 비전을 제시한다.

6. 전달하고자 하는 메시지를 명확하게 표현한다.

7. 개인적인 위험도 기꺼이 감수한다.

8. 관습에 얽매이지 않는다.

카리스마 리더십은 본질적으로 '변화 지향적'이다. 니코 역시 안정을 추구하는 관리자형 리더는 아니다. 그는 기업의 현재 상태를 불완전한 것으로 간주하고, 구성원들에게 더 나은 미래를 약속한다. 정치권에서도 수많은 카리스마 인물이 같은 전략을 펼친다.

2008년, 버락 오바마는 첫 대선 캠페인에서 '희망'이라는 키워드를 전면에 내세웠다. 그의 목표는 미국의 미래에 대한 낙관적인 메시지를 전하는 것이었다. 투명성, 진실성, 협력을 통해 기존의 정치 질서를 깨뜨리고, 보건·경제·외교 정책 전반에서 개혁을 이루겠다는 약속이 그 중심에 있었다. 이처럼 카리스마 권력은 조직이나 사회를 단순히 '운영'하는 수단이 아니라, 전면적으로 '변화'시키는 동력을 포함해야 한다. 바로 이런 이유로 2020년 대선에서 도널드 트럼프는 딜레마에 빠졌다. 그가 현직 대통령으로서 '기존 질서' 그 자체가 되었기 때문이다. 반면 2024년에는 다시 '기득권과 싸우는 개혁가'라는 급진적인 변화를 상징하는 카리스마 있는 인물 역할로 자신을 포지셔닝할 수 있었다.

제이 콩거와 라빈드라 카눈고는 특히 '추종자들의 욕구에 대한 공감'을 강조했다.[40] 또 다른 핵심은 '미래 비전'을 제시하는 능력이다. 카리스마를 가진 리더는 청중 앞에 매력적인 미래상을 제시하며, 이를 통해 구성원들을 함께 움직이게 만든다. 독일 총리 빌리 브란트의 "더 많은 민주주의를 시도하고자 한다Wir wollen mehr Demokratie", 도널드 트럼프의 "미국을 다시 위대하게Make America Great Again", 실리콘밸리 기업들의 "다음 세대의 혁신적인 제품을 만들자The next big product" 같은 구호들이 모두 이러한 전략의 일환이다.

카리스마 리더십은 특정 시점이 아니라 일련의 단계 속에서 그 효과가 발휘된다. 첫 번째 단계는 주목과 동기를 이끌어내는 것이다. 이를 위해서는 청중이 처한 상황과 그들의 욕구를 정확히 분석해야 한다. 사람들은 무엇을 원하는가? 예컨대 니코가 이끄는 회사의 젊은 직원들은 빠르게 부자가 되기를 바란다. 또한 단순히 게임 주변기기를 파는 '판매원' 이상의 존재가 되고자 한다. 도널드 트럼프를 지지하는 많은 유권자들 역시, 백인이 주도하던 과거의 미국, 다른 나라보다는 자국의 이익을 우선시하던 시절의 미국으로 돌아가길 원한다. 이렇게 파악된 욕구를 바탕으로 리더는 모두가 직관적으로 이해할 수 있는 매력적인 미래 목표를 제시한다. 마지막 단계에서 카리스마를 지닌 리더는 바로 자신과 함께라면 그 비전이 실현 가능하다는 신뢰를 구축하려 한다.[41]

이 모든 것은 마법 같은 일이 아니라, 학습 가능한 행동 방식이다. 존 안토나키스John Antonakis와 그의 동료들은 이를 '카리스마 리더십 전술charismatic leadership tactics'이라고 부른다.[42] 이러한 전술은 설득력 있는 수사와 함께할 때 더욱 효과를 발휘한다.

가장 인상적인 예 중 하나는 1863년 11월 19일, 에이브러햄 링컨의 게티즈버그 연설이다. 연설이 있기 몇 달 전, 미국 남북전쟁에서 수만 명의 북군과 남군 병사들이 펜실베이니아 주의 게티즈버그에서 피를 흘리며 격돌했다. 북군은 로버트 에드워드 리Robert Edward Lee 장군이 이끄는 남군의 북진을 저지했지만, 그 대가로 막대한 희생을 치렀다. 그해 11월 19일, 게티즈버그 전투에서 전사한 병사들을 위한 묘지가 조성되었고, 헌정식이 열렸다. 이날의 공식 연설자는 외교관 에드워드 에버렛Edward Everett이었다. 그는 무려 두 시간 동안 열변을 토했지만, 정작 그의 연설은 오늘날 거의 알려져 있지 않다. 그 뒤 링컨 대통령이 단상에 올라 불과 2분 30초 남짓한 연설을 했다. 그리고 이 연설은 지금까지도 미국 역사상 가장 위대한 연설 중 하나로 남아 있다. 이 책에서 전하고자 하는 핵심을 완벽하게 담고 있는 사례이기에, 연설 전문을 인용하고자 한다.

지금으로부터 87년 전, 우리의 선조들은 이 대륙의 자유 속에 태어나고 '모든 인간은 평등하다'는 원칙에 헌신한 새로운 국가를 세웠습니다. 지금 우리는 거대한 내전에 휩싸여 있고, 우리 선조들이 세운 이

나라가 과연 지속될 수 있을지를 시험받고 있습니다. 오늘 우리가 모인 이 자리는 남군과 북군 사이에 큰 싸움이 벌어졌던 곳입니다. 우리는 이 나라를 살리기 위해 목숨을 바친 사람들의 마지막 안식처로 이 땅을 봉헌하기 위해 모였습니다. 이 모든 일은 분명 정당하고 마땅한 것입니다.

그러나 더 큰 의미에서, 이 땅을 봉헌하고 신성하게 만든 이들은 우리가 아닙니다. 이곳에서 목숨 바쳐 싸웠던 용감한 사람들, 전사자 혹은 생존자 모두가 이미 이 땅을 신성하게 만들었기에, 우리로서는 그 어떤 것도 더하거나 덜할 수 없습니다.

세상은 오늘 우리가 여기 모여 무슨 말을 했는지 별로 주목하지도, 오래 기억하지도 않겠지만 그들이 이곳에서 무엇을 했는지는 결코 잊지 못할 것입니다.

따라서 우리가 살아 있는 자로서 해야 할 일은, 이들이 이룬 위대한 미완의 과업에 우리 스스로를 헌신하는 것입니다. 그들이 보여준 헌신에 우리 또한 더욱 깊은 헌신으로 응답해야 합니다. 그리고 이 자리를 빌려 엄숙히 다짐해야 합니다. 이들이 헛되이 죽지 않도록 할 것임을. 이 나라가 신의 뜻 아래 자유를 다시 태어나게 할 것임을. 그리고 국민의, 국민에 의한, 국민을 위한 정부는 이 지구상에서 결코 사라지지 않도록 지켜낼 것임을.[43]

링컨은 전쟁이 아직 끝나지 않았다는 사실을 잘 알고 있었다. 게티즈버그 전투 이후 전선은 다시 남부로 옮겨갔지만, 남군이 최종적으로 항복하기까지는 수만 명의 추가적인 희생이 필요했다. 링컨에게는 시민들이 끝까지 버티도록 동기를 불어넣어야 할 필요가 있었다. 그래서 그는 전쟁이 무엇을 위한 것인지를 명확하게 제시한다. 바로 자유 그리고 민주주의의 수호다. 그는 청중의 가치관에 호소할 뿐 아니라, 그들의 도덕성에도 호소한다. "이 묘지에 누운 이들의 죽음이 헛되지 않도록."

카리스마 권력이 (마법이 아니라) 수사, 전략 그리고 구체적인 행동에서 비롯된다는 사실은 다양한 실험 연구를 통해서도 입증되었다. 가장 설득력 있는 연구는 존 안토나키스John Antonakis, 마리카 펜리Marika Fenley, 수 리히티Sue Liechti가 공동으로 진행한 실험이다.[44] 이들은 스위스의 한 기업에 근무하는 관리자들을 무작위로 실험군과 대조군으로 나누었다. 실험군에 속한 관리자들은 '카리스마 리더십 훈련'을 받았고, 대조군은 받지 않았다. 실험군 참가자들은 카리스마 리더십에 대한 이론적 설명을 듣고, 유명 리더들의 연설 영상을 시청했으며, 연설 실습을 통해 카리스마 행동을 직접 연습해보았다. 훈련은 5시간 정도 진행되었으며, 며칠 후 짧은 개별 코칭 세션을 한 번 더 제공받았다. 그리고 훈련 전과 훈련 석 달 후, 참가자들의 카리스마 리더십에 대해 설문지 평가가 이루어졌다. 평가는 참가 관리자의 상사 한 명, 부하 직원 여섯 명 그리고 대여섯 명의 동료가 수행했다. 평가자들은 이 관리자들이 카리스마 리더십 훈련을 받았는지 여부를 알지 못한 상태였다.

두 번째 연구에서 연구진은 MBA 학생들에게 카리스마 연설법을 가르쳤다. 참가자들이 훈련 전과 훈련 후에 각각 연설을 하게 하고, 그 내용을 평가했다. 두 연구의 결과는 매우 분명했다. 카리스마는 학습될 수 있다. 두 연구의 효과는 통계적으로 유의미했으며, 첫 번째 실험의 결과는 꽤 놀라웠다. 훈련은 고작 하루도 채 되지 않았고, 코칭 세션이 한 번 더 추가되었을 뿐인데, 직장 내에서 카리스마가 더 높게 인식되었다. 또한 추가로 밝혀진 점은, 이 훈련 덕분에 리더에 대한 신뢰가 커졌고, 그들의 역량이 더 높게 평가되었다는 점이다.[45]

이쯤 되면 독자들은 궁금해질 것이다. 존 안토나키스가 실험 참가자들에게 가르친 카리스마 행동은 과연 어떤 것이었을까? 사실 그중 많은 요소는 앞서 소개한 니코의 사례에서 이미 언급한 바 있다. 대표적으로, 카리스마 있는 사람들은 은유를 자주 활용한다. 은유는 비전의 핵심을 쉽게 전달하고, 구체적 이미지로 그려지게 하며, 청중이 연설 내용을 더 오래 기억할 수 있도록 도와준다.

안토나키스에 따르면, 스토리텔링 또한 강력한 도구다. 인사 및 조직 관련 컨퍼런스에 초청되어 참석하면, 고객이나 투자금을 확보하기 위해 나선 기업 컨설턴트나 스타트업 창업자들의 연설을 종종 듣게 된다. 이때 스토리텔링은 분명 도움이 된다. 그들은 본론, 즉 "그러니까 제게 투자해주십시오"에 이르기 전까지 개인적인 이야기부터 늘어놓는다. 니코가 했던 할머니 이야기나 은행에서 대출을 거절당했던 일화와 비슷한 맥락이다.

다음으로, 카리스마 있는 인물들은 도덕적 정당성을 강조하며 청중이 자신과 동일시할 수 있는 정체성을 제시한다. 청중이 그들에게 감정적으로 몰입할 수 있도록 하는 것이다. 어떤 이는 환경 보호를 상징하고, 또 어떤 이는 건강한 식습관을, 혹은 니코처럼 부를 상징하기도 한다. 그들이 어떤 가치를 대표하느냐에 따라 청중은 자신의 욕망이나 이상을 그들에게 투사하게 된다. 이러한 연출에서 중요한 요소는 '높은 기대치'다. 비전은 커야 하며, 동시에 비현실적이거나 우스꽝스러워 보여서는 안 된다. 그러고 나서 그들은 자신감 넘치는 태도로 그 다음의 '미친' 행보를 선포한다. 이쯤 되면 이 사람과 함께라면 찬란한 미래가 오지 않는 것이 오히려 이상하다는 생각이 들 정도다. 자기 확신이 없는 사람은 결코 카리스마 있게 보일 수 없다. 수사적 질문도 카리스마를 높이는 데 좋은 도구다. 예를 들어 이런 질문이다. "우리는 정말 이 시대의 문제들을 외면한 채 계속 살아갈 수 있을까요?"

나열형 문장도 효과적이다. "첫째로, 저는 X를 하겠습니다. 둘째로, Y를 하겠습니다. 그리고 믿기지 않으시겠지만, 셋째로 Z까지 해내겠습니다!"와 같은 구성이 그렇다. 이러한 구조는 연설자가 모든 것을 통제하고 있으며, 아이디어를 구체적이고 논리적으로 구성했음을 암시한다. 비전과 함께 이러한 구성을 제시하면, 청중은 복잡한 세상과 불확실한 미래를 당장이라도 극복할 수 있을 것 같은 기분이

든다. 모든 퍼즐이 맞아떨어지는 듯한 감각 그리고 그 모든 것을 꿰뚫어 본 사람이 연설자라는 인식이 생긴다. 그 결과 청중의 신뢰는 더욱 높아진다. 마지막으로 카리스마 있는 사람들은 건조하거나 차분하게 말하지 않는다. 그들은 감정을 표현한다. 그들의 연설에는 언제나 드라마가 있다. 목소리는 생동감 있고, 제스처는 크고 확신에 차 있으며, 표정에는 진지함이 배어 있다.[46]

내가 말하고 싶은 것은 이것이다. 카리스마는 마법도, 타고난 기질도 아니다. 혹시 당신의 개인 코치나 멘토가 이와 다른 주장을 한다면, 코치를 바꾸거나 심리 전문가를 찾아가는 편이 나을지도 모른다. 카리스마 권력은 매우 구체적인 행동을 통해 발휘되는 것이다. 리더십은 리더 혼자 만들어내는 것이 아니다. 리더십은 리더와 그를 따르는 사람들 간의 상호 작용 속에서 이루어지며, 이들이 함께 공유하는 사회적 공간 안에서 발생한다. 이제 마지막으로 하고 싶은 질문은 이것이다. 카리스마 권력이 실제로 구성원들에게 효과를 발휘하기 위해서는, 구성원들 사이에서 어떤 조건들이 충족되어야 할까?

추종하는 사람들의 심리: 그들의 욕구와 추종의 결과

카리스마 있는 인물을 따른다고 해서, 그 사람이 특별히 비정상적인 심리를 가졌다는 뜻은 아니다. 특정한 성격 요인 하나 때문에 의지 없이 누군가의 뒤를 좇는 일은 없다. 카리스마의 힘은 어디까지나 '리더의 행동'과 '따르는 사람들의 욕구'가 복잡하게 얽힌 상호 작용 속에서 만들어진다. 조금 더 구체적으로 말하자면, 카리스마 리더의 비전은 추종자의 가치 체계와 일치해야만 힘을 발휘한다.[47] 예컨대 희망을 중심으로 한 비전은, 사회에 대한 불만과 동시에 더 나은 미래에 대한 낙관이 존재할 때 힘을 발휘할 수 있다. 반면 파괴와 분노를 토대로 한 비전은, 청중 안에 쌓인 분노와 증오심을 자극해야만 작동한다. 니코의 경우를 보자. 그의 청중은 젊고 야망이 있으며, 빠르게 부자가 되고 싶어 한다. 게다가 단순한 게임 주변기기 판매상으로 머물고 싶어 하지 않는다. 바로 그렇기 때문에 니코는 '부의 약속'과 '게임 개발의 최전선'이라는 서사를 통해 사람들을 사로잡을 수 있었던 것이다.

카리스마 리더가 지속적으로 권력을 행사하려면, 사람들이 진심으로 원하고 필요로 하는 주제를 골라야 한다. 다시 말해, 사람들이 구원을 바랄 때에만 '구원'을 이야기할 수 있다. 그러기 위해서는 늘 청중의 욕구를 세밀하게 읽어야 하고, 직접 읽기 어렵다면 시장조사나 여론 분석을 통해 그들의 욕구를 파악해야 한다. 그리고 언제든 유연하게 메시지를 바꿀 수 있어야 한다. 사람들의 욕구를 놓치는 순간, 카리스마의 영향력도 함께 사라진다.

결국 카리스마 리더십은 따르는 사람들에게 매우 의존적인 구조다. 청중이 무엇을 기대하고 필요로 하는지를 지속적으로 파악하고,

그에 따라 반응해야만 한다.[48] 지금까지 살펴본 여러 권력 자원 중에서 카리스마는 가장 강력하면서도 동시에 가장 불안정한 권력 형태일 수 있다. 그럼에도 진실이 희미해지고 전문성의 영향력이 점점 줄어드는 시대에는 카리스마에 오히려 더 힘이 실릴 가능성이 있다.

그렇다면 카리스마 권력은 그를 따르는 사람들에게 어떤 영향을 미치는가? 그리고 그 영향력은 왜 이토록 강력한가? 이스라엘 히브리대학교의 보아스 샤미르Boas Shamir와 연구진은, 카리스마에 노출된 사람들이 심리적으로 어떤 과정을 겪는지 설명하는 이론을 제시했다. 이들의 핵심 전제는 이렇다. 카리스마 권력은 따르는 사람들의 '자기 개념'을 변화시킨다. 자기 개념이란, 사람들이 스스로에 대해 느끼고 생각하는 바, 즉 '나는 누구인가'에 대한 인식이다. 카리스마가 작동할 때, 이 자기 개념은 미묘하지만 근본적인 방식으로 바뀌며, 이는 곧 내재적 동기의 증가로 이어진다. 샤미르와 동료들은 이 변화가 일어나는 경로가 다양하다고 보았으며, 그 구체적인 메커니즘은 다음 표에서 확인할 수 있다.

카리스마 권력을 통해 사람들은 자신의 일에서 의미를 발견하고, 자신감 또한 높아진다. 니코의 직원들에게는 앞으로 많은 일이 기다리고 있지만, 그들은 자신들의 희생이 헛되지 않기를 바란다. 카리스마를 지닌 인물을 따르는 사람들은, 자신들이 존경하는 이의 목표를 위해 싸울 가치가 있다고 믿는다. 그 과정에서 추종자의 고유한 가치관은 리더가 제시하는 비전과 그 실현을 위한 가치와 절차 하나

카리스마 리더십이 자기 개념에 미치는 영향

개인의 헌신의 의미가 커진다.	자신의 수고와 노력 그리고 일상에서 감수하는 희생이 의미 있다고 믿게 된다. 매일의 헌신이 헛되지 않으며, 어떤 더 큰 목적을 위해 쓰이고 있다고 인식한다.
자신감과 자기효능감이 향상된다.	높은 목표를 향해 나아가는 데 필요한 기대를 스스로 충족시킬 수 있다는 자신감을 갖게 된다. 자신의 능력과 가능성을 믿게 되며, '내가 해낼 수 있다'는 감정이 내면에 자리 잡는다.
일의 목표가 더 중요해진다.	리더가 제시하는 미래 비전에 감화되어, 그 목표를 자신의 목표로 내면화한다. 매력적인 미래에 대한 기대가 현실에서의 행동을 이끌게 된다.
더 나은 미래에 대한 믿음이 생긴다.	더 나은 미래가 가능하다는 믿음을 갖게 된다. 자신이 지금 하는 일이 그 미래에 중요한 기여를 할 수 있다고 생각하며, 그 믿음이 현재의 태도와 선택에 영향을 준다.
리더와 추종자가 하나로 연결된다.	추종자들은 리더의 비전 자체뿐만 아니라, 그 비전을 제시한 리더에게도 개인적이고 도덕적인 유대감을 느낀다. 비전이 구성원들의 정체성의 일부가 되며, 그 비전을 제시한 리더 역시 그 정체성의 일부가 된다.

(보아스 샤미르 외, 1993년 연구를 바탕으로 재구성)

권력중독

로 융합된다. 이로써 앞서 언급한 것처럼, 이들은 수동적인 추종자가 아니라 카리스마 권력 형성의 능동적인 주체가 된다. 권력자의 목표는 곧 따르는 이들의 정체성 중 일부로 흡수되고, 그 과정에서 모두가 공유하는 희망 어린 미래상이 형성된다.[49]

카리스마를 지닌 사람들은 특정한 행동 방식과 주제를 통해 타인의 욕구에 연결되며, 그로 인해 상대방의 자아 개념을 긍정적으로 변화시킨다. 그래서 많은 사람들에게 카리스마 권력과의 만남은 기분 좋은 경험으로 기억된다. 이 긍정적인 감정은 집단 내 상호 작용을 통해 더욱 증폭된다. 추종자들 사이에서는 카리스마 인물에 대한 감탄과 열광이 전염처럼 퍼지며, 그 감정은 공동체적 열기로 진화한다. 이는 니코의 사례뿐 아니라, 오바마나 트럼프의 선거 유세 현장에서도 명확히 드러난다. 사람들은 카리스마에 감화되는 경험을 즐긴다. 바로 이 점이, 카리스마 권력이 보상 권력이나 처벌을 기반으로 한 권력보다 훨씬 더 지속적이고 강력한 영향력을 발휘하는 이유 중 하나다.

지금까지 다섯 가지 권력 자원을 살펴보았다. 이 외에도 다양한 보완 개념들이 꾸준히 제안되고 있는데, 그중 특히 흥미로운 하나를 철학자 필리프 휘블Philipp Hübl이 포착해냈다. 바로 '도덕'이다. 나는 이 개념을 마지막으로 간단히 짚고 넘어가고자 한다. 요즘 들어 링크드인 같은 곳에서 자주 마주치기도 하는 주제이기 때문이다.

거짓말에 더해, 최근 소셜 미디어에서는 '도덕'이라는 새로운 형태의 권력이 힘을 발휘하고 있다. 휘블은 저서《도덕 스펙터클Moralspektakel》에서, 실질적인 문제 해결이 아닌 '지위와 소속감을 과시하거나 권력과 영향력을 행사하기 위한 도구'로 활용되는 '도덕적 퍼포먼스', 즉 '도덕 스펙터클'를 상세히 분석한다.[50]

그는 '온라인 고고학자'라 불리는 이들이 연예인이나 공인의 10대 시절 발언을 인터넷 아카이브에서 끄집어내어, 이를 무기로 삼아 그들을 공격하고 평판을 무너뜨리는 현상을 소개한다. 휘블에 따르면, 이런 '위협의 문화'에서는 논쟁적인 주제(성性, 기후 변화, 이민 문제)에 대해 논증으로 반박하거나 조용히 넘어가지 않는다. 대신 '도덕적 권력'에 따라 한 인물이나 단체가 집요하게 추적당하고 심지어 직업을 잃기도 한다. 놀라운 것은 그렇게 공격받는 발언들 중 상당수가 형법상 처벌의 기준을 충족하지 않는다는 점이다. 그럼에도 이들은 실직이나 공개적인 모욕, 낙인찍기 같은 가혹한 '사회적 처벌'을 감수해야 한다.[51] 이러한 '도덕 스펙터클'에는 정치적 성향과 상관없이 수많은 사람이 참여한다. 흔히 말하는 '진보적 담론을 주도하는 엘리트' 뿐 아니라, 보수적 포퓰리스트 혹은 극우 세력도 예외는 아니다.[52]

도덕적 권력이 이렇게 강력해지는 이유에 대해 휘블은 이렇게 설명한다. 도덕적 논쟁에서는 전문성이나 정보 권력이 더 이상 필요하지 않기 때문에, "아무런 노력 없이도 누구나 참여할 수 있다"는 것이다.[53] 단지 누군가에게 차별당했다거나 부당한 대우를 받았다고 느끼는 것만으로도, 도덕이라는 이름 아래 권력을 행사하고 공격할 수 있게 된 것이다.

이 장에서는 다양한 권력 자원의 기본 개념을 소개하면서, 동시에 그 권력들이 지니는 심리적 부작용에 대해 인지시키고자 했다. 각 권력 유형은 선악의 구도로 접근하지 않고, 비슷한 방식으로 설명되었다. 왜냐하면, 심리학에서든 인생에서든 권력을 단순히 '좋은' 것, 혹은 '나쁜' 것으로 나누는 일은 그만큼 단순하지 않기 때문이다.

모든 권력 자원에는 긍정적인 사례도 무수히 많다. 조직 내 권력을 남용한 직원은 정당한 처벌과 해고를 감수해야 하며, 권력을 신중히 다룰 줄 아는 사람은 마땅히 승진의 기회를 얻어야 한다. 합법적 권력이 없다면 축구 경기는 결코 축제가 될 수 없을 것이다. 전문성과 카리스마를 기반으로 한 권력은 의미 있는 변화와 혁신을 촉진할 수 있다. 우리가 앞으로 나아가기 위해서는 조직 안팎에서 카리스마 있는 인물들이 계속해서 필요하다. '사회적 비난'의 파장을 고려해 기업들이 부도덕한 관행을 재고하는 것 역시 이 권력 자원의 효과라 할 수 있다.

일부 연구에서는 사람들이 보상, 처벌, 합법적 권력보다 전문성이나 카리스마를 기반으로 한 권력에 더 긍정적으로 반응한다고 보고하기도 한다.[54] 그러나 결국 어떤 권력 자원이 더 좋다고 단정지을 수는 없다. 특정 권력이 책임감 있게 사용되었는지를 판단하려면, 그 권력을 통해 달성하고자 하는 목적을 살펴봐야 한다. 모든 권력 자원은 개인이나 조직, 공동체를 위한 건설적인 목표를 이루는 데 활용될 수 있지만, 동시에 개인의 이익을 지키거나 권위주의적 통치를 정당화하는 데도 쓰일 수 있다. 그렇기에 권력을 가진 이들이 자신의 자원을 어떻게 사용하는지에 따라 그 책임의 무게 또한 결정된다.

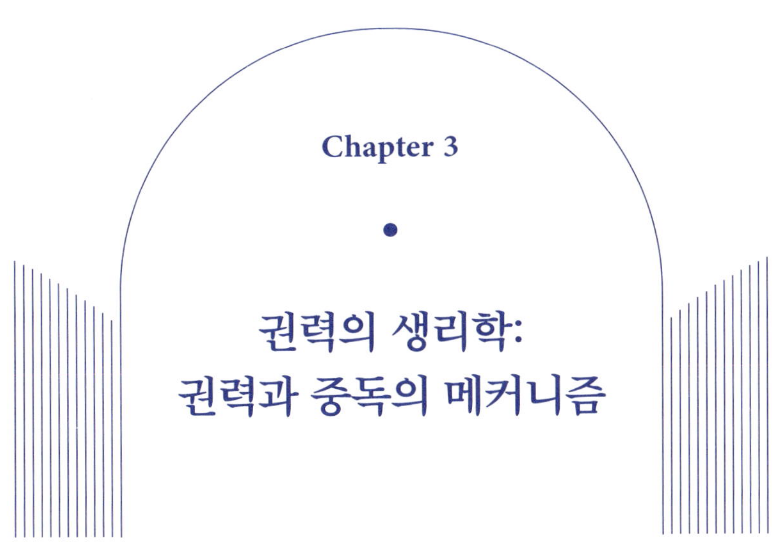

권력의 생리학: 권력과 중독의 메커니즘

기원전 50만 년, 동아프리카. 지금 우리는 사바나 한복판에 있다. 날씨는 무덥고, 레온은 목이 마르다.[1] 레온은 호모 에렉투스다. 이들이 서로에게 이름을 붙였는지는 알 수 없지만, 이야기를 풀어가기에는 이름이 있는 편이 훨씬 낫다. 레온의 후손은 훗날 네안데르탈인과 우리 현대 인류가 될 것이다.

레온은 큰아버지뻘인 호르스트와 함께 사냥 중이다. 호르스트는 절벽 끝에 서서 먹잇감을 찾고 있다. 이 시간대에는 영양 떼가 물웅덩이로 내려와 물을 마신다. 레온은 물웅덩이로 곧장 가고 싶지만, 호르스트가 이를 금지했다. 호르스트는 풍부한 경험을 갖춘 사냥꾼이지만, 이제 33살로 호모 에렉투스로서는 상당히 늙은 나이다. 이빨은 절반쯤 빠졌고, 허리는 늘 아프고, 시력도 점점 나빠지고 있다. 그럼에도 그는 여전히 무리의 우두머리이며 가장 높은 지위를 유지하고 있다. 호르스트는 세 명의 여성과 함께 산다. 이들은 지난 수년간 호르스트와 함께하며 혜택을 누려왔다. 그중 한 여성이 하이에나에게 공격당해 사망하자, 호르스트는 샹탈이라는 새로운 여성을 짝으로 받아들였다. 사실 레온도 샹탈과 가까워지고 싶지만, 지금껏 그와 다른 젊은 사냥꾼들은 여성의 관심을 얻지 못했다. 며칠 전, 레온이 샹탈에게 추파를 던졌을 때, 호르스트는 재 한 줌을 그의 얼굴에 뿌리기까지 했다.

지금 레온의 손에는 돌 하나가 들려 있다. 적당한 무게감에 한쪽 면은 뾰족하고 날카롭다. 그는 그 돌을 몇 시간째 쥐고 있다. 그는 열 걸음쯤 떨어진 곳에 서 있는 호르스트를 바라본다. 다른 영장류처럼, 레온은 앞을 향한 눈과 큰 두뇌를 지녔다. 덕분에 시야가 겹치며 입체적으로 공간을 파악할 수 있고, 거리도 정확히 잴 수 있다. 반면 진화의 과정에서 후방 시야는 잃었는데, 이를 보완하기 위해 인간은 복잡한 사회 집단을 이루고, 서로의 등을 지켜주는 방식으로 살아간다.[2]

레온은 옆에 앉아 있는 친구 토레를 바라본다. 그에게 손에 든 돌을 힐끗 보여준 후, 호르스트를 향해 시선을 돌린다. 토레 역시 호르스트와 그의 권력 과시에 불만이 많았다. 이 짧은 눈빛 교환으로 이들은 충분히 서로를 이해했다. 두 사람은 동시에 일어난다. 순간 몸 안에서 아드레날린이 솟구친다. 정신은 맑아지고, 심장은 빨라지며, 땀이 흐른다.

호르스트가 인기척을 느끼고 고개를 돌린다. 그 찰나, 레온이 휘두른 돌이 그의 관자놀이를 강타한다. 호르스트는 즉시 의식을 잃고, 절벽 아래로 추락한다. 두 사람은 절벽 가장자리로 다가가 아래를 내려다본다. 큰 바위 위에 호르스트의 몸이 축 늘어져 있다. 그는 죽었다. 레온과 토레는 재빨리 달아난다. 흥분한 상태로 거주지로 돌아오는 그들의 몸에서 대량의 테스토스테론이 분비된다. 샹탈의 모습이 눈에 들어오자 그 효과는 한층 더 커진다. 물을 한 모금 들이켠 후, 두 사람은 무리에게 일어난 일을 전하려 한다. 그들은 아직 현대인처럼 말을 유창하게 하지 못했을 것이다. 그래서 몸짓을 통해 호르스트가 미끄러져 절벽 아래로 떨어졌다는 이야기를 전한다. 그들의 메시지는 분명하다. "호르스트는 사고로 죽었다."

오늘날 우리가 권력 자원을 어떻게 활용하고, 어떻게 권력을 행사하며, 때때로 그 권력을 어떻게 잘못 다루는지는 하루이틀 사이에 만들어진 것이 아니라 인간이 오랜 진화 과정 속에서 형성해온 반응 패턴이다. 일상과 조직에서 권력을 사용하는 우리의 방식에는, 아주 오래전으로 거슬러 올라가는 생물학적 기원이 깊이 자리하고 있다. 이는 우리가 무력감을 느낄 때 어떻게 반응하는지에도 그대로 적용된다.

영장류학자이자 행동과학자인 프란스 드 발Frans de Waal은 수십 년간 침팬지를 연구했다. 그는 한 인터뷰에서 이렇게 말했다.

"침팬지(모든 침팬지, 암컷까지도)는 굉장히 권력에 민감한 존재들입니다. 침팬지를 상대하다 보면, 그들이 늘 상대방을 위협하는 것을 볼 수 있습니다. 그것이 가능성 있는 위협이든 아니든 간에, 일단 시도해보며 상대가 어떻게 반응하는지를 보려 하죠. 그들은 끊임없이 시험합니다. 상대방과 자신을 비교하며 어디까지 밀어붙일 수 있는지 탐색하죠. 그리고 약점을 포착하면, 그걸 물고 늘어지며 우위를 점하려 듭니다."[3]

우리는 침팬지와 DNA의 98.8퍼센트를 공유한다.[4] 따라서 인간 또한 침팬지처럼 권력에 반응하고, 서열과 지배를 인식하는 유사한 행동 패턴을 타고난 것으로 보인다.

독일의 전 총리 앙겔라 메르켈은 도널드 트럼프를 관찰한 뒤 "방 안에 사람이 많을수록, 그는 승자가 되려는 욕구를 더 강하게 드러냈습니다. 그는 가볍게 대화를 나누는 법이 없어요. 모든 만남이 경쟁입니다. '나 아니면 너'의 싸움이죠"[5]라고 평했다.

하지만 인간은 침팬지와 1.2퍼센트의 차이를 지닌다. 나는 이 차이에 희망을 둔다. 바로 우리가 진화적 유산을 성찰하고, 그 유산을 초월해 더 나은 권력 사용 방식을 배울 수 있으리라는 가능성 말이다. 이를 위해 가장 먼저 필요한 건, 권력의 생물학적, 즉 진화론적 기반을 이해하는 일이다. 이 생물학적 기반은 다음의 세 가지 영역에서 가장 뚜렷하게 드러난다.

1. 권력 자원이 될 수 있는 특유의 신체적·인지적 능력
2. 권력, 권력 상실, 무력감에 따른 생리적 반응
3. 위계를 중심으로 한 사회적 조직화 방식

세 번째 주제에 대해서는 6장에서 보다 자세히 다룰 것이다. 지금은 첫 번째와 두 번째, 즉 인간을 권력 있게 만드는 신체적·인지적 특성과 권력의 유무에 따라 발생하는 생리적 반응에 집중해보자.

무엇이 인간을 강하게 만드는가

• • • •

신체적 능력

레온과 호르스트가 속한 호모 에렉투스는 이미 다른 영장류나 그 조상들에 비해 특별한 위치를 차지하고 있었다. 그들은 안정적이고 효율적으로 직립보행할 수 있었고, 그 자세로 장거리를 이동할 수 있었다. 이처럼 오래 걷는 능력은 예나 지금이나 인간이 지닌 커다란 힘이다. 많은 동물이 짧은 거리에서는 빠르게 달릴 수 있지만, 장

거리에서는 인간보다 훨씬 먼저 지치고 만다. 이 차이 덕분에 인간은 사냥감을 지치게 만들며 끝까지 추적하는, 일종의 '지구력 기반 추격 사냥'을 할 수 있었다. 인간보다 훨씬 크고 강한 매머드를 사냥할 때도 역시 횃불과 고함 소리로 오래도록 몰아붙여, 결국 탈진한 매머드가 절벽 아래로 떨어지게 만드는 방식을 사용했다.

직립 보행은 또 다른 이점도 가져왔다. 손이 자유로워졌고, 그 결과 도구와 무기를 만들고 사용할 수 있게 되었다.[6] 손에 창을 든다는 건 집단 내에서 일종의 권력을 가지는 일이다. 멀리까지 정확하게 창을 던질 줄 아는 사람은 '보상할 수 있는 능력(더 많은 사냥감 확보)'과 '처벌할 수 있는 능력(위협과 통제)'을 동시에 행사할 수 있다. 호모 에렉투스가 창을 멀리 그리고 정밀하게 던질 수 있었던 것은 어깨 관절이 매우 유연했기 때문인데, 이는 진화가 만들어낸 걸작이라 할 만하다. 작은 체구의 호모 에렉투스라도 좋은 창을 만들고 사용할 줄만 알면, 자신보다 훨씬 크고 강한 동료를 제압하거나 굶주린 무리를 위해 사냥감을 구해올 수 있었다.

이와 같은 신체적 힘과 권력 사이의 자연스러운 연결고리는 '원거리 무기'의 등장으로 크게 약화되었다. 오늘날에는 어린아이조차 총을 가지고 놀다 우연히 성인 남성을 죽일 수 있다. 그러나 침팬지 새끼가 주먹질을 하다가 성체 침팬지를 실수로 죽이는 일은 없다.[7]

정리하자면, 유연한 어깨 관절과 직립 보행은 인간에게 생물학적으로 권력을 부여했다. 하지만 원거리 무기의 발명은 수천 년 동안

이어져온 신체적 힘과 권력의 결합을 해체했고, 그 결과 인간 사회에서는 지적 능력, 즉 전문성이라는 새로운 권력 자원이 무대의 중심에 오르게 되었다.

지적 능력

유연한 어깨 관절은 원거리 무기를 정확히 겨냥해 다룰 수 있게 해준다. 그러나 창을 제대로 만들려면 지식과 기술이 필요하다. 혹시 '쇠닝겐 창Schöninger Speere'에 대해 들어본 적이 있는가? 독일 니더작센Niedersachsen 주에서 발견된 이 창들은 약 30만 년 전의 것으로 인류가 만든 가장 오래된 무기로 꼽힌다. 창의 무게 중심은 자루 앞부분에 정교하게 잡혀 있으며, 전체적인 기술은 오늘날의 경기용 창과 맞먹는다. 이 창으로는 최대 70미터 거리까지 투척이 가능하다.[8]

만약 기술 발전이 이 지점에서 멈췄다면, 지금의 세계는 완전히 달라졌을 것이다(물론 그게 더 나은 세계였을지는 아무도 모른다). 오늘날 인간은 로켓을 만들고, 평생 한 번도 본 적 없는, 지구 반대편에 사는 사람을 죽일 수 있는 능력을 갖추게 되었다. 살상 기술의 진보는 지구를 작게 만들었다. 하지만 이것은 어깨 관절이 해낸 일이 아니다. 기술 혁신에서 비롯된 권력은, 인간의 뇌가 가진 경이로운 능력 그리고 뛰어난 뇌들 사이의 협력에서 비롯된 것이다.

외과 의사들이 인간의 어깨 관절에 경외심을 느낀다면, 심리학자들은 인간의 뇌 앞에서 경탄하게 된다. 물론 어떤 사람들의 뇌는 남들보다 조금 더 '빠르게' 작동할 수도 있다. 하지만 어느 누구의 것이든, 인간의 뇌는 진화가 만들어낸 경이로운 걸작이다. 예를 들어, 오스트랄로피테쿠스 아파렌시스Australopithecus afarensis는 두개골 용량이 약 400세제곱센티미터에 불과했다. 그러나 레온과 호르스트가 살던 호모 에렉투스 시대에는 이미 그 두 배인 1,000세제곱센티미터에 달했다. 오늘날 현생 인류의 평균 뇌 용적은 약 1,400세제곱센티미터이다. 그렇다면 진화는 왜 머리를 더 크게 만들지 않았을까? 뇌가 크면 클수록 신경세포를 더 많이 담을 수 있을 텐데 말이다. 그 이유는 간단하다. 머리가 지나치게 무거우면 직립 보행이 어려워지기 때문이다. 여성의 골반 구조 또한 진화의 제한점으로 작용한다. 출산 시 여성의 산도産道는 무한정 넓어질 수 없고, 원시 시대뿐 아니라 지금도 출산은 여성에게 있어 생명을 위협하는 위험한 일이다.

인간의 '전문성에 기반한 권력'은 약 1,000억 개의 신경세포(뉴런)가 만들어내는 복잡한 네트워크에서 비롯된다. 이 뉴런들은 100조 개에 달하는 신경 연결 지점, 이른바 시냅스를 통해 서로 연결되어 있다.[9] 각 뉴런은 최대 3만 개의 다른 뉴런과 연결될 수 있으며, 전기 신호는 '축삭axon'이라 불리는 통로를 통해 초당 최대 120미터의 속도로 뻗어나간다. 그 결과, 인간의 뇌는 초당 약 1,013개의 아날로그 연산을 처리할 수 있다.[10] 이 수치는 상상조차 어려울 만큼 어마어마

한 것이지만, 그 대가도 만만치 않다. 인간의 뇌는 평균 1.5킬로그램에 불과하지만, 하루에 소모하는 포도당의 25퍼센트, 산소의 20퍼센트를 차지한다. 과학 저널리스트 니콜 파셰크Nicole Paschek는 이렇게 말한다. "뇌는 늘 배가 고프다."[11]

인간은 생각할 수 있는 존재다. 이는 직립 보행과 어깨 관절 못지않게, 아니 그보다도 더 인간을 강력한 종으로 만든 요인이다. 그러나 이 능력은 동시에 지구에 대한 막대한 책임도 함께 가져온다. 항상 배고픈 뇌를 지닌 인간은 다른 생명체들보다 본능의 지배를 덜 받으며, 심지어 본능을 거스르는 선택까지 할 수 있다. 예를 들어, 생존 본능을 역행하는 단식 투쟁 같은 행동도 가능하다.[12] 뇌에서 이루어지는 수많은 연산 덕분에 인간은 추상적으로 사고하고, 인과관계를 탐색할 수 있다. 세상에서 벌어지는 현상을 이해하고자 하고, 자신에 대해서도 성찰할 수 있다. 또한 인간은 미래를 상상하고 계획하는 능력을 통해 자신의 운명을 주도할 수 있다.[13]

이 모든 경험은 뇌의 측두엽에 위치한 해마hippocampus라는 영역에 저장된다. 이로써 인간은 외부 세계 외에도 또 하나의 강력한 데이터와 정보 저장소를 갖게 된다. 바로 기억이다. 게다가 이 기억 속 경험들은 단지 개인 내부에 머무르지 않는다. 전문성과 정보 권력으로 활용될 수 있는 이 경험들은 (2장에서 다룬 바와 같이) 다른 사람들과 공유될 수 있다는 점에서 더욱 특별하다. 한 사람의 뇌에 있는 1,000억 개의 신경세포는, 다른 사람들의 뇌 속 또 다른 1,000억 개의 신경세포들과 연결되어, 하나의 집단적 사고 네트워크를 이룬다.

인간의 커뮤니케이션 능력 또한 특별하다. 인간은 뇌와 입의 근육, 성대 그리고 후두의 협업 덕분에 정교한 언어 체계를 발달시킬 수 있었다. 많은 동물들도 의사소통을 하지만, 인간은 단어와 문장이라는 언어적 기호를 활용해 경험을 섬세하고 다층적으로 전달할 수 있는 유일한 존재다.[14] 이러한 언어의 힘 덕분에 인간은 집단 안에서 매우 효율적으로 협력할 수 있게 되었으며, 복잡한 전략과 계획을 나눌 수 있게 되었다. 사냥을 계획하고, 정찰대를 보내고, 매머드 떼를 찾아 미리 정해둔 협곡으로 유도해내는 일도 가능해졌다. 또한 언어를 통해 집단 예술 창작도 가능해졌다. 가령 동굴 벽화를 그릴 때에도, 사람들은 역할을 나누고 의견을 조율하면서 모두가 비슷한 이미지를 머릿속에 그릴 수 있었다. 그 결과로 남겨진 생생한 예술 작품은, 수천 년이 지난 지금도 우리를 놀라게 하고 감탄하게 만든다.

즉, 복잡한 과제를 함께 해결하고 조율하는 힘은 언어에서 비롯된다. 그러나 아무리 문명이 진보했다 하더라도, 인간은 여전히 생물학적 유산에 강하게 지배된다. 특히 권력을 얻거나 잃을 위기에 처한 순간, 그 유산은 더욱 선명하게 작동한다.

권력과 권력 상실이 불러오는 생리적 반응

● ● ●

1940년 5월, 런던. 영국의 앞날은 암울했다. 나치 독일은 멈출 기세가 없어 보였고, 독일군은 프랑스의 항구 도시 덩케르크Dünkirchen를 포위하며 고립된 영국군을 압박하고 있었다. 그런데 갑자기 독일의 전차 부대가 진격을 멈췄다. 이 정지 명령이 정확히 왜 내려졌는지는 여전히 불분명하지만, 군사적 관점에서는 명백한 실책이었다. 영국은 그 기회를 활용해 남아 있던 병력을 긴급 대피시켰고, 영국 해협 너머에서 출발한 크고 작은 민간 및 군용 선박들이 병사들을 본국으로 실어 날랐다. 독일 공군은 이 대피 작전을 저지하지 못했다. 1940년 6월 4일, 당시 총리였던 윈스턴 처칠은 이 사건을 기점으로 국민에게 역사적인 연설을 남긴다. 그는 이 철수를 "덩케르크의 기적"이라 명명하며, 절체절명의 순간에도 굴하지 않은 영국 국민의 의지와 결의를 찬양했다. 그리고 장기적으로는 반드시 승리하리라는 희망의 메시지를 던진다.

우리는 끝까지 싸울 것입니다. 우리는 프랑스에서 싸울 것이고, 바다와 대양에서 싸울 것이며, 하늘에서는 점점 더 강해지는 자신감과 힘으로 싸울 것입니다. 어떤 대가를 치르더라도 우리의 섬을 지킬 것입니다. 우리는 해변에서 싸울 것이고, 상륙지에서 싸울 것이며, 들판과

거리에서도, 언덕에서도 싸울 것입니다. 우리는 결코 항복하지 않을 것입니다.

이 연설은 지금도 유튜브에서 들을 수 있다. 한 번 들어보라. 눈을 감고, 어떤 감정이 올라오는지 느껴보라. 이 연설이 사람의 신체에 어떤 반응을 일으키는가에 대해서는 이미 50년 전 심리학자 로버트 S. 스틸Robert S. Steele[15]이 실험을 통해 입증한 바 있다. 그는 처칠의 연설을 이용해 실험 참가자의 '권력 동기'를 자극했다. '권력 동기'는 타인에게 영향을 미치고, 통제하고, 우위에 서고자 하는 욕구를 의미한다. 한 그룹은 처칠의 연설을, 다른 그룹은 여행기 낭독을 들었다. 그후 스틸은 두 가지를 측정했다. 아드레날린과 노르아드레날린 수치 그리고 참여자의 권력 동기의 변화 정도였다.[16] 이후 같은 설계의 또 다른 실험에서는 연설을 들은 이들이 얼마나 각성 상태가 높아졌는지, 즉 얼마나 깨어 있고, 주의 집중 상태가 되었는지를 측정했다.[17] 아드레날린은 뇌의 신경전달물질이자, 부신수질에서 생성되는 호르몬으로, 신체를 즉각적인 위기 상황에 대비시키는 역할을 한다(투쟁-도피 반응).[18] 노르아드레날린 역시 신경전달물질로 주의력, 인지 기능, 스트레스 반응을 조절한다.[19]

처칠의 연설을 들은 집단은 대조군보다 아드레날린과 노르아드레날린 수치가 현저히 높았다. 흥미로운 점은, 이러한 생리적 수치들은 개인의 권력 동기 강도와 상관관계를 보였는데, 호르몬 수치가 높을수록 권력에 대한 욕구 역시 더 강하게 나타났다.[20] 그뿐만 아니라 연설을 들은 사람들은 자신이 더 각성되어 있다고 느꼈다.[21] 이처럼 권력 동기가 자극되면 신체 내부에서도 실질적인 변화가 일어난다. 권력은 우리를 각성시키고, 신경계를 활성화시킨다.

권력 상황에서는 앞서 언급한 요소들 외에도 또 다른 생리적 지표들이 중요하게 작용한다. 그중에서도 특히 중요한 것이 테스토스테론이다. 이것은 대표적인 남성 호르몬으로, 주로 남성의 고환에서 그리고 여성의 경우에는 상대적으로 적은 양이 부신피질에서 생성된다. 테스토스테론은 남성의 신체적 특성을 형성할 뿐 아니라, 근육 발달, 감정 조절, 에너지 대사에도 관여한다. 포유류 전반에 걸쳐 테스토스테론과 공격성은 명확한 상관관계를 보인다. 테스토스테론으로 가득 찬 수소 한 마리를 들판에서 마주치고 싶지 않은 이유도 여기에 있다.

인간도 예외는 아니다. 테스토스테론은 더 쉽게 공격성을 드러내게 만들고, 지배적 행동을 촉진한다. 게다가 이 호르몬은 권력 동기와도 상관관계가 있다. 평균적으로 볼 때 테스토스테론 수치가 높을수록 사람은 더 강하게 권력을 추구하는 경향을 보인다. 실제로 테스토스테론을 인위적으로 투여받은 남성들은 대조군에 비해 더 지배적이고 공격적인 행동을 보이며, 타인의 지배 신호에 대해 더욱 강한 생리적 반응을 보였다. 예를 들어, 변호사들은 법정에서 자신의 의뢰인을 변호할 때 테스토스테론 수치가 상승하는 경향이 있고, 테스토

스테론 수치가 높은 교도소 수감자들은 동료 수감자들로부터 더 공격적인 사람으로 평가된다.[22]

이처럼 권력 동기와 테스토스테론이 연관되어 있지만, 그렇다고 해서 테스토스테론이 '권력 호르몬' 그 자체는 아니다. 테스토스테론은 인간의 신체 기능 전반에 관여하는 물질이다. 사람마다 기본 수치는 다르며, 상황과 맥락에 따라 동적으로 변화한다. 그 다양한 조건을 자세히 알아보자.

승리 vs. 패배

경쟁은 생리학적으로도 영향을 미치는 전형적인 권력 상황이다. 경쟁 끝에는 승자와 패자가 명확히 나뉜다. 패배는 손실을 동반하며, 그 손실은 경우에 따라 지위나 권력 자원에도 영향을 줄 수 있다. 이러한 경쟁적 상황에서는 테스토스테론이 특히 많이 분비된다. 이 효과를 직접 체감해보고 싶다면, 스포츠 경기가 끝난 후 근처 지하철이나 버스에 탑승해보라. 흥분한 팬들의 테스토스테론이 공기 중에 흐른다 해도 과언이 아니다. 경쟁이 끝난 후에는 승자와 패자 간에 테스토스테론 수치의 차이가 분명히 드러난다. 패자의 테스토스테론 수치는 빠르게 감소하지만, 승자의 수치는 일정 시간 동안 유지된다. 특히 권력 동기가 강한 사람일수록, 승리 후 테스토스테론 수치가 더 오래 지속되는 경향이 있다.[23] 이는 최근 연구에서도 반복적으로 확인된 사실로, 호르몬 분비량은 개인이 권력을 얼마나 열망하는지에 따라 달라진다.[24]

강한 권력 동기 vs. 약한 권력 동기

또 다른 주목할 생리학적 물질은 스트레스 호르몬, 코르티솔이다. 이는 부신에서 생성되며, 단기적으로는 에너지를 빠르게 채워주는 기능이 있다. 하지만 장기적으로는 면역력을 저하시켜, 신체를 질병에 더 취약하게 만든다. 실험에 따르면, 권력 욕구가 강한 사람일수록, 패배했을 때 스트레스 호르몬 수치가 더욱 높게 나타난다. 반면, 전반적으로 권력을 덜 추구하는 사람들은 오히려 승리했을 때 더 높은 스트레스 반응을 보이는 경향이 있다.[25] 왜일까? 승자는 주목을 받게 되고, 다음에도 반드시 이겨야 한다는 압박을 느끼게 되며, 더 큰 책임을 동반하기 때문이다.

안정된 권력 vs. 불안정한 권력

연구 결과에 따르면, 권력을 소유하는 것 자체만으로도 생리적으로 상당한 부담을 유발할 수 있다.[26] 특히, 권력을 가진 사람은 그 권력을 빼앗길 가능성이 있을 때 그 상황을 심리적 위협으로 인식하고 강한 스트레스를 느낀다. 이와 관련해 한 연구진은 컴퓨터 게임 상황에서 다른 참가자에 대해 많은 권력 또는 적은 권력을 가진 사람들의 심혈관 반응(혈압·심장 및 혈관 활동 등)을 조사했다.[27] 그리고 이 권력이 지속되는지 혹은 언제든 빼앗길 수 있는지를 다르게 설정했다. 그 결과는 인상적이었다.

권력을 적게 가진 참가자들은, 자신의 권한이 안정적으로 지속될 때 오히려 더 강한 심혈관성 위협 반응을 보였다. 즉, 지속적으로 권력이 없다는 상태 자체가 스트레스 요인이 된 것이다(이 부분은 다음 장에서 다시 다루겠다). 반대로 많은 권력을 가진 참가자들은 그 권력이 '불안정'할 때 스트레스 반응을 나타냈다. 다시 말해, 권력은 없어도 문제지만 권력을 가지고 있어도 잃을 가능성이 있다면 그 역시 큰 스트레스라는 것이다. 결국 권력을 가졌다는 사실만으로 안심할 수 없다.

불안정한 권력으로 인한 스트레스는 실제로 생명을 위협하는 결과로 이어지기도 한다. 역사적으로 볼 때, 독재자들은 평균보다 더 높은 확률로 비자연적인 방식에 의해 생을 마감한다. 이러한 스트레스 가능성 때문에, 많은 사람들은 '절대적이고 안정된 권력'을 갈망하게 된다. 그러나 절대 권력은 필연적으로 다른 사람들에게 무력감과 권력 상실을 강요한다.

무력감의 생리적 반응

• • •

무력하거나 통제력을 상실한 경험 역시 우리의 몸에 뚜렷한 흔적을 남긴다. 계층 구조가 뚜렷한 사회에서는 상대적으로 '권력 없음'을 경험하며 살아가는 이들이 '권력을 가진' 소수보다 훨씬 많다. 그렇다면 자신의 권력 동기를 오랫동안 실현하지 못하는 사람들의 몸에는 어떤 일이 일어날까? 여러 연구에 따르면, 이런 경우 고혈압이나 호흡기 질환 같은 건강상의 위험이 증가하는 경향이 나타난다.[28] 스트레스 호르몬이 만성적으로 활성화되면 면역 기능이 무너지기 시작하며, 항체 생성은 줄고 감염에 취약해진다.[29] 즉, 무력감은 건강을 해치는 요인이다. 이는 실직을 경험했거나 오랫동안 낮은 사회경제적 지위에서 살아온 사람들의 건강 상태를 분석한 메타분석 연구들에서도 확인된다.[30]

심리학자 대커 켈트너Dacher Keltner는 이렇게 말했다. "우리가 무력해질 때, 우리의 신경계 어딘가는 조용히 좀먹히고 있다."[31] 그의 표현처럼, 우리 사회에서 권력이 없는 사람들이 살아가는 일상은 훨씬 더 위협적이다. 이들은 경찰의 검문을 더 자주 받으며, 폭력이나 차별, 배제에 더 자주 노출된다. 경제적 자원이 부족하기에 문제를 돈으로 해결할 여지도 적다. 그 결과, 이들은 강자에게 무방비로 노출된 상태에 놓이게 된다.[32] 이런 환경은 '상황을 통제할 수 없다'는 경험으로 이어지고, 이는 곧 스트레스로 이어진다. 만성적인 스트레스는 시상하부 - 뇌하수체 - 부신 축HPA axis을 활성화해 코르티솔 분비량이 증가하게 된다.[33] 실제로 도널드 트럼프 대통령의 첫 임기 중 실시된 한 연구에서는, 미국 출신이 아닌 여성들의 코르티솔 수치가 유의미하게 증가했음을 보여준다.[34] 코르티솔은 단기적으로는 유용하지만, 장기적으로는 신체와 뇌를 손상시킨다. 혈관계, 소화기관의 기능이 저하되고, 신경세포가 손상되며, 심지어는 DNA 자체, 즉 유전자의 구조도 바뀐다. 켈트너는 덧붙인다. "무력감은 정신적·신체적 고통을 증가시키고 결국 수명을 단축시킨다."[35]

이러한 결과는 동물 실험에서도 관찰된다. 한 실험에서는 마카크 원숭이macaque monkey들을 약 1년 반 동안 고립시킨 뒤, 이들을 다각도로 조사했다. 뇌 영상 및 다양한 생리 지표를 측정했는데, 그중 하나가 도파민 수치였다. 도파민은 뇌의 주요 신경전달물질 중 하나로, 세로토닌, 엔도르핀과 함께 인간의 대표적인 '행복 호르몬'으로 불린다.[36] 도파민은 우리가 인터넷이나 SNS를 끊임없이 확인하게 만드는 장본인이며, '좋아요'와 '공유'를 받을 때 활성화되는 쾌감 회로의 핵심이다.

흥미롭게도, 고립되었던 원숭이들은 도파민 수치에서 다른 개체와 큰 차이가 없었다. 그러나 오랜 고립 상태가 끝난 후, 이 원숭이들을 다시 소그룹(4마리)으로 복귀시켰을 때 놀라운 변화가 감지되었다. 연구진이 이 원숭이들을 관찰한 결과, 무리 내에서 서열이 형성되었고 지배적 위치에 오른 개체들의 도파민 수치가 유의미하게 상승해 있었다. 이후 연구진은 동물 보호의 관점에서는 다소 논란의 여지가 있는 한 실험을 진행했다. 연구진은 원숭이들을 다시 무리에서 격리시키고 의자에 고정한 후, 스스로 액상 코카인을 투여할 수 있는 장치를 설치했다. 그 결과는 놀라웠다. 지배적 위치에 오르지 못했던 원숭이들이 더 자주 그리고 더 많은 양의 코카인을 스스로 투여한 것이다.[37] 이것은 다음과 같은 결론을 시사한다. 코카인은 낮은 도파민 수치를 보완해주는 역할을 하며, 반대로 말하면 '권력' 자체가 도파민 보상 회로를 자극한다는 뜻이다. 즉, 권력은 일종의 마약처럼 작용할 수 있으며, 동일한 뇌 영역과 생리 반응을 활성화시킨다. 이러한 도파민 보상 시스템과 사회적 지위 간의 연관성은 다른 유인원 연구에서도 반복적으로 관찰되었다.[38]

그렇다면 인간에게도 동일한 메커니즘이 적용될까? 그렇다. 2010년, 다이애나 마르티네스Diana Martinez와 연구진은 사회적 지위가 서로 다른 여성과 남성들을 대상으로 뇌 영상 기법을 활용해 비슷한 결과를 도출해냈다.[39]

이러한 연구들은 실험 설계가 복잡하고 결과 또한 언제나 명확하게 떨어지지 않는다. 그럼에도 불구하고 시도할 가치는 있다. 권력과 무력감이 신체에 불러일으키는 생리적 결과를 이해하면, 왜 많은 사람들이 그토록 권력을 추구하고 무력감을 어떻게든 피하려 하는지 설명할 수 있기 때문이다. 한 번이라도 정신적·신체적으로 극심

한 무력감을 경험한 사람들은 그 상태로 다시 돌아가는 것을 두려워
하며, 자신이 가진 권력 위치를 맹렬하게 방어한다. 예를 들어, 하위
중산층의 사회적 지위가 한 단계만 떨어져도 그로 인한 정신적 스트
레스가 얼마나 클지 상상해보라. 이와 같은 극도의 스트레스 상황에
서는 합리적인 판단보다 공포심이 우위를 점하게 되고, 그 두려움은
투표소에서 사람들을 움직이는 힘이 된다.

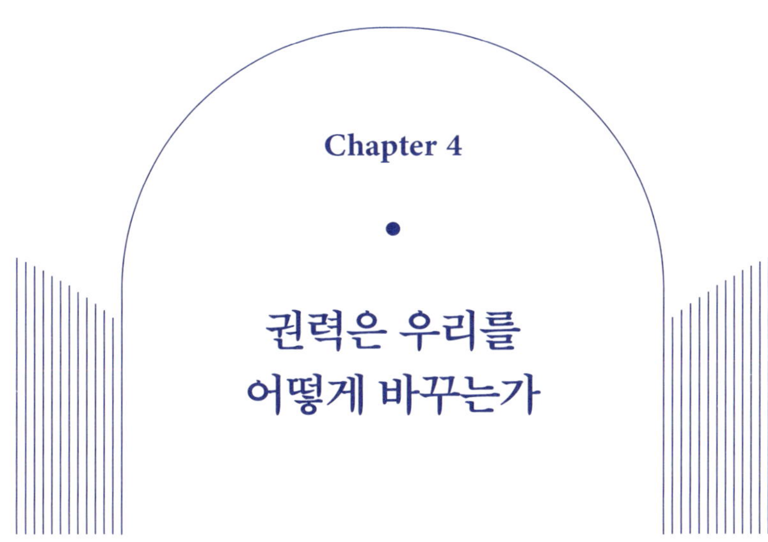

Chapter 4

권력은 우리를
어떻게 바꾸는가

중간계, 어느 시점의 프로도 이야기. 《반지의 제왕》의 주인공 프로도 배긴스는 모험의 시작부터 자신을 유혹하는 반지의 힘을 느끼고 있었다. 하지만 그때까지만 해도 어느 정도 반지의 힘에 저항할 수 있었다. 그러나 여정이 계속될수록 반지의 영향력과 부담감은 점점 더 무겁게 다가온다. 모르도르에 가까워질수록 그리고 사우론의 세력이 강해질수록, 프로도는 육체적으로도 정신적으로도 점점 더 지쳐만 갔다. 그 과정에서 그는 반지와 그 힘에 집착하게 된 골룸을 이해하게 된다.

"내 보물My precious."

결국, 반지의 영향 아래 놓인 프로도는 가장 가까운 친구 샘조차 의심하게 된다. 권력은 그의 사고방식을 바꾸고, 인간관계와 감정을 서서히 왜곡시킨다. 여정의 종착지인 불의 산에 이르러 프로도는 마지막 선택의 순간을 마주한다. 그리고 결정적인 순간, 그는 욕망에 굴복해 반지를 자신만의 것이라고 선언한다. 아이러니하게도, 이 모든 것을 끝내는 건 골룸의 중독과 광기였다. 골룸은 프로도의 손가락을 물어뜯고, 반지와 함께 용암 속으로 떨어진다. 이러한 극적인 전환이 없었다면, 프로도는 아마도 반지를 내려놓지 못했을 것이다.

프로도가 반지의 힘에 의해 서서히 무너져가는 모습은, 권력이 얼마나 치명적이고 매혹적인 힘인지 그리고 그 힘이 어떻게 파괴와 타락으로 이어지는지를 선명하게 보여준다. 동시에 이는 권력과 그로부터 비롯되는 타락의 위험성에 대한 톨킨의 핵심 메시지를 분명하게 보여준다. 권력은 소심하고 평화로운 종족 호빗마저 변화시킨다. 그렇다면, 인간은 어떨까? 게다가 중간계가 아니라, 현실 세계에서라면 말이다.

이 점에 대해서는 이미 권력의 생리적 반응을 다루면서 잠시 언급한 바 있다. 권력은 사람을 각성시키고 쾌감을 유발한다. 프로도가 처음에는 반지에 저항할 수 있다고 믿었던 것처럼, 기업에서 막 승진한 관리자 또한 자신이 권력에 휘둘리지 않을 것이고, 예전처럼 공정하고 겸손하게 행동할 것이라고 생각한다. 이렇게 말하기도 한다.

"나는 절대 저런 상사가 되지 않을 거야."

"나는 다르게 해볼 겁니다."

하지만 권력은 조금씩, 아주 서서히 뇌 안에 스며들어 일상이 된다. 이 힘은 단기적인 생리적 변화만을 일으키는 것이 아니라, 장기적으로 사람의 경험과 인식, 행동 전반에도 흔적을 남긴다.[1] 물론, 이 세 가지 요소는 설명의 편의를 위해 따로 나누겠지만, 실제로는 경험과 인식, 행동은 유기적으로 얽혀 있으며, 하나의 흐름 안에서 상호작용한다.

경험: 권력은 행복을 준다

• • •

1940년 5월, 런던. 다시 한번 윈스턴 처칠의 이야기로 돌아가보자. 제2차 세계대전 당시, 영국은 극심한 위기에 처해 있었다. 그는 《제2차 세계대전The Second World War》에서 총리로 임명된 첫날 밤의 경험을 회고한다. 그 당시 그는 이미 해군장관, 군수장관, 식민부 장관, 재무장관 등 수많은 요직을 거쳐왔던 인물이었다. 권력의 자리는 오래전부터 익숙했던 셈이다. 그럼에도 그는 이렇게 썼다.

"새벽 3시, 잠자리에 드는 순간, 커다란 안도감을 느꼈다. 마침내 나는 어디에든 지시를 내릴 수 있는 권한을 가진 사람이 되었다. (……) 마치 지금까지의 인생이 바로 이 시간과 이 시험을 위한 준비였던 것처럼 느껴졌다. (······) 나에게는 전쟁을 일으켰다는 책임도 없었고, 대비하지 않았다는 비난도 받을 이유가 없었다. 그래서 나는 푹 잘 수 있었고, 오히려 아침이 빨리 오기를 고대했다. 나는 어떤 꿈도 필요하지 않았다. 현실이 꿈보다 나았기 때문이다.”[2]

이 순간, 처칠은 대영제국에서 가장 강력한 권력을 가진 인물이 되었다.

그는 당대의 독자뿐 아니라 대중과 후대에 전달하기 위한 글을 쓰고자 했다. 그렇기에 자신의 감정을 대중과 후대에 제대로 전달하기 위해 신중하게 단어를 골랐다. 그가 묘사한 감정은 안도감이다. 마침내, 제약 없는 권력을 손에 넣었을 때의 해방감이라고 할 수도 있을 것이다. 그는 총리직을 자신의 인생에서 결정적인 전환점으로 받아들이며, 자부심을 느꼈고, 그 권력을 행사하기 위해 본격적으로 움직이고 싶어 했다.

오랫동안 사람들은 ‘권력은 사람을 외롭고 불행하게 만든다’고 믿어왔다. 그 전형적인 예가 바로 프랜시스 포드 코폴라 감독의 영화 〈대부〉에 등장하는 마이클 콜레오네다. 그는 권력을 얻을수록 점점 고립되고 불행해지는 인물로 그려진다. 하지만 현실에서는, 무거운 책임감에 짓눌리는 ‘불쌍한 권력자’는 보기 드물다. 앞서 살펴봤듯, 심리적인 측면에서 권력은 오히려 스트레스를 줄이고, 감정적으로 긍정적인 효과를 준다. 다만 그 권력이 불안정할 경우는 예외다. 심리학자 요나 키퍼Yona Kifer를 중심으로 한 연구진은 권력의 정서적 효과를 보다 구체적으로 분석하기 위해,[3] 권력 경험을 지속적 권력감(성격 특성 수준)과 상황적 권력감(예: 관리자가 팀원과의 면담에서 느끼는 일시적 권력)으로 나누어 살펴보았다. 설문조사와 실험적 방법을 결합한 결과, 더 높은 권력 위치에 있는 사람들이 그렇지 않은 사람들보다 더 만족스러운 삶을 영위한다는 점이 확인되었다. 이들은 평균적으로 더 행복하고, 열정, 쾌활함 같은 긍정적인 감정을 자주 경험하며, 수치심이나 걱정 같은 부정적인 감정은 덜 느낀다. 즉, 주관적 행복감이 통계적으로 유의미하게 더 높았다. 연구자들은 이러한 차이가 '자기 일치성'에서 비롯된다고 해석한다. 권력을 가진 사람은 자신의 내적 욕망과 가치관에 따라 살아갈 수 있는 자유를 가지며, 이는 결과적으로 더 큰 심리적 만족감으로 이어진다는 것이다.[4]

오늘날의 조직 그리고 사회 전반에서 권력을 가진 사람들은 자신의 욕구를 보다 효과적으로 실현할 수 있다. 이들은 단지 권력 동기만을 충족시키는 데 그치지 않으며, 다른 여러 동기 역시 권력을 통해 훨씬 쉽게 만족시킬 수 있다.

- **호기심 동기:** 권력을 가진 사람은 새로운 과제를 스스로 선택할 수 있고, 반복적이거나 지루한 업무는 부하 직원에게 넘길 수 있다.
- **사회적 동기:** 권력을 가진 사람은 회의나 면담을 소집할 수 있으며, 원한다면 그 자리에서 더 오래 발언할 수 있다. 반면 대

부분의 직원들은 이러한 자리에 참석해야 하며, 권력자의 말을 경청해야 한다.

- **자아실현:** 권력을 가진 사람은 자신의 일을 통해 더 큰 변화를 만들어낼 수 있고, 보다 의미 있는 과업에 참여할 수 있다. 또한 더 높은 소득을 통해 (시간이 허락된다면) 보다 다채로운 여가생활을 누릴 수 있다.
- **안전 동기:** 권력을 가진 사람은 대체로 더 잘 보호받는다. 위험한 업무에 투입될 가능성이 작고, 조직 내에서도 해고의 위험에 덜 노출된다.

2006년, 심리학자 제니퍼 L. 버달Jennifer L. Berdahl과 폴 마르토라나Paul Martorana는 미국 내 빈곤의 원인이라는, 감정적 긴장과 논쟁을 쉽게 불러일으킬 수 있는 주제를 놓고 토론 실험을 진행했다.[5] 연구진은 61개의 3인 그룹을 구성하고, 각 그룹에 토론 리더(권력자)를 지정했다. 이 리더는 토론을 주도하고, 이후 실험 참가자들에게 보너스를 분배할 권한도 가졌다. 그 결과는 분명했다. 권력자의 위치에 선 사람들은 다른 참가자보다 더 많은 긍정적 감정을 경험했고, 분노, 수치심, 죄책감 같은 부정적 감정은 덜 느꼈다. 또한 이들은 자신의 의견을 더 자유롭게 표현하는 경향을 보였다.[6]

또한 권력을 가진 사람은 자신감을 가지고 더 많은 일을 시도하게 된다. 이는 조직심리학자 켈리 E. 시Kelly E. See와 연구진이 4가지 실험을 통해 입증한 바 있는데, 권력은 자기 확신을 높여준다고 한다.[7] 하지만 이 강화된 자신감에는 또 다른 사회심리학적 결과가 뒤따른다. 권력이 클수록 그리고 그로 인해 자기 확신이 커질수록 연구 참가자들은 타인의 조언을 덜 받아들이는 경향을 보였다. 다시 말해 권력에서 오는 자기 확신은 학습의 가능성을 차단하는 원인이 될 수 있다는 뜻이다. 역사 속에서도 그리고 기업 현장에서도 이러한 사례는 얼마든지 찾을 수 있다. 권력을 가진 사람들은 자신의 위치에서 많은 것을 배우고 지식을 확장할 수 있음에도, 스스로를 확신하는 나머지 그런 기회를 외면하는 경우가 적지 않다.

요약하자면, 권력이 안정적일 때 권력은 긍정적인 감정을 낳고 불안과 자기 의심을 줄여준다. 이는 분명 좋은 일이며, 따라서 이러한 '권력감'은 일부만 누리는 특권이어서는 안 된다. 동시에 권력은 사람에게 자신감을 부여한다. 다만 문제는 과도한 자기 확신이 학습을 방해할 수 있고, 긍정적인 감정 자체가 의존성을 키울 수 있다는 점이다. 누가 굳이 좋은 기분을 포기하고 싶어 하겠는가.

인식: 권력자는 타인을 고정관념화하고 대상화한다

• • •

2023년 6월, 드레스덴. "토마스 데 메지에르 의장은 엘베 강가의 정원 카페 문을 느긋하게 걸어 들어왔다. 그의 뒤로는 드레스덴 동쪽에서 강을 가로지르는 다리, '블라우에스 분더(푸른 기적)'가 보인다. 이 도시는 그의 고향이다. 메지에르는 편해 보이는 파란 린넨 셔츠를 입고 있다. 더 이상 딱딱한 정장도 서류가방도 없다. 예전처럼 방탄 리무진을 타지도 않는다. 하지만 이번 주 그는 뉘른베르크에서 열리는 교회 행사의 의장으로서 사회를 보고, 토론을 주재하고, 대표자로 활동할 예정이다."

독일 주간지 《디차이트》는 25년간 내무부 장관, 총리실장, 국무차관을 지낸 토마스 데 메지에르와의 인터뷰를 이렇게 시작한다. 인터뷰는 곧 '의무'에 대한 대화로 이어지며, 메지에르는 자신이 돌보는 '양 떼' 중 일부인 Z세대를 향해 날을 세운다.

"요즘 Z세대들이 당연한 듯 권리를 요구하는 모습은 정말 못마땅합니다. 자기 자신만 생각하고 사회 전체에 대해서는 너무 무관심해요. 성경에는 '일곱째 날에는 쉬라'고 했습니다. 그건 6:1의 비율을 의미하는 겁니다. 여가가 일보다 더 많아야 한다는 뜻이 아니에요." 하지만 거기서 끝이 아니다. 그는 더 날카롭게 지적한다. "스물 중반의 나이에 일주일에 3~4일을 재택근무하고, 밤 10시에 음식 배달 앱으로 샴페인을 시키죠. 그러면 고용이 불안정한 비정규직 배달원이 늦은 밤 비를 맞으며 배달을 합니다. 이게 정말 사회적 공동체입니까?" 그는 재택근무에 대해서도 이렇게 말한다. "이런 이분법 자체가 짜증납니다. 한쪽은 안락하게 재택근무를 하는 사람들이 있는가 하면, 반드시 밖에 나가서 일을 해야 하는 경찰 같은 사람들이 있습니다. 야간 근무를 서는 간호사들도 있죠. 이들은 원할 때마다 라떼나 카푸치노를 마실 수도 없습니다. 휴식시간이 되어야 겨우 커피 한 잔 마실 수 있어요." 마지막으로 그는 젊은 세대를 위한 의무근로제를 도입하자고 제안한다.[8]

사실, 이런 '직설 화법'은 권력 있는 남성들에게서 반복적으로 등장하는 레퍼토리다. 타깃은 항상 같다. '젊은 세대.' 그러나 이러한 '세대 담론'은 이론적으로도, 경험적으로도 낡은 틀이다. 몇몇 단면 조사에서 작고 일시적인 차이는 나타날 수 있지만, 장기적인 추적 연구에 따르면, 지금의 노년층도 젊었을 땐 업무 동기가 낮았다. 그리고 같은 세대라고 해도 내부에 존재하는 가치관의 다양성은 매우 크다.[9] 그럼에도 권력 있는 나이 든 남성들은 늘 "우리 땐 더 열심히 일했다"라고 말하곤 한다.

권력 심리학에서는 일관되게 나타나는 하나의 인식 패턴이 있다. 즉, 권력을 가진 사람일수록 타인을 고정관념에 따라 인식하는 경향이 강하다는 것이다. 이는 수많은 연구에서 반복적으로 입증되었다. '고정관념'이란, 특정 집단의 구성원들에 대해 개인 간의 차이를 고려하지 않은 채, 모두가 동일한 특성이 있다고 일반화하는 인지적 편향이다.[10] 이는 개인의 차이를 무시한 채, 나이, 외모, 출신, 성별 등과 같은 외형적 특성을 근거로 작동한다. 오늘날 특히 널리 퍼져 있는 고정관념 중 하나는 '젊은 세대는 게으르고 뻔뻔하다'는 것이다.

　예컨대 당신이 권력 있는 사람을 마주친다면, 상당히 높은 확률로 그 사람은 당신을 '어린 친구', '잘난 체하는 젊은이', '풋내기 수습사원', '게으른 Z세대', '좌파 빨갱이', 혹은 '젊은 엄마' 같은 식으로 인식하고 있을 가능성이 크다.[11] 왜 그럴까? 답은 단순하다. 권력을 가진 사람은 고정관념을 갖고 있어도 되기 때문이다. 고정관념은 사고를 단순화하는 전략이다. 오류를 낳을 수 있지만, 생각을 쉽고 빠르게 만든다. 권력자는 굳이 타인을 개별적인 존재로 세심하게 인식할 필요가 없다. 그들의 삶은 부하 직원 한 사람의 행동에 크게 좌우되지 않기 때문이다. 오히려 그 반대인 경우가 훨씬 많다. 또한 권력을 가진 사람은 종종 자신을 따라야 하는 다수의 사람들을 대하게 된다. 그러다 보면 점점 개별 구성원 한 사람 한 사람에게 주의를 기울일 필요가 없다고 느끼게 되며, 실제로도 그렇게 행동하게 된다.[12]

　앞서 살펴본 뇌의 에너지 소비를 떠올려보자. 생각하고, 차이를 인식하는 작업은 에너지를 소모한다. 권력자는 그 에너지를 아끼거나 아낄 수 있는 위치에 있다. 반대로 권력 없는 사람은 상황이 정반대다. 그들은 권력자를 주의 깊고 정교하게 관찰해야 한다. 대인 관계에서의 잘못된 판단 하나가 미래에 치명적인 결과를 가져올 수 있기 때문이다. 권력 없는 이들의 세계는 더 위협적이고, 그렇기에 더 세밀하게 들여다볼 수밖에 없다.

　제도적 조건 자체가 권력을 가진 사람들의 고정관념화를 더욱 조장하곤 한다. 이는 우연히 일어나는 일이 아니라, 일부 조직에서는 의도적으로 활용하는 전략이기도 하다. 예를 들어, 군대에서 상급자가 눈앞의 사람들을 개별적인 인격체로 보지 않고 '젊은 신병들'로 인식할 때, 고함을 지르거나 불쾌한 명령을 내리는 일이 훨씬 수월해진다. 특히 군대 같은 조직에서는 의복을 통한 고정관념화 효과와 개인성 말살(탈개인화)이 적극적으로 활용된다. 불과 얼마 전까지만 해도 아디다스 운동화에 후드티를 입은, 다소 건방진 대학생이었더라도 일단 군복을 입히면 모두 동일한 군인이 된다. 전투화를 신고 위장복을 입은 채, 하사관들의 지시에 따라 줄을 맞춰 선다. 이러한 탈개인화는 나아가 비인간화로 이어진다. 사람들은 더 이상 개별적인 인간으로 인식되지 않고, 유니폼을 입은 하나의 '명령 대상'으로 간주된다.

탈개인화와 비인간화가 초래하는 결과는 수많은 실험을 통해 입증되어 왔다. 그중 가장 유명한 실험 중 하나는 1971년, 심리학자 필립 짐바르도Philip Zimbardo와 연구진이 진행한 스탠퍼드 감옥 실험이다. 당시 연구진들은 스탠퍼드대학교 지하실을 감옥처럼 개조한 뒤, 지원자들에게 무작위로 교도관과 수감자 역할을 배정하고 각각의 유니폼을 입혔다. 교도관들에게는 단 하나의 지침만 주어졌다. "감옥의 질서를 유지하라."

그 결과는 충격적이었다. 실험은 불과 며칠 만에 중단되어야 했다. 교도관들의 심각한 권력 남용과 수감자 역할을 맡은 참가자들이 겪는 극심한 정신적 고통 때문이었다. 교도관 역할을 맡은 참가자들은 짧은 시간 안에 사실상 공포 통치에 가까운 체계를 구축해냈다. 그들은 극도로 권위적인 태도를 취하며, 수감자들을 조롱하고 괴롭혔다. 실험이 진행되면서 집단적으로 동조하는 분위기가 강화되며, 점점 더 많은 교도관이 권력을 남용하기 시작했다.

물론, 이 실험은 극단적인 사례이며 일상의 경험에 그대로 적용하기는 쉽지 않다. 또한 이 실험은 방법론적 한계로 인해 비판을 받아왔다. 그럼에도 불구하고 실험을 통해 드러난 사회심리학적 현상들은 감옥 같은 특수 조직 환경에서 지속적으로 관찰된다. 또한 높은 권력 집중과 엄격한 위계가 존재하는 조직 내에서 사람들은 일상에서는 결코 보이지 않을, 말 그대로 '비인간적인 행동'을 보이기도 한다. 이런 심리적 과정의 출발점은 권력을 가진 사람들이 타인을 어떻게 인식하느냐에 있으며, 그 방식은 단순한 고정관념 수준을 넘어서기도 한다. 스탠퍼드대학교의 데보라 H. 그루엔펠드Deborah H. Gruenfeld와 그 동료들도 일련의 사회심리학 실험[13]을 통해, 권력을 갖고 있거나 일시적으로 권력감을 부여받은 사람들이 타인을 '사람'이 아닌 '대상'으로 인식하는 경향이 훨씬 강하다는 사실을 보여주었다.

그렇다면 이 대상화 또는 객체화란 무엇일까? 권력자는 타인을 만날 때 '이 사람이 나에게 얼마나 도움이 될까?', '어떻게 써먹을 수 있을까?'라는 관점에서 먼저 평가한다. 즉, 상대방이 자신의 목적을 위해 어떻게, 얼마나 '유용한 수단'으로 잘 활용될 수 있는지를 따지는 것이다. 그 결과, 타인은 점점 더 도구화되고 권력자에게 쓸모 있는 존재일수록 매력적으로 인식된다. 자신에게 유용하다고 여겨지는 사람들과는 관계를 유지하지만, 그렇지 않다고 판단되면 거의 연락하지 않는다.[14]

만약 당신이 권력을 가진 사람에게 연락했지만 아무런 응답이 없다면, 그 이유는 그 사람이 바빠서가 아니라 '당신이 그 사람에게 충분히 유용하지 않기 때문'일 수도 있다. 다만 이 사실에 슬퍼하기 전에, 당신이 그 자리에 있다면 과연 다르게 행동할지를 한번 돌아보자.

때로 권력을 가진 사람의 입장에서는 고정관념화와 대상화가 필요한 상황도 있다. 예를 들어, 한 인사 담당 이사가 1,000명을 해고해야 한다고 가정해보자. 회사의 장기적인 생존과 발전을 위해, 그는 '누가 앞으로 조직에 더 도움이 될까?'라는 기준에 맞춰 사람들을 구분해야 할 수도 있다(물론 이런 판단 방식은 그가 자신의 가족에게는 절대 사용하지 않을 방식이다). 하지만 대부분의 일상적인 리더십 상황에서 고정관념화와 대상화는 부정적인 결과를 가져오기 쉽다. 그래서 이 책의 8장에서는 '개별성'을 인식하고 존중하는 것이 어떻게 임파워먼트(역량 강화) 중심 리더십의 핵심 요소가 되는지 살펴볼 것이다. 사람들을 개인으로서 인식하고 존중하는 태도는 상사와 직원 간의 관계 개선, 직원의 동기와 성과 향상 같은 장기적으로 중요한 긍정 효과를 낳는다. 오늘날과 같이 복잡한 세상에서 서로를 복합적이고 개인적인 시선으로 바라보는 능력이 필요하다. 이는 성공을 위해서 중요하기도 하지만, 곧 다룰 주제인 '공감'의 전제 조건이기도 하다.

공감: 권력은 연민을 앗아간다

• • •

2024년 5월, 독일의 휴양지 질트 섬에 있는 클럽 '포니'에서는 젊은 이들이 흘러나오는 노래에 맞춰 춤을 추고 있다. 이 클럽의 콘셉트는 명확하다. 힙한 장소, 화려함, 파티. 포니 클럽의 메뉴판에는 굴, 트러플을 곁들인 소시지 요리 그리고 최상급 캐비아 등 고급 음식이 올라 있다. 입장료가 150유로(약 25만 원)로 매우 비싼 수준이지만 음료 서비스도 제공되지 않는다. 클럽을 방문한 사람들은 멋지게 차려입고 있다. 그들 대부분은 좋은 집안 출신이며, 아직 대학에 다니거나 광고 대행사, 인플루언서 업계에서 일하고 있다. 그렇게 화려한 장면 속에 믿을 수 없는 풍경이 섞여 들어온다. 멋지게 차려입고 춤추는 사람들 사이로 몇몇 사람들이 히틀러식 경례를 흉내 내고, 손가락 두 개를 코 밑에 콧수염처럼 올려 히틀러를 따라 한다. 그러나 그 누구도 그들을 말리지 않고 사람들은 아무 일 없다는 듯 계속 파티를 즐긴다. 클럽 직원들 역시 그들을 내보내거나 제재하지 않는다.

심리학자 대커 켈트너는 "권력과 특권은 공감의 상실이라는 대가를 요구한다"고 주장했다.[15] 그렇다면 이제, 권력이 공감 능력에 미치는 해로운 영향에 대해 좀 더 자세히 살펴보자.

공감이란 타인의 생각과 감정에 깊이 이입하는 능력이다. 이는 인류가 진화 과정에서 획득한 특별한 힘이자 생존 전략이다. 공감을 통해 인간은 유대감을 강화해왔다. 공동체의 일원들은 공감을 통해 서로의 욕구와 감정을 이해하며, 이를 배려하게 된다. 이는 곧 집단의 응집력, 즉 결속력을 높인다. 동시에 갈등은 줄어들고, 굳이 싸움으로 문제를 해결할 필요도 없어지며, 사회적 시스템은 보다 안정된다. 상대의 욕망과 감정을 이해할 수 있다면, 타협이나 상생이 더 용이하다. 공감은 자원을 더 공정하게 분배되도록 만든다. 나아가 구성원 간의 감정과 사고를 이해하는 능력이 높아질수록, 복잡한 문제들도 더 정교하고 유기적으로 해결할 수 있다. 각자의 역할을 더 정확하게 나누고, 결과를 다시 모아내는 것도 쉬워진다. 이처럼 공감은 효과적인 협업과 안정적인 공동체 형성을 가능하게 하는 다기능적 심리 도구다.

하지만 아이러니하게도, 공감이라는 대단한 능력은 권력을 쥔 순간부터 약해지기 시작한다. 이는 수많은 사회심리학 실험에서 반복적으로 확인된 사실이다. 심지어 실제 권력이 아니라, 단지 '권력을 가진 상황을 상상하는 것'만으로도 공감 능력은 눈에 띄게 감소한다. 앞서 언급한 대커 켈트너는 이와 관련한 실험을 수차례 진행해왔고, 공감과 권력의 관계를 탐구한 대표적 사례들을 여럿 발표했다. 그의 연구 중 일부를 간단히 살펴보자.

켈트너의 연구진은 한 실험에서 참가자들에게 1분 동안 유명하고 권력 있는 인물들을 떠올리게 했다. 반면 다른 집단은 가난하고 힘없는 사람들을 상상하게 했다. 이후 참가자들에게 자신의 사회적 지위가 어느 정도라고 생각하는지 질문했더니, 권력 있는 사람을 떠올렸던 이들이 자신을 더 높은 사회적 위치에 놓는 경향을 보였다. 단순히 권력을 상상하는 것만으로도 '나도 권력자일 수 있다'는 인식이 강화된 것이다. 하지만 이것은 단지 자기 인식에 영향을 주는 것에 그치지 않았다. 이어진 객관적인 공감 테스트에서, 권력자를 떠올린 참가자들은 현저히 낮은 점수를 기록했다. 이 테스트에서는 사람의 눈매만 보고 그들이 느끼는 감정을 맞히는 과제가 주어졌는데, 권력자에 대해 생각했던 이들은 대조군보다 정답률이 매우 낮았다. 단 1분의 상상만으로도 공감 능력이 떨어진 것이다.[16]

또 다른 실험에서 참가자들은 자기 이마에 영어 알파벳 'E'를 그려야 했다. 겉보기에는 단순해보이지만, 이 'E'가 상대방 눈에 올바르게 보이려면 거울에 비친 것처럼 반대 방향으로 그려야 한다. 이 과제는 타인의 시선을 얼마나 잘 고려하는지를 보여주는 지표로 활용된다. 이번에는 참가자들을 두 집단으로 나눠, 한쪽은 과거에 자신이 다른 사람을 통제했던 경험을 떠올리게 하여 권력을 가진 상황을 떠올리도록 유도했고, 다른 한쪽은 무력했던 기억을 떠올리게 하여 비교 대상으로 삼았다. 그 결과, 권력 조건 집단은 반대 방향으로 E자를 제대로 쓰지 못하는 확률이 비교 집단보다 약 3배 높았다. 이 실험은 권력이 공감 능력을 약화시킬 뿐만 아니라, 사람을 더 자기중심적으로 만든다는 점을 시사한다.[17]

하지만 이런 공감 능력의 약화는 외부 세계, 즉 다른 사람들을 향할 때만 해당하는 것으로 보인다. 최근 유럽 연구진이 발표한 실험에서, 권력을 가진 사람들은 자신의 내부 감각 자극, 예컨대 심장 박동 감지 같은 능력은 오히려 더 뛰어나다는 결과가 나왔다.[18] 연구진은 이러한 자기 신체에 대한 감각 민감성이 권력자의 의사 결정 방식에 영향을 미친다고 본다. 즉, 권력자는 타인의 생각보다 자신의 직감을 더 신뢰하는 경향이 강해진다. 문제는, 그 직감이 항상 옳은 건 아니라는 데 있다. 타인의 판단과 신호를 덜 고려하게 되면 오판의 위험도 그만큼 커진다.

신경과학적으로 보면, 공감은 특정 뇌 영역과 밀접하게 연결되어 있다. 대표적인 예로는 내측 전전두엽 피질과 거울 뉴런 체계가 있다. 이러한 신경 구조는 타인의 감정을 이해하고 그에 반응할 수 있도록 해주며, 이는 공감 형성 그리고 인간 사이의 소통과 협업을 가능하게 하는 핵심 역량이다.[19] 최근에는 권력자들의 낮은 공감 수준이 생물학적 수준에서도 입증되었다. 예를 들어, 다른 사람이 테니스를 치거나 우는 모습을 본다면, 이를 지켜보는 사람의 뇌에서도 그 활동과 대응하는 운동 영역이 함께 활성화된다. 그런데 자신이 권력자라고 느끼는 사람들은 이런 반응이 현저히 떨어진다.[20]

그러나 공감 능력 저하는 권력 상태뿐만 아니라, '부유하다'는 사실만으로도 나타날 수 있다. 심리학자 제니퍼 E. 스텔러Jennifer E. Stellar와 그의 연구진[21]은 148명의 대학생을 소득 수준에 따라 분류한 뒤, '성향적 긍정 감정 척도Dispositional Positive Emotion Scale'를 활용해 공감 성향을 측정했다.[22] 그 결과, 부유한 가정 출신의 학생들일 수록 공감 능력이 낮은 경향을 보였다. 하지만 이건 어디까지나 자기 보고식 성격 검사의 결과일 뿐이다. 그래서 연구진은 보다 '강도 높은' 방식으로 추가 실험을 진행했다. 다른 표본에서 참가자들에게 항암 치료를 받는 어린이들의 영상과 중립적인 영상을 보여주며 심박수를 측정하고, 이후 그들의 공감 반응을 설문으로 확인했다. 그 결과, 저소득층 가정 출신의 학생들은 영상에 대해 더 강한 생리적 반응과 더 높은 공감 수준을 보였다. 반면, 고소득층 학생들은 평균적으로 아픈 아이들에게 덜 공감하는 경향을 보였다.

마지막 실험에서는 참가자들에게 '채용 면접관' 역할을 주고, 학생 아르바이트 면접을 주관하게 했다. 예상대로, 저소득층 출신 참가자들은 지원자에 대해 더 큰 공감도를 보였다. 이 효과는 그들이 면접 상황에서 상대방이 받는 스트레스를 더 잘 인식했기 때문이었다. 반면, 부유한 참가자들은 상대방의 긴장도나 스트레스를 제대로 감지하지 못했고, 그만큼 공감도 약했다.

켈트너의 설명에 따르면, 저소득층은 공감을 보다 많이 표해야 하는 환경에 놓여 있다. 이들은 상대적으로 사회적 위험도가 높은 삶을 살고 있기 때문에, 일상에서 더 자주 정서적 민감성을 발휘해야만 한다. 예를 들어, 저녁에 집 주변을 산책하다가 마주치는 사람이 위험한지 아닌지를 판단하거나, 어떤 이웃이나 친구와 어울리는 것이 안전한지 예민하게 감지해야 한다. 불안정한 환경에 적응하기 위해 공감 능력이 생존 도구처럼 작동하게 되는 것이다.

심리학은 '평균을 다루는 학문'이다. 당연히 부유한 특권 계층이지만 공감 능력이 높은 사람도 있고, 가난하지만 냉혹한 사람도 있다. 그럼에도 권력과 특권을 손에 쥔 사람들은 대체로 더 안전한 세계에 산다. 이들에게는 굳이 타인의 감정을 민감하게 읽을 필요가 없다. 그렇기에 공감이나 연민은 상대적으로 중요하지 않은 능력으로 여겨질 수 있다.

물론 공감 능력이 낮은 것이 오히려 유리하게 작용하는 상황도 얼마든지 존재할 수 있다. 가령 불편한 결정을 내려야 할 때, 감정적으로 덜 휘둘리기 때문에 권력자들은 좀 더 편하게 잠들 수 있을지도 모른다. 예를 들어, 대규모 구조조정이나 까다로운 고객과의 협상처럼 감정적 동요가 큰 상황에서 말이다. 하지만 현실에서 리더들의 일상은 그렇게 극단적인 상황들로만 채워져 있지 않다. 대부분의 시간은 팀 회의, 직원 면담 그리고 여러 가지 '평범한' 사회적 상호작용으로 구성된다. 문제를 함께 해결하고, 창의적인 아이디어를 함께 나누는 과정이 더 많은 것이다. 이런 일상의 리더십 상황에서 공감은 핵심 역량이다. 공감을 표해야 조직 내 협업은 물론, 외부 파트너와의 협력도 원활하게 이루어질 수 있다. 반면 공감이 결여되면, 판단 오류나 잘못된 의사결정을 내릴 위험이 커진다. 그런 오류가 반복되면, 결국 권력자 스스로 자신의 권력 기반을 무너뜨리는 결과를 초래할 수도 있다.

행동: 권력은 타락을 부르고, 억제력을 무너뜨린다

● ● ●

2001년 미국 텍사스 주 휴스턴, 에너지 및 물류 서비스로 유명한 대기업 엔론Enron은 '세계 최고의 기업'이라 자칭하며 스포트라이트를 받는다. 하지만 같은 해 12월 2일, '세계 최고의 기업'은 파산을 신청한다. 불과 몇 달 전까지만 해도 CEO 제프리 스킬링Jeffrey Skilling은 엔론을 "세계 최고의 에너지 기업"에서 "세계 최대의 기업"으로 키우겠다고 선언했었다. 그에게 '보통'은 의미 없었다. 크고, 더 크고, 가장 커야만 했다.[23]

그러나 얼마 지나지 않아 2만 2,000명의 직원이 일자리를 잃었고, 수많은 투자자가 자산을 날리게 되었다. 퇴직연금으로만 20억 달러(약 2조 9천억 원) 이상이 증발한다. 한편 회사가 무너지기 직전, 엔론의 임원 500여 명은 거액의 보너스를 챙겼다. 이후 밝혀진 바로는 보유 자산을 조작했던 와이어카드 사태처럼, 엔론 역시 대규모 회계 조작을 저질렀다. 2,000개가 넘는 자회사를 이용해 부채를 이익으로 둔갑시켰고, 사실상 자기 자신이 최대 고객인 척 분식회계를 통해 세상을 속였다.[24]

엔론 사태는 미국 내에서 경제 권력 남용의 대표적인 사례로 회자되며, 이후 연극 무대에서 각색되어 공연되기도 했다. 부패와 권력 남용의 책임은 엔론의 CEO인 스킬링에게 있었다. 그는 맥킨지 컨설턴트로 커리어를 시작해 하버드 비즈니스 스쿨에서 엘리트 교육을 받은 인물이었다. 권력의 사다리를 오를수록 그의 행동은 점점 더 억제력을 잃어갔고, 그것을 막을 조직 내부의 견제 장치는 전무했다. 스킬링은 사소한 이유로 화를 내며 직원을 몰아붙였고, 비판을 받으면 분노를 표출했다. 술을 마시고 공격적으로 돌변하는 일도 잦았다. 자신의 마음에 드는 직원들과는 회사 비용으로 값비싼 휴가를 떠났고, 화려한 쇼가 포함된 사내 파티를 주최하기도 했다. 아내를 떠나 비서와 부적절한 관계를 맺었고, 비서는 승진과 함께 60만 달러라는 고액의 연봉을 받게 되었다.[25]

사회심리학자 데이비드 킵니스David Kipnis는 1976년에 출간한 《권력자들The Powerholders》이라는 책과 여러 실험을 통해, 권력을 가진 사람은 그렇지 않은 사람과는 다르게 행동한다는 사실을 입증했다.[26] 강한 권력은 자신의 목표 달성을 위해 더 강압적인 방식을 쓰도록 사람들을 유혹한다. 또한 성과에 대한 평가 기준 자체도 달라진다. 권력자는 부하 직원의 성과를 그 직원의 노력 덕분이 아니라 자신의 권력 행사 덕분으로 돌린다. 예컨대, "클라우스가 실적을 잘 낸 건, 그가 유능하고 동기부여가 되었기 때문"이 아니라 "내가 책임자로서 강하게 몰아붙였기 때문"이라는 식이다. 더 나아가, 부하 직원이 일을 제대로 하지 않아서 권력을 행사해야 했다는 식으로 책임을 떠넘기고 정당화할 때도 많다. 예를 들어 "재택근무를 하면 다들 게을러지기 때문에 매일 출근하도록 지시할 수밖에 없다"는 식이다.

이런 프레임은 때로 리더 자신의 죄책감을 덜기 위한 방식으로 사용되기도 한다.[27]

킵니스는 권력이 그것을 행사하는 사람의 행동에도 변화를 유발한다는 사실 또한 입증했다.[28] 이로써 권력자에게 일어나는 변화가 개인 내부에 그치지 않고, 외부에서도 드러나는 행동의 변화로 이어진다는 점이 밝혀졌다. 킵니스 이후로, 권력자와 비권력자의 행동 차이를 분석한 연구는 꾸준히 이어졌다. 예컨대, 다니엘 워드Daniel Ward와 대커 켈트너는 성별이 동일한 참가자 세 명으로 구성된 그룹에 사회적 주제를 주고 서로 토론하게 했다. 각 그룹 안에서 한 사람이 무작위로 리더로 지정되었고, 다른 참가자들의 '성과'를 평가하며 보상할 수 있는 권한이 주어졌다. 이 실험에서 사용된 보상은 단순한 점수였지만, 심리학과 학생들은 졸업 요건을 충족하기 위해 이 점수들을 모아야 했다.[29]

30분간의 토론이 끝난 뒤, 연구원이 방에 들어와 접시에 담긴 쿠키 다섯 개를 내밀었다. 세 명에게 다섯 개는 미묘한 숫자다. 사회적 예의를 안다면 나머지 쿠키는 남겨두는 게 일반적이다. 따라서 누가 네 번째 쿠키를 집어 가느냐, 심지어 다섯 번째까지 먹느냐는 점이 중요한 관찰 포인트였다. 실험 결과, 보상 권한을 부여받은 사람들이 평균적으로 더 자주 추가로 쿠키를 집어 들었고, 성별에 따라서는 남성이 특히 더 자주 그렇게 행동했다. 흥미로운 건 여기서 끝이 아니었다. 켈트너와 연구진은 이 쿠키 섭취 장면을 행동 분석용 영상으로 남겨, 몇 달에 걸쳐 쿠키를 먹는 태도를 정밀하게 코딩했다. 어떤 사람이 입을 벌리고 먹는지, 소리를 얼마나 내는지, 얼마나 많은 부스러기를 흘리는지 등을 측정한 것이다. 결과는 분명했다. 권력을 부여받은 사람일수록 더 소란스럽고 무신경한 방식으로 쿠키를 먹었다.[30] 즉, 권력은 단순히 욕망을 허용하는 것이 아니라, 행동의 억제력을 무너뜨리고 무례함을 정당화하는 역할을 한다는 것이다.

이런 '억제력 붕괴'는 결혼생활의 충실도에서도 확인할 수 있다. 연구에 따르면, 전체 남성의 약 25~40퍼센트, 여성의 약 20~25퍼센트가 결혼 중 외도를 경험했다고 응답했다.[31] 또한 조직 내 지위가 높을수록 외도 비율도 높아지는 경향을 보였다.[32] 가장 모순적인 장면은 권력자들이 도덕을 강요하면서, 정작 자신은 그 도덕을 깡그리 어기는 경우다. 그 대표적인 예가 줄리우스 카이사르의 후계자인 아우구스투스 황제다. 그는 수많은 혼외정사로 악명 높은 황제였다. 심지어 친구 마에케나스의 아내조차 외도의 대상으로 삼을 정도였다. 이러한 방종에도 불구하고 아우구스투스는 로마 역사상 가장 엄격한 성 도덕법을 만들었다. '간통과 유혹, 중매 행위를 금지하는 법Lex Iulia de adulteriis coercendis'을 통해 혼외정사를 법적으로 금지했고, 이를 전문적으로 심리하는 전담 재판소까지 설치했다. 여기서 끝이 아니다. 후속 법령에서는 모든 남성(25~60세)과 여성(20~50세)에게 결혼의 의무를 부과하기까지 했다. 그가 내세운 명분은 "조상들의 순결하고 도덕적인 삶을 본받아야 로마가 멸망하지 않는다"는 것이었다. 이는 권력자들이 자주 쓰는 수법인데, 조상들은 이에 대해 반박할 수 없기 때문이다. 조상은 입이 없고, 현재의 권력자들은 그 침묵을 도구로 활용한다.[33]

권력자들은 자동차도 더 빠르게 모는 경향이 있다. 비싼 자동차나 특정 브랜드 차량은 흔히 권력의 상징으로 여겨진다. 이런 고급 차를 모는 사람일수록, 자신에게 이득이 된다면 교통 법규를 어기는 경우가 많다. 켈트너의 연구에 따르면, 이런 차를 모는 사람들은 횡단보도에서 보행자가 길을 건너려고 해도 잘 멈추지 않는 경향이 있다고 한다.[34] 또한 대학 내에서 진행된 연구에 참여한 후 참가 어린이들을 위해 제공된 초콜릿 그릇에서 더 많은 양을 집어 간 사람들 역시 대부분 더 높은 사회적 지위를 지닌 이들이었다. 심지어 어떤 연구에 따르면, 절도범 가운데 가장 흔한 유형은 생계를 위해 절도를 하는 저소득층이 아니라, 돈도 많고, 변호사도 살 수 있는 부유층이라고 한다.[35]

생애 내내 교황청의 권위에 불복해 갈등을 빚었던 영국의 역사학자 로드 액턴Lord Acton은 권력자들을 관찰한 뒤 다음과 같은 유명한 문장을 남겼다.

"권력은 부패한다. 절대 권력은 절대적으로 부패한다."[36]

그동안의 심리학 연구들은 로드 액턴의 말이 옳았음을 보여준다. 이처럼 충동적이고 부패한 행동에 대해, 어떤 긍정적인 해석이나 기능적인 관점을 찾기 어렵다는 점을 솔직히 인정해야 할 것 같다. 이러한 행동은 조직과 공동체 모두에 피해를 준다.

권력자의 커뮤니케이션 방식

• • •

클라우디아는 이 상황이 민망하기 짝이 없다. 은행 전 지점의 관리자들이 본사에 모여, 사무직 직원들의 주 1회 재택근무를 허용할지 여부를 논하는 자리였다. 당시는 아직 코로나가 유행하기 전이라, 재택근무란 일부 직원 친화적인 기업에서나 고려하던 제도였다. 켐니츠 지점에서 근무하던 클라우디아 역시 회의에 참석하기 위해 프랑크푸르트까지 기차를 타고 왔지만, 기차가 연착되어 그가 도착했을 때는 회의가 이미 한참 진행 중이었다. 그는 조용히 회의실로 들어서면서 이름과 소속 그리고 짧은 사과 인사를 남기고 빈 의자에 앉았다. 입사한 지 겨우 석 달된 클라우디아가 이 회의에 초대된 것은 이전 직장에서 재택근무를 성공적으로 시행했던 이력이 있었기 때문이다. 다른 지점에서 온 동료들은 처음 보는 얼굴뿐이었다.

시간이 조금 지나고 민망한 상황이 지나가자 그는 회의에 집중할 수 있었다. 테이블 끝에 앉은 한 중년 여성이 기술적 요건에 대해 이야기하고 있었다. 그가 바로 회의를 주재하는 루벤아커 박사인 듯했다. 그런데 그의 말이 채 끝나기 전에 한 젊은 동료가 끼어들어 자신의 의견을 이야기하기 시작했다. 의자에 기대 앉은 루벤아커 박사는 의견을 좀 듣는 듯하더니, "그 정도면 충분합니다. 쿨츠 씨"라고 말하며 그의 말을 끊었다. 바로 이어서 박사는 클라우디아를 지목하며 "제 비서에게 동부 지역 열차에 문제가 있었다고 들었습니다. 무사히 도착하셔서 다행이네요. 물 한 잔 드시고 숨 좀 고르세요"라고 말했다. 그리고 바로 전체 논의를 정리하겠다며 다시 말을 이어간다. 그는 19세기 직조공들이 재택 근무를 했던 이야기부터 시작해, 끊임없이 발언을 이어나갔다. 지목을 당했던 클라우디아는 여전히 긴장한 채 경정했지만, 다른 이들의 표정에서는 하품을 참는 기색이 역력했다. 다들 이른 아침부터 회의에 참석했고, 아마 루벤아커 박사의 일장 연설은 이게 처음이 아닌 것으로 보였다. 이는 전형적인 권력자의 대화 방식이다.

사회심리학 실험에 따르면, 권력자는 타인보다 더 오래 그리고 더 많이 말하는 경향이 있으며, 대화의 흐름을 주도하곤 한다. 그리고 말을 많이 하는 사람일수록 리더로 인식되거나 리더로 선택될 가능성이 높아진다. 물론 이때 전문성과 직위 권력이 함께 작동한다면 긍정적인 결과를 가져올 수도 있다. 이 외에도 대화를 할 때, 권력을 가진 사람은 자신의 선호를 명확히 드러내고, 다른 사람의 말을 더 자주 끊으며, 반대로 자신의 말은 방해받지 않도록 잘 방어한다. 게다가 그들은 항상 주목받고 있기 때문에, 작은 표정 변화만으로도 사람들에게 영향을 줄 수 있다. 예를 들어, 발표 중인 부하 직원에게 상사가 살짝 짜증 섞인 눈길만 줘도 그 사람은 금세 긴장한다.

권력자는 말을 많이 하고 대화를 장악하며, 무의식적으로 발산되는 비언어적 지배 신호를 보냄으로써 우위를 점한다. 다음 표는 회의

권력을 가진 사람의 비언어적 및 준언어적 신호[37]

비언어적 신호	• 이완된 자세(이완 신호) - 비대칭적인 팔과 다리 자세 - 상체를 옆으로 기울인 자세 - 손의 이완 - 목 근육의 이완 - 뒤로 기대는 각도 • 몸을 크게 사용하는 자세 • 크고 개방적인 몸짓
준언어적 신호	• 단단하고 명확한 목소리와 말투 • 풍부한 성량 • 큰 목소리 • 강조된 말투

나 토론에서 누가 권력자이며 발언권을 쥐고 있는지 알아볼 수 있도록 비언어적 신호와 준언어적 신호들을 정리한 것이다. 이러한 행동 자체가 나쁜 것만은 아니다. 적절한 수준에서는 자신감과 안정감을 주는 리더십 요소가 될 수도 있다. 중요한 것은 그 맥락과 강도 그리고 행동의 적절성이다. 그것이 바로, 사람들이 그 리더를 존중하게 되는지 아니면 부담스러워하게 되는지를 가르는 기준이 된다.

사람(혹은 다른 영장류)은 권력을 가지거나 자신에게 권력이 있다고 느낄 때, 몸을 크게 만든다. 올림픽 육상 결승에서 우승한 선수들

을 보면 두 팔을 번쩍 들고, 가슴을 펴고, 자신을 최대한 크게 보이게
한다. 놀라운 점은 선천적으로 시각 장애를 안고 있는 사람들조차 이
런 자세를 취한다는 것이다. 그들은 한 번도 그 포즈를 본 적이 없는
데도 말이다.

얼마 전 나는 한 행사에 기조연설자로 초대받았다. 내 차례가 끝
난 뒤 다음 연사로 등장한 사람은 축구 선수 토니 크로스였다. 그는
챔피언스리그에서 무려 여섯 번 우승했고, 독일 축구 국가대표팀이
유로 2024 대회를 앞두고 심리적으로 침체되어 있던 시기에 복귀했
다. 사회자가 "대표팀의 분위기가 별로 좋지 않았을 것 같은데, 팀의
분위기를 어떻게 다시 끌어올릴 수 있었습니까?"라고 묻자, 크로스
는 이렇게 답했다. "저는 미드필더라 경기에서 많은 골을 넣거나 직
접적으로 실점을 막을 수 있는 포지션은 아니지만, 좋은 위치에 있는
동료에게 패스를 넣는 건 할 수 있죠." 그는 의자에서 벌떡 일어나
다리를 넓게 벌리고, 가슴을 활짝 펴고, 목을 쭉 뻗고, 팔을 살짝 구
부린 채 말했다. "하지만 무엇보다 중요한 건, 후배들이 다시 스스로
를 믿을 수 있도록 돕는 일이었어요. 저는 마드리드가 가슴을 당당하
게 펼 수 있게 하기 위해 돌아왔습니다."

이처럼 권력자는 몸으로 공간을 장악한다. 굳이 일어나지 않더라
도 대화 중에는 목소리나 자세로 자신이 이 영역을 지배하고 있다는
걸 보여준다. 여기에 더해 그들은 '이완 신호'도 함께 보낸다. 왜냐하
면, 대부분의 상황에서 그들은 여유롭고, 흐름을 통제할 수 있는 위

치에 있기 때문이다.

예를 들어, 논의가 자기 뜻대로 흐르지 않으면 이렇게 말하는 식이다. "여기서 논의를 정리하죠. 다음 주제로 넘어가겠습니다." 이처럼, 권력자에게 회의나 대화는 지위를 드러내거나, 정보를 수집하거나, 명령을 전달하는 기회의 장이 된다. 반면, 회의에 초대받은 비권력자들은 상황을 다르게 경험한다. 그들에게 상사나 임원과 함께하는 회의는 위협적으로 느껴질 수 있고, 특히 심리적 안전감이 부족한 조직일수록 그 긴장과 스트레스는 더 커진다.

권력을 가진 사람은 앉아 있는 자세부터 다르다. 그들은 뒤로 기대어 앉고, 다리를 꼬고, 심지어 양팔을 머리 뒤로 깍지 끼는 자세를 자주 취한다. 이런 자세는 말 그대로 더 많은 공간을 차지한다. 권력자는 절대 자신을 작게 만들지 않는다. 눈에 띄지 않는 존재가 되고 싶지 않기 때문이다. 그들은 몸만이 아니라 목소리로도 공간을 지배한다. 권력을 가진 사람은 더 많이, 더 오래 말하고, 더 크게 말한다. 대체로 단단하고 분명한 톤, 넓은 음역 그리고 때때로 강조된 말투를 쓴다. 그들은 자신의 목소리가 들리길 원하는 것이다.[38]

이제 권력과 자세에 대한 대표적인 실험을 하나 소개해보려고 한다. 다나 카니, 에이미 커디, 앤디 얍[39]은 참가자들을 두 그룹으로 나누어, 한 그룹은 비언어적인 파워 자세(가슴을 펴고 고개를 치켜들고 손을 허리에 올리거나 하는 자세)를 2분 동안 취하게 하고, 다른 그룹은 복종적이고 움츠러든 자세를 취하게 했다. 그 다음, 이들의 호르몬 수치를 측정했다. 놀랍게도, 단 2분의 파워 자세만으로 테스토스테론(지배력 관련 호르몬) 분비량이 증가하고, 코르티솔(스트레스 호르몬)은 줄어든 것으로 나타났다. 커디는 이 결과를 TED 강연에서 발표했고, 그 영상은 2,500만 회 이상 조회됐다. 전 세계의 커뮤니케이션 코치들이 이 연구를 인용했고, "자세를 바꾸면 인생이 바뀐다"는 메시지를 내세운 워크숍이 쏟아져 나왔다. 많은 이들이 이 '그럴듯한' 실험 결과에 열광했다. 하지만 이후 여러 연구진들이 동일한 결과를 얻기 위해 재현을 시도했지만 성공하지 못했다.

최근 심리학자 로버트 쾨르너와 연구진은 파워 자세의 효과에 대한 메타분석을 발표했다.[40] 이들은 과학적 결함을 이유로 카니, 커디, 얍의 실험을 분석 대상에서 제외했다. 그 결과, 파워 자세는 생리학적 수치에는 영향을 주지 않는다는 사실이 명확히 밝혀졌다. 하지만 사람의 감정에는 영향을 준다. 파워 자세를 취한 사람은 더 큰 권력감과 자신감을 느꼈다. 다만, 흥미로운 부작용도 발견됐다. 파워 자세를 취한 그룹은 반사회적인 행동을 더 많이 보였다.

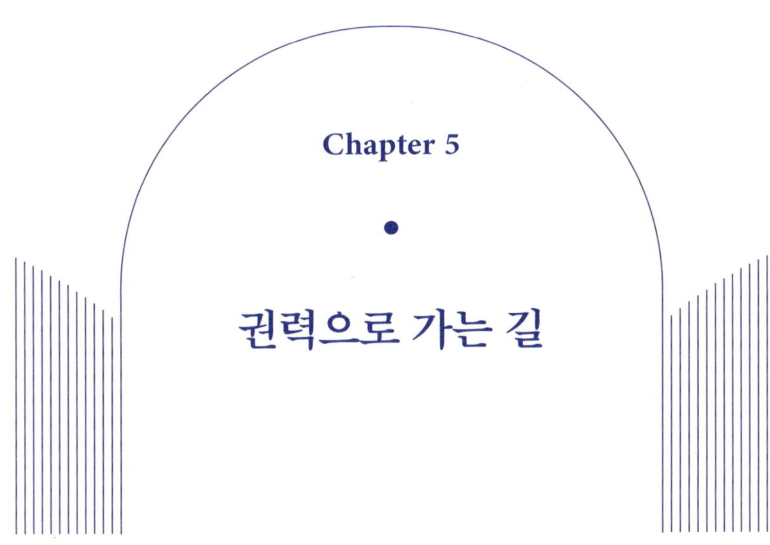

Chapter 5

권력으로 가는 길

어릴 적 우리는 디즈니 영화를 보면서 〈인어공주〉의 교활한 우르술라나 〈라이온 킹〉의 무자비한 스카가 어떻게 권력을 찬탈하는지를 숨죽여 지켜봤다. 좀 더 자라서는 〈왕좌의 게임〉을 정주행하며, 사이코패스인 램지 볼튼이 어떻게 권력을 쥐고 사람들을 괴롭히는지 목격했다. 성인이 되어서는 〈하우스 오브 카드〉의 냉혹한 프랭크 언더우드가 백악관까지 올라서는 여정이나, 〈더 울프 오브 월스트리트〉의 완전히 미쳐버린 사업가 조던 벨포트가 점점 더 큰 권력을 쥐는 과정을 보게 된다.

고대 로마의 초대 황제 아우구스투스의 일대기를 다룬 역사학자

베르너 달하임은 그가 권력을 얻는 과정을 이렇게 정리한다.

"그 자리에 오르기 위해 그는 어떤 비열함도 마다하지 않는 법을 배워야 했고, 살인과 폭력 그리고 배신을 형제처럼 여겨야 했다."[1]

수많은 영화, 드라마, 전기, 심지어 신문 기사들조차도 하나의 공통된 서사를 전달한다. 권력을 얻으려면 남들보다 더 사악하고 잔인해야 한다는 것이다. 시대에 따라 권력 싸움에서 살아남는 이들은 나르시시스트, 직장 내 폭군, 혹은 아예 사이코패스라 불리곤 한다. 그렇지 않고서야 도널드 트럼프나 일론 머스크 같은 인물들의 성공을 어떻게 설명할 수 있을까?

하지만 정말 그럴까? 권력을 얻으려면 정말 그냥 '사악하기만' 하면 되는 걸까? 이 장에서는 조직 내에서 누가 어떻게 권력을 쥐게 되는지를 두 가지 관점에서 살펴보고자 한다. 먼저 '권력 획득'이 자원과 어떻게 연결되어 있는지 살펴본 후, '리더십의 발현'에 대해 다루어볼 것이다. 즉, 어떤 사람들이 위계 구조에서 빠르게 위로 올라가며 권력을 획득하는지를 살펴본다. 이 과정에서 외모, 키, 성별처럼 언뜻 보기에는 사소해 보이는 겉모습의 요소들이 어떻게 영향을 미치는지도 함께 다룬다. 어쩌면 우리는 마치 침팬지들이 무리에서 대장을 고르는 방식과 다르지 않은 본능적인 기준에 따라 인사를 뽑고 있는지도 모른다. 이어서 친화성, 사이코패스 같은 성격 요인들을 살펴본 뒤, 마지막으로 권력을 얻고 유지하는 데 중요한 행동 양식들을 분석할 것이다.

자원을 통해 얻을 수 있는 권력

••••

'슈테그만스'는 고급 레스토랑 14개를 운영하는 유명 외식 체인이다. 1974년 루돌프 슈테그만이 창립했으며, 현재는 그의 두 딸 마르티나와 베아테 슈테그만이 회사의 단독 지분을 보유하고 있다. 두 사람은 현재 슈테그만스의 대표인 토니 빌리쉬를 아버지의 옛 사무실로 불러들였다. 지난 12개월 동안 토니는 이곳에 단 한 번, 그것도 계약서에 서명하러 왔을 뿐이다.

5년 전, 두 자매는 경영 일선에서 물러났고 외부에서 대표를 영입해 경영을 맡겼지만 지분을 부여하지는 않았다. 첫 번째 대표는 많은 성과를 냈고, 새 지점을 세 곳이나 열었다. 그러나 이후 그는 회사를 그만두고 창업을 했다. 그의 후임으로 뽑힌 인물이 바로 토니다. 하지만 토니가 대표를 맡게 된 후 회사의 상황은 그다지 좋지 않았다. 자매는 마르티나가 말하고, 베아테는 증인 역할을 하기로 미리 말을 맞추고 토니를 기다렸다. 사무실에 들어선 토니는 긴장한 기색이 역력했지만, 그는 이 자리가 그저 테라스 바 콘셉트에 대해 논의하는 자리일 것으로 생각하고 있었다.

마르티나는 자리에서 일어나 토니에게 앉기를 권했다. 그리고 자신은 책상 옆에 선 채 팔짱을 꼈다. 마르티나는 말문을 열며, 슈테그만스에서는 언제든지 별도의 사유 없이 대표직을 해임할 수 있다는 사실을 그도 잘 알고 있을 것이라고 말했다. 하지만 그는 너무나 많은 이유를 제공해왔기에, 오늘은 그 이유들을 하나하나 짚어보려 한다고 덧붙였다.

"올해 1월에 있었던 메뉴 개편은 완전히 실패했습니다. 고객들의 불만은 쇄도했고, 서비스 만족도는 현저히 낮아졌어요. 온라인에 올라오는 후기만 봐도 알 수 있죠. 우리는 그 주된 원인이 직원들의 높은 이직률에 있다고 생각했습니다. 그리고 그 책임은 바로 토니 빌리쉬, 당신에게 있습니다. 수많은 이야기들이 들려왔지만, 가장 심각한 것은 당신의 리더십 스타일입니다. 당신은 주방에서 직원들에게 물건을 던진 적이 한두 번이 아니더군요."

토니는 당장이라도 뭐라고 말을 하고 싶었다. 그 역시 평소 말을 길게 하는 데 익숙한 사람이기 때문이다. 그는 이렇게 말하고 싶었다. "그런 건 주방에선 흔한 일입니다. 그리고 키엘 지점에서 있었던 일은 정말 아무것도 아니었습니다. 겨우 토마토를 하나 던졌을 뿐인걸요. 칼도 아니고, 토마토 하나라고요, 아줌마들. 제발 유난 떨지 마세요." 물론 그 말을 입밖으로 꺼내진 못하고 속으로 생각만 했지만 말이다. 대신에 그는 자신이 운영하는 테라스 바 매출이 얼마나 잘 나오고 있는지, 자신이 대표로서 모든 상황을 완벽하게 통제하고 있음을 강조할 생각이었다.

그러나 그가 말을 꺼내기도 전에 마르티나는 한 서류철을 들어 올렸다. 겉에는 '증인 진술'이라는 글자와 두 자매가 섭외한 변호사의 이름이 적혀 있었다. 토니 역시 그 변호사를 알고 있었고, 그 순간 말을 아끼는 것이 낫다고 판단했다. 마르티나는 책상 위에 놓인 다른 문서들을 펼치며 설명했다. "하나는 퇴직금이 포함된 해지 계약서이고, 베아테가 지금 여기에 금액을 적을 거예요. 그리고 이건 퇴직금 없이 해고가 진행되는 계약서입니다. 여기에 서명할 경우 바로 옆방에서 대기 중인 변호사가 소송 서류를 함께 전달할 겁니다. 어떻게 하시겠어요?"

토니는 생각했다. '그 하이에나 같은 변호사도 지금 이 건물 안에 있구나.' 그리고 그 순간, 그를 지탱해주던 모든 자신감이 무너졌다. 그는 그 변호사가 예전에 웨이터나 요리사들의 경력을 어떻게 무참히 박살냈는지를 너무나 잘 알고 있었다. 마르티나는 다시 한번 물었다. "퇴직금이 포함된 해지 계약서에 지금 서명하시겠어요?"

토니는 고개를 끄덕였고, 베아테는 그에게 계약서를 건넸다.

이 사례를 생각하면서, 권력의 정의를 다시 떠올려보기 바란다. 나는 앞서 권력이란, 자원의 통제를 매개로 형성되는 비대칭적 관계라고 정의한 바 있다. 그런데 우리가 조직이나 사회에서 '권력자'라고 생각하는 사람들 중에는, 막상 결정적인 순간에 권력을 행사하기 위해 필요한 핵심 자원을 갖고 있지 않은 경우가 많다.

토니와 슈테그만 자매의 상황도 마찬가지다. 만약 토니가 이 회사의 지분을 가진 공동 소유자였다면 이야기는 달라졌을 것이다. 하지만 그에게는 합법적 권력 자원이 부족했고, 결국 자신의 운명을 자유롭게 결정할 힘이 없었다. 즉, 자매들이 보유한 강력한 권력 자원 앞에 맞설 수단이 없었던 것이다. 이 사례는 또한 권력을 가진 사람이라도 더 강력한 권력(이 경우 회사의 소유주)을 마주할 경우 견제될 수 있다는 점을 보여준다.

조직 내에서 권력을 획득하는 메커니즘은 사실 단순하다. 권력을 갖고 싶다면, 권력 자원을 확보해야 한다. 예를 들어, 회사 대표의 경우 지분, 예산 결정권, 인사 권한 같은 것들이 필요하다. 또한 직책상 서명이 의미를 가져야 한다. 그리고 이런 자원들이 진짜 권력으로 기능하려면, 주변에서 그것들을 중요하게 여기고 탐내야 한다. 가령 당신이 인사팀장으로서 인재 개발 예산을 좌지우지할 권한을 쥐고 있어도, 조직 구성원들이 훈련이나 코칭에 관심이 없다면, 그 예산은 무용지물이다. 또 다른 문제는 자원이 늘 겉으로 드러나지는 않는다는 것이다. 조직 내 누구나 당신이 어떤 규모의 예산을 쥐고 있는지 알 수 있는 것은 아니기 때문이다.

돈을 많이 가지고 있다고 해서 자동으로 더 높은 지위와 권력을 얻는 것도 아니다. 자원에서 비롯된 권력이 실제로 체감되고 '지위'로 인정받으려면, 그 권력이 발휘될 사회적 공간이 필요하다. 다시 말해, 부자가 권력과 지위를 과시하려면 자신의 돈을 타인에게 인지될 수 있게 만들어야 한다.[2] 2장에서 '카리스마 권력' 사례로 살펴보았던 니코를 생각해보자. 그는 직원들에게 자신의 부를 각인시키기 위해 포르쉐를 탄다. 곧 가장 비싼 동네에 호화로운 저택까지 추가될지도 모른다. 그런데 여기서 새로운 문제가 발생한다. 부유한 동네로 이사하면 그가 속한 비교 집단도 달라진다는 점이다. 이미 오래전부터 엄청난 부를 쌓아온 슈퍼리치들은 더 크고 더 많은 저택과 자원을 갖고 있으므로, 니코가 그들 사이에서 자신의 부를 과시하기란 만만치 않다.

슈퍼리치들은 이제 금빛 롤렉스를 차고 부를 자랑하지 않는다. 대신 '콰이어트 럭셔리'라는 은근한 사치를 지향한다. 수십만 원짜리 로고 없는 명품 티셔츠, 수백만 원짜리 심플한 가죽 재킷. 로고는 보이지 않지만, 같은 무리끼리는 신상품을 바로 알아본다.[3] '신흥 부자' 니코가 그들 사이에서 지위와 권력을 인정받으려면 이런 부의 코드를 새로 학습해야 한다. 문제는 뛰는 놈 위에 나는 놈이 있듯이 더 많은 돈, 더 높은 지위, 더 많은 권력을 가진 사람은 언제나 있다는 점이다. 극소수의 초부유층은 결국 자선사업으로 눈길을 돌린다. 나는 이것이 권력을 재현하는 일종의 전략이라고 생각한다. 정말 공익을 위한다면 세금을 더 많이 내거나 UN 같은 국제기구에 기부하는 방법도 있기 때문이다. 그 편이 모두에게 이롭고, 도로와 학교 화장실 같은 공공시설에 쓰여 더 많은 사람이 혜택을 볼 수 있다. 그러나 그렇게 할 경우 기부자는 자원을 통제하는 권력을 포기해야 한다.

그래서 부자들은 자신이 통제할 수 있는 재단을 설립하고 본인이 세운 기준에 따라 기부금을 집행한다. 물론 이러한 기부는 선한 결과들을 낳는다. 그러나 그와 동시에 새로운 의존 관계를 형성하고 혜택을 받는 이들은 그들에게 감사해야 한다. 결국 자원의 통제권을 놓지 않음으로써 계속해서 영향력을 행사하는 셈이다. 그 결과, 선행은 이루어지지만 거대한 불평등 구조는 바뀌지 않는다.

요컨대, 권력을 얻으려면 원하는 자원을 축적하고, 그것을 가시화하며, 무엇보다 그 통제권을 가능한 유지하는 것이 중요하다. 조직이나 사회 안에서 자원이 이동하면 권력도 함께 움직인다. 이 때문에 조직 개편이나 사회적 변화는 자주 난항을 겪는다. 부서를 통합하거나, 조직의 계층 구조를 축소하거나, 업무 프로세스를 재설계하면 필연적으로 권력 자원의 재분배가 일어난다. 이는 지극히 자연스러운 현상이며, 많은 경우 조직이 더 효율적으로 작동하기 위해 필요한 과정이기도 하다. 그러나 앞서 살펴보았듯 사람들은 심리적인 이유로 권력을 내려놓지 않으려 한다. 심지어 그들은 변화를 저지하거나 지연시킨다.

변화를 성공적으로 이끌고 싶다면, 먼저 기존의 권력 자원이 어디에 있었는지 그리고 앞으로 어디로 이동할 것인지 면밀히 살펴야 한다. 동시에 권력을 잃을 때 나타나는 심리적 역학을 이해하는 것도 도움이 된다. 이러한 부분에서 투명성이 확보되고 협상이 이루어진다면 변화는 성공할 수 있다.

이 글을 쓰며 문득 이런 생각이 들었다. 제프 베이조스나 일론 머스크 같은 인물이, 건강을 유지한다는 전제하에, 과연 심리적으로 무력감을 느끼는 순간이 있을까? 토니 빌리시는 슈테그만 자매라는 더 큰 권력 앞에서 결국 고개를 숙였다. 그렇다면 천문학적 자원과 데이터, 인맥, 변호인을 거느린 머스크 같은 사람을 과연 제어할 수도 있을까? 오랫동안 고민한 끝에 내린 결론은 의외로 간단했다. 무력감의 순간은 누구에게나 있다. 아무리 부유하고 강해 보여도, 사랑과 우정 같은 인간관계 앞에서는 예외가 아니다.

사람 사이의 관계에서 한쪽이 다른 쪽보다 관계를 유지하고자 하는 욕구가 더 크면, 그 순간부터 권력의 불균형이 생긴다. 보통은 관계에 덜 집착하는 사람이 더 많은 권력을 갖게 된다. 사회학자 윌라드 윌러는 1938년에 이러한 권력 구도를 분석하며 '최소 관심의 원칙principle of least interest'이라는 개념을 제시했다.[4] 이 이론에 따르면, 인간관계에서는 대체로 한 사람이 더 많이 애정을 쏟고, 더 많은 이해를 구하고, 더 많이 맞추려 한다. 덜 집착하는 사람은 이 관계가 끝나도 잃을 것이 적다고 느끼기 때문에 관계에서 더 많은 영향력과 통제력을 갖는다. 이처럼 권력의 불균형은 연인이나 친구 사이에서도 자연스럽게 나타난다.

이 법칙은 일론 머스크처럼 막강한 권력을 가진 인물에게도 적용된다. 그의 자녀 중 한 명인 비비안은 트랜스젠더 여성으로, 아버지와의 관계를 완전히 끊었다. 머스크는 그 뒤로 딸을 공개적으로 비난하면서, 그가 'woke('깨어 있는'이라는 의미의 단어인 'wake'의 과거형으로, 인종적 편견과 차별, 사회적 불의에 대한 인식을 가진 사람들을 칭하는 용어로 사용됨 – 옮긴이 주)'라는 사상적 바이러스에 감염되었다고 주장했다. 비비안은 16세가 되던 해 남성 이름을 버리고, 성도 바꿨다. 2024년 11월, 비비안 제나 윌슨은 스레드에 이렇게 응수했다.

"내가 맞다면, 지금 당신이 발끈한 이유는, 이제 더 이상 어떤 한 사람에 대해서만큼은 통제력을 행사할 수 없다는 사실이 짜증났기 때문이야. 결국 당신 주변 사람들 모두가 알고 있잖아. 당신은 피해망상에 찌든, 얄팍한 통제광control freak일 뿐이라는 걸. 38년 동안 전혀 성숙하지 못한 인간이라는 걸. 하지만 이제 그건 내 알 바가 아니야."

비비안은 머스크의 권력에서 스스로 벗어났고, 그에게 적어도 아주 작은 무력감의 순간을 안겨준 셈이다.

리더십의 발현: 우리는 누구를 권력자로 받아들이는가?

• • •

지금까지는 자원을 통해 직접적으로 작동하는 권력 접근 방식에 대해 설명해왔다. 하지만 조직에서는 합법적 권력을 특정 직책에 묶어두고 그 직위를 한 개인에게 위임하는 방식이 일반적이다. 특히 관리자들은 구성원들을 어떻게 대할지에 대해 상당한 재량권을 갖는다. 아무리 리더십 원칙과 매뉴얼이 존재한다 하더라도, 리더십은 표준화될 수 없다. 그렇기 때문에 조직의 성공뿐 아니라 구성원의 복지

측면에서도 '누가' 권력을 쥐게 되는가는 매우 중요하다.

여기서 말하는 '리더십 발현'이란, 한 사람이 집단이나 조직 내에서 리더 역할을 실제로 맡게 되었는지, 혹은 다른 사람들에게 리더로 인식되고 수용되는지를 의미한다.[5] 리더십이 어떻게 생겨나고, 어떤 사람을 우리는 리더로 인식하게 되는지는 지속적으로 연구되어왔으며, 이를 측정하는 방식도 다양하다.

예를 들어, 어떤 연구진들은 리더직을 맡고 있는 사람이 그렇지 않은 사람들과 어떤 점에서 다른지를 비교한다. 또 어떤 연구에서는 리더가 조직 내에서 어느 위계 수준에 도달했는지, 혹은 일정 기간 동안 얼마나 많은 리더십 포지션을 맡아왔는지를 살펴본다. 또 다른 연구에서는 얼마나 빠르게 리더의 자리에 올랐는지를 리더십 발현의 지표로 삼기도 한다.

보다 주관적인 평가 방식도 있다. 관찰자들이 집단 내 상호작용을 지켜보며, 누가 주도권을 잡고 리더로서 인정받는지를 평가하는 것이다. 이처럼 다양한 방법들이 병행되어 사용되지만, 리더십이 어떻게 발생하고 인정받는지에 대한 해답은 아직 완전히 규명되지 않았다.[6]

리더십 발현을 측정하는 모든 방식에는 나름의 타당성이 있지만, 동시에 한계도 존재한다. 그래서 이 책에서는 개별 연구보다 여러 연구 결과를 통합한 메타분석 중심의 자료들을 최대한 인용하려 한다. 그래야 리더십이 어떻게 발생하는지에 대한 진실에 조금 더 가까이 다가갈 수 있을 것이다. 이제부터는 리더십 발현과 관련된 세

가지 주요 예측 요인 사이의 관계에 대해 구체적으로 살펴보겠다. 첫째, 외모적 요소(매력, 키, 성별 등)는 리더십 발현에 어떤 역할을 하는가? 둘째, 성격 특성과 리더십 발현 간에는 어떤 상관관계가 존재하는가? 셋째, 실제로 리더가 되는 데 강력한 예측 요인으로 밝혀진 행동들은 무엇인가?

매력: 나의 외모는 권력을 만들어낸다

잠시 중세로 떠나보자.《비타 카롤리 마그니Vita Karoli Magni》는 프랑크 왕이자 훗날 황제가 된 샤를마뉴 대제의 라틴어 전기다. 이 책은 9세기, 그의 측근이자 학자인 아인하르트Einhard에 의해 집필되었으며, 샤를마뉴의 생애를 기록한 가장 중요한 사료 중 하나로 평가된다. 이 전기에서 아인하르트는 샤를마뉴의 외모에 대해 이렇게 묘사했다.

그는 강인하고 건장했으며, 키가 훤칠했지만 지나치지 않았다. 그의 키는 일곱 척이었다고 전해진다. 눈은 크고 생기가 넘쳤으며, 코는 약간 길었다. 회색 머리카락이 보기 좋았고, 얼굴은 밝고 유쾌한 인상을 주었다. 그는 서 있든 앉아 있든 늘 위엄 있고 당당했다. 목이 다소 굵고 짧았고 배가 조금 나와 있었지만, 균형 잡힌 체격 덕에 그런 단점들은 크게 눈에 띄지 않았다. 걸음걸이는 자신감 있었고, 자세는 남성

적이었으며, 목소리는 맑고 분명했으나 그의 큰 체구에 비해 그리 우렁차지 않았다.[7]

매력적인 외모는 중세 시대에도 리더가 되는 데 유리하게 작용했으며, 권력을 연출하는 데도 도움이 되었다. 이는 1,200여 년이 지난 오늘날에도 마찬가지다. 2024년, 프랑스 대통령 에마뉘엘 마크롱은 근육질 팔뚝을 강조한 흑백 사진을 X에 올려 화제를 모았다. 그렇다면 외모 효과는 조직 내에서도 실제로 작동하는 걸까? 이를 살펴보기 위해, 먼저 일반적으로 어떤 신체적 특징이 매력적으로 인식되는지부터 살펴보자.

역사적으로 아름다움의 기준은 계속 변해왔다. 하지만 오늘날 남성의 경우 강한 턱선과 근육질의 몸 등이 매력적이라고 여겨진다. 특히 요즘은 리더의 상징으로 '잘 발달된 이두근'이 각광받는다. 여성에게는 갸름한 얼굴선, 작은 코, 섬세한 턱, 도톰한 입술, 높게 솟은 눈썹 등이 매력적이라고 여겨진다. 남녀를 막론하고, 큰 눈(유아형 인상), 얼굴의 대칭성 등도 중요한 기준이다.[8]

사람들은 외모가 뛰어난 이들이 더 많은 능력과 고귀한 성품을 갖고 있을 것이라고 생각하는 경향이 있다. 샤를마뉴의 묘사에서도 그 흔적을 찾아볼 수 있다. 그는 단지 아름답다고만 묘사된 것이 아니라, 자신감 넘치는 인물로 그려졌다. 이는 이른바 '매력 고정관념Attractiveness Stereotype'의 대표적인 예다. 심리학 연구에 따르면, 외모가 아름다운 사람들은 더 행복하고, 다정하며, 외향적이고, 똑똑하며, 성공적일 것이라는 인상을 준다.[9] 또한 매력적인 사람들은 같은 잘못을 저질러도 처벌의 수위가 낮아지는 경향이 있다.[10] 예를 들어, 동일한 범죄를 저질렀더라도, 외모가 뛰어난 피고인은 몇 개월 정도 형량이 더 적게 선고된다.[11]

매력 고정관념은 기대가 현실로 이어지는 작용을 하기도 한다. 1977년, 한 심리학자 집단은 흥미로운 실험을 진행했다. 남성 참가자들에게 두 부류의 여성과 전화 통화를 하게 했는데, 한쪽은 '매력적인 여성', 다른 한쪽은 '덜 매력적인 여성'이라는 설정이었다. 물론 여성들은 자신이 어떻게 분류되었는지 전혀 몰랐고, 참가자들에게 보여준 사진도 연구진이 조작한 것이었다. 흥미로운 결과가 나왔다. 매력적인 여성과 통화한다고 믿은 남성들은 더 열정적이고 호의적이며 다정하게 행동했다. 하지만 진짜 인상 깊었던 것은 여성들의 행동 또한 달라졌다는 점이다. 자신이 '매력적이다'고 간주된 여성들은 대화에서 훨씬 활발하고 자신감 있는 태도를 보였다. 상황을 전혀 모르고 있음에도, 외부의 기대와 태도가 그 사람의 자기 표현과 심리 상태에 영향을 준 셈이다. 즉, 매력적으로 인식되고 그렇게 대우받는 사람은 스스로도 더 당당하게 행동할 수 있다.[12]

그렇다면 여기서 중요한 질문이 생긴다. 이처럼 기대가 현실을 만드는 작용이나 지각 왜곡 효과를 넘어서, 매력 자체만으로 인간의 다른 긍정적 특성에 영향을 미칠 수 있을까? 연구 결과는 그렇지 않다는 쪽에 더 가깝다. 외모 매력도를 정신 건강, 사교성, 지능 등의 변수와 상관관계를 분석한 심리학 연구들을 메타분석해보면 유의미한 연관성이 발견되지 않는다.[13] 외부 평가 기준으로 본 매력과 그와 같은 인간적 특성 간에는 유의미한 관련성은 발견되지 않았다. 즉, 겉보기에 매력적인 사람들이 실제로 더 똑똑하거나 정신적으로 건강하거나 사교적인 것은 아니란 이야기다.

테일러 앤 베스탈Taylor Anne Vestal은 리더십 발현과 매력 간의 상관관계를 다룬 기존 연구들을 모아 메타분석을 실시했다.[14] 그 결과, 그는 외모가 실제로 리더로 부상하는 데 일정한 영향을 미친다는 것을 밝혀냈다. 영향력은 크지도 작지도 않은 중간 정도 수준이었지만, 신체적 매력이 권력 획득에 유리하게 작용하는 경향이 분명히 있다는 것이다. 여기서 핵심은 단순히 '외모가 매력적이면 유리하다'는 것이 아니라, 그 이유가 무엇인지를 밝혀낸 데 있다. 베스탈은 그 중간 경로로 '사회적 능력social competence'을 지목하고 분석에 들어갔다. 분석 결과, 매력적인 사람은 사회적 능력이 높다고 여겨지고, 이런 인식은 그들을 더 쉽게 지도자로 받아들이게 만든다는 것이다. 다시 말해, 사람들은 외모가 매력적인 사람이 더 유능할 것이라 착각하고, 그 결과 그들에게 더 많은 권한을 맡기는 경향이 있다는 것이다.

베스탈의 메타분석에서는 성별에 따른 효과도 함께 검토했는데, 누가 그룹 내에서 리더로 발현되었는지를 평가할 때, 성별에 따른 유의미한 차이는 나타나지 않았다. 남성과 여성 모두에게서 매력은 리더십 발현에 유리하게 작용했던 것이다. 하지만 매력과 리더십 행동을 평가한 사람의 성별에서는 차이가 있었다. 특히 평가자가 남성이었을 때, 매력이 리더십 발현에 미치는 긍정적 효과가 더 강하게 나타났다. 즉, 남성들이 매력 고정관념에 쉽게 휘둘리는 경향이 있다는 의미다. 이 연구를 통해 우리는 지도자를 선발하거나 평가할 때 외모라는 요인에 얼마나 쉽게 좌우될 수 있는지, 특히 남성 평가자들이 인재를 뽑을 때 이 부분을 염두에 둘 필요가 있음을 시사한다.

신장: 나는 남들을 압도한다

미국 대통령들은 평균보다 키가 더 큰 편이다. 2023년, 도널드 트럼프는 조지아 주에서 선거 조작 혐의로 기소되면서 풀턴 카운티 교도소에 직접 출석해 개인 신상 정보를 제출해야 했다. 기록에 따르면 트럼프의 키는 190센티미터, 몸무게는 97킬로그램, 머리카락은 딸기빛 금발이다. 다만 이는 본인의 진술을 기반으로 한 것이므로, 어느 정도는 유보적으로 받아들여야 한다. 예컨대 백악관에서 받은 마지막 건강검진 기록에서는 그의 체중이 이보다 14킬로그램 더 나가는 것으로 나와 있다.[15] 대부분의 출처에서는 트럼프의 키를 188센티미터로 보고 있으며, 이는 여전히 미국 남성 평균보다 약 11센티미터가량 큰 수치다.[16]

앞에서 언급했듯, 초기 인류의 조상들은 어깨 구조 덕분에 원거리 무기를 다룰 수 있었고, 이로 인해 진화 과정에서 키와 지배력 간의 연관성이 점차 약해졌다. 다시 말해, 자신의 유전자를 성공적으로 다음 세대로 전달하는 데 있어 키가 절대적인 우위를 차지하는 요인이 아니게 된 것이다. 이러한 이유로 인간은 다른 포유류에 비해 성별 간 신장 차이가 크지 않다. 그럼에도 신장은 여전히 양호한 영양 상태, 건강, 체력을 상징하는 지표로 여겨진다.[17]

여러 연구에 따르면, 아이든 성인이든 키가 큰 사람들이 리더, 즉 권력을 가진 위치에 오를 확률이 더 높았다.[18] 하지만 '키와 리더십 발현' 간의 연관성은 좀 더 자세히 들다볼 필요가 있다. 심리학자 한나 A. 게나우Hanna A. Genau와 게르하르트 블릭클레Gerhard Blickle는 펠릭스 비트만Felix Bittmann의 연구를 참조해보자.[19] 이 연구는 유럽 21개국의 4만 명을 대상으로 진행되었으며, 비트만은 이 연구를 위해 유럽 사회조사ESS의 인터뷰 데이터를 활용했다. 게나우와 브릭클레는 그 결과를 다음과 같이 정리했다.

"키가 큰 사람일수록 리더를 맡고 있을 가능성이 높았다. 그러나 우리의 유전적 소질 안에는 영양 상태나 생활 방식이 신체 성장에 영향을 미칠 수 있는 일정한 '범위'가 존재한다. 따라서 사회경제적 수준이 높은 가정에서 자란 아이들이 평균적으로 더 큰 신장을 갖게 되며, 동시에 더 우수한 교육 배경과 직업 세계로 진입하기 위한 준비를 갖추고 있는 경우가 많다."

교육 배경과 직업 상태를 통제하면, 남성의 경우 키와 리더십 발현 간의 상관관계는 사라졌다.

"즉, 동일한 교육 수준과 직업적 배경을 가진 남성들 사이에서는 키가 크다는 사실이 리더가 될 가능성을 높여주지 않는다. 반면 여성은 달랐다. 여성의 경우 키가 1센티미터씩 증가할 때마다 리더가 될 확률도 유의미하게 높아진다."[20]

요약하자면, 키와 권력 간의 관계는 단순히 '크면 유리하다'는 식으로 정리할 수 없는, 좀 더 복합적인 심리적·사회적 맥락을 지닌다. 넉넉한 집안의 아이들은 충분한 영양분을 공급받아 키가 클 가능성이 높고, 더 나은 교육과 인맥이라는 '보이지 않는 자산'을 물려받는다. 결국 권력은 단순한 신체적 조건이 아니라, 그를 둘러싼 다층적인 자원들과 깊이 얽혀 있는 것이다.

아버지가 어떤 재단이나 단체의 후원을 받았다면, 아들도 동일한 지원을 받을 가능성이 높아진다. 이런 경우 아들의 키는 별로 중요하지 않다. 부모로부터 물려받은 인맥이나 유산 덕분에 어차피 사회적 상승이 가능하기 때문이다. 하지만 딸에게는 이런 효과가 적용되지 않는 것으로 보인다. 아마도 부모가 성 고정관념 때문에 딸에게는 인맥을 소개시켜주지 않을 수도 있고, 사회적으로 여성이 그러한 네트워크에 접근하기 힘들도록 구조화되어 있기 때문일 수도 있다. 이런 배경에서 보았을 때, 여성에게는 신장이 리더십 발현에서 작지만 유의미한 이점으로 작용할 수 있다.

그렇다면 여성의 경우 키가 어떻게 리더십 발현에 도움이 되는 걸까? 이에 대해 그렉 R. 머레이Gregg R. Murray와 J. 데이빗 슈미츠J. David Schmitz는 흥미로운 사실을 밝혀냈다. 키가 큰 사람일수록 스스로 리더에 적합하다고 믿으며, 그만큼 리더가 되고자 하는 의지도 크다는 것이다.[21] 즉, 사회에 만연한 '키가 큰 사람이 더 리더같이 보인다'는 고정관념이 내면화되면서, 키 큰 여성은 스스로도 권력과 리더십에 대한 자신감을 품게 되는 것이다. 많은 사회에서 여전히 '권력은 큰 사람에게 어울린다'는 이미지가 지배적이다. 이 이미지가 자의식에 스며들면, 키 큰 사람일수록 리더 역할을 맡고자 하는 동기가 더 강해질 수 있다. 하지만 키가 크지 않더라도 리더가 될 수 있다. 신장이 작은 여성들도 리더십에 대한 자기 확신을 가질 필요가 있다. 그 대표적인 예가 바로 매들린 올브라이트Madeleine Albright다. 미국 최초의 여성 국무장관인 그의 키는 고작 147센티미터에 불과하다는 사실을 잊지 말자.

이름과 혈연: "우리 아버지도 권력자였어요"

2024년 3월, 독일 분데스리카 축구팀 VFL 볼프스부르크의 감독이 경질되었다. 세 경기 연속 패배한 데 이어 라이벌팀과의 경기에서도 큰 점수 차로 패한 것이 주 요인이었다. 결국 감독은 경질됐고, 새로운 감독으로 랄프 하센휘틀이 임명됐다.

랄프가 감독직을 맡게 된 후 수석 코치 또한 교체되었는데, 새롭게 임명된 수석 코치는 감독의 아들 패트릭이었다. 수석 코치에 걸맞은 이력을 갖추었다면 문제가 되지 않았겠지만, 패트릭은 1부나 2부 같은 최상위 리그가 아닌 3부 리그 출신이었고, 그나마도 오래 활동하지 못하고 건강 문제로 26세에 선수 생활을 은퇴했다. 그리고 은퇴 발표 후 하루 만에, 아버지가 새로 감독으로 부임한 볼프스부르크에서 곧장 수석 코치를 맡게 되었다.

2024년 5월, 체첸의 독재자 람잔 카디로프는 아들 아흐마트 카디로프를 체육부 장관으로 임명했다. 아흐마트는 그전까지 청소년부 장관이었으며, 임명 당시의 나이는 겨우 18세였다. 그의 이름인 아흐마트는 할아버지에게서 물려받은 것으로, 체첸에서 가장 유명한 축구팀인 FC 아흐마트 그로즈니의 회장직까지 겸임하고 있었다. 이름과 핏줄만으로 권력이 수직 상승한 케이스다.

이처럼 조직 내에서 권력과 커리어는 때때로 성姓과 혈연을 통해 대물림된다. 이는 권위주의적 체제에서 자주 목격할 수 있다. 그렇다면 민주적인 자본주의 사회의 기업들은 어떨까? 21세기에도 혈연 기반 네트워크가 여전히 영향력을 갖고 있을까? 이에 대해 신뢰할 만한 통계를 확보하는 것은 쉬운 일이 아니었다. 심리학 분야에서 이 주제는 아직 충분히 연구되지 않았기 때문이다. 다만《가디언》에서 흥미로운 사실을 보도한 바 있다. 미국에서는 30세가 된 남성 중

약 22퍼센트가, 같은 시기에 아버지와 같은 회사에서 일하고 있었다. 이는 상당히 높은 비율이지만, 그럼에도 미국은 이 수치 기준으로 조사 대상 125개국 중 63위에 불과하다고 한다.[22]

가족 기업에서 권력 자원의 세습은 당연한 일로 여겨진다. 창업자나 대표의 자녀들은 대개 공장, 특허, 기계 등 조직의 핵심 자산을 함께 물려받는다. 앞서 소개한 슈테그만의 레스토랑 체인 사례처럼 말이다. 의료계에서도 흔히 있는 일인데, 병원을 자녀에게 물려주는 경우도 많다. 이런 현상 자체가 반드시 문제라는 것은 아니다. 실제로는 다음 세대가 아주 일찍부터 경영 교육을 받고, 충분히 준비된 상태로 리더십을 이어가 성공적인 세대 승계가 이루어지는 경우도 적지 않기 때문이다. 그러나 때로는 후계자가 너무 많거나, 적합하지 않거나, 혹은 경영에 애초에 관심이 없는 경우도 있다.

그렇다면, 가족 중심으로 이루어지는 권력 이양이 문제가 되는 순간은 언제일까? 그것은 바로 족벌주의nepotism, 즉 가족에게 주요 자리를 몰아주는 친족 경영이 나타날 때다. 이 경우 기업보다 가족을 중심으로 충성 구조가 형성되며, 기업이 추구해야 할 목표는 그다음으로 밀려난다. 이는 마피아 조직과 유사한 양상이라고 할 수 있다. 이렇게 되면 조직 내에서는 다양한 심리적 딜레마가 발생한다.

"우리 아들이 큰 실수를 했지만, 쫓아낼 순 없지. 그냥 덮자."

"이번에도 또 뮐러 집안이 승진하면 안 돼. 이번에는 마이어 집안 차례야."

그 결과, 친족끼리 자리를 돌려가며 나누는 무의미한 타협이 이어지고, 기업의 성과보다 가족의 안위가 우선된다. 이런 시스템에서는 가족이 아닌 직원들의 동기 부여가 크게 떨어질 수밖에 없다. 아무리 성과를 내더라도 결국 중요한 자리는 '혈연'에게 돌아간다는 사실을 알기 때문이다. 또한 가족 내부에는 고유한 정서적 갈등이 얽혀 있기 때문에, 일반적인 조직 내 갈등 해결 방식으로는 접근하기가 어렵다. 가족 갈등은 대개 관계 중심이며, 합리적 판단보다는 감정에 좌우되기 쉽다.

이러한 이유로, 가족 중심 구조가 강한 조직일수록 분열되기 쉽다. 종종 가족의 일부가 기업의 특정 부문을 떼어 나가 독립적인 회사를 세우는 일이 생기기도 한다.[23] 대표적인 사례로 독일의 외트커Oetker 가문을 들 수 있다. 루돌프-아우구스트 외트커는 세 번의 결혼을 통해 자녀 여덟 명을 두었고, 이들에게 기업을 공동 상속했다. 그러나 그의 사망 이후 이들의 협력관계는 오래가지 못하고 기업은 분할되었다. 한쪽은 식품 사업과 '외트커'라는 브랜드명을 가져갔고, 다른 쪽은 샴페인 브랜드 '헹켈Henkell', 호텔 사업 등 나머지 자산을 물려받았다. 기업의 장기적 이익 관점에서 보면 이러한 분할이 최선이라고 할 수는 없지만, 적어도 가족 간의 평화를 유지하는 데는 도움이 되었던 것으로 보인다.

가족끼리 권력을 주고받는 것만이 문제를 만드는 것은 아니다. 오히려 권위주의 체제에서는 적절한 가족이 없다는 것 자체가 더 큰 어려움을 발생시키기도 한다. 알렉산드로스 대왕의 경우가 그렇다. 마케도니아 왕국 출신인 그는 전무후무한 정복 전쟁 끝에 세계 최대의 제국을 손에 넣었다. 그는 10년 동안 전쟁을 치르며 모든 걸 이뤘지만, 가족 계획은 아직 시작 단계에 있었다. 박트리아의 공주 록사네Roxane가 그의 아이를 임신하고 있었지만, 후계자는 정해지지 않은 상태였다. 그에게 시간만 있었다면 후계 문제를 정리할 수 있었을지 모르지만, 운명은 그를 기다려주지 않았다.[24]

기원전 323년 6월 초, 그는 갑작스럽게 열병에 걸려 세상을 떠났다. 6월 11일, 당시 바빌론의 한 서기관은 점토판에 하늘에 구름이 끼었다는 기록과 함께, "왕이 죽었다"는 문장을 남겼다.[25] 알렉산드로스는 죽었고, 그를 이을 후계자도, 하늘의 징조도 없었다. 다만 임종 직전에 알렉산드로스는 수석 친위대장 페르디카스에게 자신의 인장 반지를 넘겼다. 페르디카스는 다음 날, 각 군 병과의 최고 지휘관들을 왕궁으로 불러모았다. 역사학자 제임스 롬James Romm은 이렇게 전한다. "텅 빈 왕좌에는 왕관, 무기, 옷이 차례로 놓여 있었다. 마치 왕의 영혼이 그 자리에서 회의를 주재하는 듯했다."[26] 권력의 공백을 영혼이 채워야 하는 듯이 말이다.

가장 먼저 입을 연 사람은 해군 사령관 네아르코스였다. 그는 알렉산드로스가 후궁 사이에서 낳은 아들, 헤라클레스를 후계자로 세우자고 제안했다. 그러나 곧 제지가 들어왔다. 그리스인인 네아르코스는 마케도니아인 사이에서 먼저 발언할 자격이 없을 뿐만 아니라,

헤라클레스는 정실 자식이 아니었기 때문에 계승 자격이 없다는 것이었다. 이어서 보병 사령관 멜레아그로스가 알렉산드로스의 이복형제를 후계자로 제안했다. 그러나 그는 심각한 정신적 장애를 갖고 있었다. 같은 이름을 지녔으나, 능력 면에서는 알렉산드로스와 정반대의 인물이었다. 결국 페르디카스의 제안이 채택되었다. 임신 중인 록사네의 출산을 기다렸다가, 왕자가 태어나면 장군들의 후견 아래 왕으로 추대한다는 것이었다. 이를 위해 4인의 장군으로 구성된 섭정위원회가 만들어졌고, 방 안에 있던 모두가 이 위원회와 계획에 충성을 맹세했다.[27]

하지만 충성 서약은 단 하루도 유지되지 못했다. 회의장에는 기병대 장교들이 다수를 차지했지만, 궁 밖에서는 보병대가 따로 집결해 있었다. 마케도니아의 전통에 따르면, 군대에는 새로운 통치자를 승인할 권리가 있었다. 그런데 그들은 '혼혈아'가 왕위에 오르는 것을 원하지 않았다. 차라리 정신적으로 문제가 있더라도 죽은 알렉산드로스와 같은 이름을 지닌 사람을 택하겠다는 입장이었다. 결국 보병들은 멜레아그로스를 선두로 왕궁을 습격했고, 하루 전까지만 해도 함께 세계를 정복했던 마케도니아인들은 이제 바빌론 궁 안에서 서로에게 무기를 겨누게 되었다.[28]

역사학자들은 이에 대해 이렇게 평한다. "이토록 빠르게 무너지고, 이토록 철저하게 서로를 의심하며, 이토록 충격적으로 질서가 무너진 적은 없었다."[29] 이로써 이른바 디아도코이Diadochi 전쟁이 시작되었다. 이후 40년 동안, 알렉산드로스의 장군들과 그 군대는 서로를 향해 칼을 겨누며 피비린내 나는 권력 투쟁을 이어갔다. 알렉산드로스의 후손 중 이 싸움에서 살아남은 이는 아무도 없었다. 역사에서 이와 같은 사례는 많이 찾아볼 수 있다. 권력이 집중된 권위주의 체제는 특히 후계 구도가 실패할 경우 폭력적인 결말을 맞는 경우가 빈번하다.

성별: 나는 남자고, 이름은 토마스다

2013년, 독일의 한 지방 은행에서 젊은 인재를 유치하기 위해 새로운 홍보 포스터를 기획했다. 다섯 명의 여성과 두 명의 남성으로 구성된 신입 수습사원 일곱 명이 사진 촬영에 참여했다. 포스터의 슬로건은 "어제는 학생, 오늘은 커리어 사다리 위"였다. 문구에 맞춰 촬영 팀은 빨간색 사다리를 가져왔다. 이 역시 이 지방 은행의 상징색인 빨강에 어울리는 선택이었다. 문제는 그 사다리를 어떻게 활용했는가에 있었다. 사진 속에서 두 남성은 정장과 빨간 넥타이를 차려입고 사다리 가장 높은 곳에 올라가 있다. 심지어 키가 큰 남성은 키가 작은 남성의 어깨에 느긋하게 손을 얹은 모습이었다. 여성들은 그 아래쪽에서 포즈를 취하거나 사다리를 붙잡고 있는 역할을 맡았다. 더 놀라운 사실은, 이 포스터가 어떤 제지도 받지 않고 그대로 각 지점의 영업장에 걸렸다는 점이다. 그 과정에서 누구도 자신의 권한, 혹은 도덕적 권위를 사용하여 이를 막지 않았다. 그 결과 이 포스터 는《슈피겔》이 선정한 '최악의 홍보상Goldene Runkelrübe'을 수상하게 된다.[30] 참고로 이 은행의 이사회는 아직까지도 전원 남성으로 구성 되어 있다고 한다.

올브라이트AllBright 재단은 영국에 기반을 둔 단체로, 경제 분야 에서 성평등을 촉진하고 여성의 경력 장벽을 해소하는 데 주력한다. 이 재단은 리더십의 발현과 성별 간의 관계를 꾸준히 조사해왔다. 예 컨대 2022년 기준, 독일의 대학 졸업자 중 여성 비율은 52.6퍼센트 에 달한다.[31] 하지만 2023년 기준으로 독일 증시에 상장된 기업들의 이사회 구성원 중 여성 비율은 단 17.4퍼센트에 불과했다. 전년 대비 3.2퍼센트 증가한 수치이긴 하나, 여전히 눈에 띄게 낮은 수치다. 스 웨덴의 경우 여성 경영진 비율은 27퍼센트에 달한다.

심지어 독일 이사회 중 다수는 여성 구성원이 단 한 명뿐이다. 컨 설팅 회사인 에른스트&영Ernst&Young의 이브 방에만Ev Bangemann은 이것이 법적 최소 기준을 간신히 충족하기 위한 결과일 가능성이 높 다고 분석한다.[32] 실제로 독일에서 2021년에 도입된 '제2차 여성 임 원 할당제 법FüPoG II'은, 상장기업 중 2,000명 이상 직원을 고용하고 이사회 구성원이 3명 이상일 경우, 최소 한 명의 여성을 이사회에 포 함시켜야 한다고 명시하고 있다.[33] 이에 따라 각 기업들은 최소 기준 을 지키고는 있지만, 이사회 내에서 여성에게 맡겨지는 역할은 대부분 인사 담당 부서에 국한되어 있다. 즉, 여성에게도 권력을 주긴 하지만, 사람을 다루는 '부드러운' 분야에 한정한다는 식이다. 이는 전형적인 성 역할 고정관념을 강화하는 방식이다. 더욱 심각한 문제는 CEO 자리다. 2023년 기준, 독일 상장기업 중 여성 CEO는 고작 4.4퍼센트에 불과했고, 이는 전년도보다 1.2퍼센트포인트 하락한 수치다. 이사회 의장직에서도 여성 비율은 단 3.8퍼센트에 그쳤다.[34]

올브라이트 재단이 지적한 또 다른 중요한 사실이 있다. 바로 조직 내 계층이 높아질수록, 남성 비율도 함께 높아진다는 것이다. 이와 관련해 재단은 다음과 같이 흥미로운 통계 결과를 발표했다.

"2019년 9월이 되어서야, 독일 기업 이사회에서 여성 이사의 수가 '토마스'나 '미하엘'이라는 이름의 남성 이사 수를 처음으로 넘어섰다."[35]

심리학자 사만다 포스티언-운더다알Samantha C. Paustian-Underdahl과 동료들은 리더십 행동 유형 13가지를 분석했다. 연구 결과 이 중 10가지는 비교적 효과적이었지만(변혁적 리더십, 윤리적 리더십 등), 나머지 3가지는 비효율적(방임형 리더십, 권위주의적 리더십 등)으로 평가되었다.[36] 이 분석에서 여성은 10가지 효과적 리더십 유형 중 9가지에서 남성보다 평균적으로 더 높은 평가를 받았다. 반면, 남성은 오히려 비효율적이고 수동적인 리더십 유형에서 더 높은 점수를 기록했다. 이는 꽤 충격적인 결과였다. 남성들은 평균적으로 더 비효율적인 리더십을 보임에도 불구하고, 현실에서는 법적 권한과 조직의 권력을 훨씬 더 많이 보장받는다.

성별과 리더십 발현 간의 관계를 다룬 또 다른 유의미한 데이터도 있다. 2018년, 케이티 L. 바두라Katie L. Badura와 연구진은 59년간 축적된 1,632개의 연구 데이터를 메타분석해 리더십 발현과 성별의 관계를 분석했다.[37] 이 연구는 앞서 언급한 올브라이트 재단의 데이터와 달리, 리더가 없는 그룹을 대상으로 했다는 점에서 중요한 차이가 있다. 바두라의 연구에서 구성원들은 리더가 없는 상태에서 함께 모여 과제를 수행하거나 특정 주제를 토론했다. 이후 참가자들은 팀 내에서 누가 리더로 보였는지, 혹은 누구를 리더로 선출하고 싶은지를 평가했다. 결과는 매우 흥미로웠다. 성별에 따른 리더십 발현 차이는 매우 작았으며,[38] 남성이 리더로 선출될 확률이 다소 높기는 했지만 그 차이는 미미한 수준이었다.

그러나 동일한 남성과 여성이 조직 내 위계 구조 속에서 만났을 때는 결과가 크게 달라진다. 올브라이트 재단의 분석에 따르면, 현실 세계의 조직 내에서는 여성들이 더 효과적인 리더십 스타일을 보임에도 불구하고 남성들이 최고 권력 자리에 훨씬 더 자주 오른다. 이는 기업 문화 속에 구조적 성차별이 뿌리 깊게 작동하고 있으며, 그 구조가 기존의 남성 권력층에 의해 묵인되거나 방어되고 있음을 시사한다. 권력을 가진 사람은 그 지위를 유지하고 싶어 하기 마련이다.

한편 바두라의 연구는 시대 흐름에 따른 변화도 보여준다. 연구에 따르면, 성차별 효과는 점점 줄어드는 추세다. 예를 들어, 2017년의 실험에서는 여성들이 리더로 인식되거나 선출될 가능성이 50년 전에 비해 높아진 것으로 나타났다. 그러나 현실에서는 이런 진전이 잘 보이지 않는다. 올브라이트 재단에 따르면, 여성의 리더십 진입은 법적 조치에 의존하는 경우가 대부분이며, 자발적인 변화는 거의 없었다고 한다.[39]

또 다른 흥미로운 패턴도 발견할 수 있다. 성별에 따른 리더십 발현 차이는 '언제 평가하느냐'에 따라 달라졌다. 만난 지 20분 이내에 평가가 이루어졌을 경우, 남성이 리더로 인식될 확률이 높았다. 하지만 시간이 지나 서로를 더 잘 알게 된 후에 평가가 이루어지면, 남성 우위 효과는 사라졌다. 즉, 성별은 첫인상에서만 유의미하게 작용하고, 시간이 지날수록 그 영향력은 줄어든다는 것이다. 또한, 수행해야 할 과업의 성격에 따라서도 결과는 달라졌다. 해결해야 할 문제가 사회적·대인관계적으로 복잡하거나, 창의성이 요구될 때는 남성이 리더로 인식되는 경향이 약화되었다.[40]

이 모든 데이터를 종합하면, 심리학 실험 환경에서는 여성들이 권력 구조에서 배제되는 정도가 매우 약하게 나타나며, 역사적으로도 그 효과는 줄어들고 있다. 하지만 현실의 조직에서는 여전히 여성들이 권력을 얻는 데 큰 장벽이 존재한다. 그리고 지금의 속도라면, 그 장벽은 쉽게 허물어지지 않을 가능성이 높으며, 오히려 상황이 악화될 조짐도 있다. 메타 창업자 마크 저커버그는 2025년 1월 한 팟캐스트에서 "기업에는 더 많은 '남성적 에너지'가 필요하다"고 발언한 바 있다.

성격 요인: 사람들은 왜 '성격 파탄자'를 따르는가

2019년, 한 사회복지단체의 대표가 언론의 집중 조명을 받았다. 이 대표는 프랑크푸르트 본부의 자금을 비스바덴Wiesbaden 지부로 보냈는데, 문제는 비스바덴 지부의 대표가 그의 아내였다는 사실이다. 여기에 과도하게 비싼 업무용 차량, 지나치게 높은 연봉, 프랑크푸르트 시장과의 연루 의혹까지 더해지며 논란은 커졌다. 결국 그는 180만 유로(약 29억 8천만 원)를 배상하라는 판결을 받았다.[41] 그러나 그것으로 끝이 아니었다. 그는 학위 사칭 혐의로도 유죄 판결을 받았다. 그는 박사 학위를 취득한 적이 없음에도 수년간 '박사'라는 칭호를 사용해왔던 것이다.[42] 기부금과 국가 보조금으로 운영되는 사회복지단체에서 호화 차량, 허위 계약, 허위 박사 학위, 사익 편취가 발생함으로써 이 단체는 신뢰도에 큰 타격을 입혔다. 해당 단체는 뒤늦게야 이 사안을 '대표 개인'의 문제였다고 해명했다.[43]

이처럼 조직 내에서 권력 남용이 발생할 경우, 종종 그 원인을 한 개인의 성격적 결함에서 찾으려는 경향이 나타나곤 한다. 어느 때는 나르시시즘이 문제라고 하고, 또 다른 때는 그 사람에게 사이코패스 성향이 있었다고 말한다. 권력의 남용과 그에 따른 악행을 개인의 성격 탓으로 돌리는 것은 조직 입장에서 매우 편리한 해결 방식이다. 문제의 원인이 구조가 아니라 한 개인의 '성격'에 있다고 규정하면, 조직은 변할 필요가 없기 때문이다. 조직은 문제의 인물을 해고하고 새로운 인물을 앉히면 된다. 그러나 시스템은 그대로 둔 채, 사람만 교체한다고 해서 문제가 해결되지는 않는다. 이런 안이한 해법 대신, 조직은 성격 특성과 권력 상승 간의 심리학적 연관 관계에 대해 진지하게 접근해야 할 필요가 있다.

성격 특성을 설명하고 측정하기 위해 심리학에서는 종종 '빅파이브Big Five' 모델을 사용한다. 이 모델은 인간의 성격을 외향성, 신경성, 성실성, 친화성 그리고 경험에 대한 개방성이라는 다섯 가지 기본 차원으로 설명할 수 있다고 주장한다.[44]

외향적인 사람은 사교적이고 활달하며, 주도적이고 활동적이다. 반대로 외향성이 낮은 사람은 대체로 조용하고 타인과의 거리감을 유지하려 한다. 신경성이 높은 사람은 불안하고 쉽게 흥분하거나 긴장하는 경향이 있다. 반대로 신경성이 낮은 사람은 감정적으로 안정적이며 스트레스에 강한 편이다. 성실성은 계획성, 책임감, 목표 지향적인 행동 경향을 의미한다. 성실성이 높은 사람은 대체로 꼼꼼하고 신뢰할 만하며, 일 처리가 정확하다. 친화성은 타인에 대한 신뢰, 배려심, 관용, 공감 능력과 관련된다. 친화성이 낮을 경우 의심이 많고 이기적이거나 공격적인 성향을 보일 수 있다. 마지막으로, 경험에 대한 개방성은 새로운 아이디어와 감각, 창의적 시도에 대한 개방성과 관련된다. 이 특성이 높은 사람은 호기심이 많고 상상력이 풍부하며, 일상적이지 않은 것에 매력을 느낀다.[45]

이 다섯 가지 성격 모델은 생애 전반에 걸쳐 비교적 안정적으로 유지된다. 또한 신뢰할 수 있는 측정 도구들을 통해 이 다섯 가지 특성이 리더십과 어떤 관련이 있는지도 명확히 밝혀져 있다. 그렇다면 '성격이 안 좋은 사람들'이 더 쉽게 권력을 얻는다는 통념은 과연 사실일까? 이 질문에 대해 미국 심리학자 티모시 저지Timothy Judge와 그의 연구진은 이미 20여 년 전에, 지금까지 발표된 모든 관련 연구 데이터를 모아 메타분석을 수행한 바 있다. 이들은 총 73개의 연구에서 도출된 222개의 상관관계를 통합 분석했다. 만약 실제로 '냉정하고 감정이 없는 사람'이 권력 경쟁에서 승리하는 경향이 있다면, 친화성과 리더십 발현 간에는 부정적인 상관관계가 나타나야 한다. 즉, 친화성이 낮을수록 리더가 될 가능성이 높아야 한다.

하지만 결과는 예상과 달랐다. 외향성(0.33)과 성실성(0.33)이 조직 내에서 합법적 권력을 얻기 위한 가장 주요한 예측 요인으로 나타났으며, 두 경우 모두 중간 수준 이상의 상관관계를 보였다. 경험에 대한 개방성(0.24) 역시 리더십 발현과 유의미한 상관관계가 있었으며, 신경성(-0.24)은 리더가 될 가능성과 부정적인 관계를 보였다. 불안정하거나 감정적으로 흔들리는 사람일수록 권력을 쥘 가능성은 낮아진다는 뜻이다. 그렇다면 가장 논란이 되는 친화성은 어떨까? 놀랍게도, 친화성과 리더십 발현 사이에는 유의미한 상관관계가 없었다. 냉정하든 따뜻하든, 이 특성 자체는 권력의 획득과는 무관했다. 결국 성격이 나쁘거나 주위 사람들을 불쾌하게 하는 사람보다 성실하고 외향적이며 개방적인 사람들이 조직에서 리더가 되기 쉽다는 결론이 도출된다.

하지만 이 결론이 정말 맞는 것일까? 언론, 역사, 문학을 돌아보면 권력을 얻은 '나쁜 사람'들의 사례는 너무나도 많다. 그렇다면 저지의 연구진이 분석한 자료나 맥락 자체가 잘못된 것은 아닐까?

조직 내에서의 승진 과정에만 주목하기보다는, 처음부터 위계가 없는 상황에서 누가 리더로 부상하는지를 살펴보는 것이 더 타당할 수도 있다. 예컨대 토론 중 누가 주도권을 쥐고 결국 리더로 지목되는지 같은 것들 말이다. 다행히도 이런 맥락을 다룬 심리학 연구들도 이미 많이 존재한다. 누르잔 엔사리Nurcan Ensari와 연구진은 이러한 '비위계적 그룹'에서의 리더십 발현과 성격 간의 일반적인 상관관계를 메타분석으로 정리했다. 그 결과, 외향성(0.33), 경험에 대한 개방성(0.17), 성실성(0.19)이 리더십 발현과 유의미하게 관련되어 있음을 확인했다. 그러나 친화성은 이 맥락에서도 역시 상관관계를 뚜렷하게 드러내지 못했다. 즉, 선하지 않은 사람, 이기적인 성향의 사람이 더 자주 또는 많이 리더로 떠오르는 것도 아니었다. 흥미로운 차이는 신경성에서 나타났다. 조직 내 리더십 발현과 비교했을 때 상관계수는 훨씬 낮아졌는데(-0.08), 이 정도 수치라면 사실상 의미가 없다고 봐도 무방하다. 이는 자유로운 환경에서는 신경성이 리더십 발현에 별다른 영향을 주지 않으며, 장기적으로만 불리하게 작용할 수 있음을 보여준다.

결론적으로, 지금까지 제시된 심리학적 연구 결과에서는 '나쁜 사람이 권력을 더 잘 잡는다'는 통념을 뒷받침할 만한 근거를 찾지 못했다. 하지만 학문적 호기심 차원에서 이 통념에 마지막으로 한번 더 기회를 주자면 살펴볼 만한 연구가 있다. 카렌 랜데이Karen Landay 와 연구진은 〈우리는 어둠의 군주에게 봉사해야 하는가?: 사이코패스와 리더십에 관한 메타분석적 고찰〉이라는 흥미로운 제목의 메타분석을 발표했다. 이들은 총 90개의 연구를 분석했으며, 이 연구는 말 그대로 사이코패스 성향과 리더십 발현, 리더십 성공률 간의 관계가 포함되었다. 중요한 점은 이 연구가 '진단받은 정신질환으로서의 사이코패스'가 아닌, 성격의 스펙트럼상에 존재하는 경향성으로 사이코패스를 다뤘다는 것이다. 즉, 사람들은 각기 다른 수준의 사이코패스적 경향성을 가질 수 있으며, 이를 하나의 연속적인 특성으로 본 것이다. 그 결과, 사이코패스 성향과 리더십 발현 간에는 매우 약한 상관관계(0.07)가 나타났다. 이는 전체 변인의 1퍼센트 미만만을 설명할 수 있으며, 사실상 의미 없는 수준이라고 볼 수 있다. 특히 여성의 경우, 사이코패스가 리더십 발현에 주는 이점은 전혀 없는 것으로 나타났다.[46]

즉, 현실에서 가끔 사이코패스 성향을 가진 사람이 고위 권력 자리에 오르는 일이 있지만, 전반적으로 볼 때 사람들은 '어둠의 군주'나 '성격 파탄자'를 리더로 받아들이며 일하지 않는다. 이러한 경향은 생리학적 연구에서도 동일하게 나타난다. 리앤더 판 데어 메이Leander van der Meij 연구진은 테스토스테론 수치와 리더십 발현 간의 관계를 실험실 및 현장 연구와 메타분석을 통해 분석했다.[47] 보통 테스토스테론은 높은 권력욕, 우월성 추구, 공격성과 관련이 있다고 알려져 있다. 연구 결과, 조직 내 위계 구조에서 테스토스테론 수치와 리더가 되는 것 간의 상관관계는 전혀 발견되지 않았다.

그동안 '권력을 차지하는 데 있어 나쁜 사람이 더 유리하다'는 통념을 믿어온 이들에게는 다소 충격적인 결과일 것이다. 앤드루 B. 블레이크Andrew B. Blake 연구진은 최근 새로운 데이터를 바탕으로 한 메타분석을 발표했다. 1998년까지의 데이터만을 포함했던 저지의 연구에 따르면 친화성은 리더십 발현과 아무런 상관관계가 없었다. 그러나 21세기 이후의 데이터를 포함한 블레이크 연구진의 최신 메타분석에 따르면 친화성과 리더십 발현 간에는 유의미한 양의 상관관계(0.24)가 존재한다는 것이 밝혀졌다. 다시 말해, 친화적인 사람일수록 리더로 인식되고, 권한 있는 자리에 선출될 가능성이 높다는 것이다. 그뿐만 아니라, 친화성과 리더십의 효과성 간에도 양의 상관관계(0.14)가 나타났다. 이는 친화적인 리더가 더 성공적으로 팀을 이끈다는 뜻이다. 이는 아마도 그들이 긍정적인 팀 분위기를 조성하고, 협업을 유도하며 구성원들의 목표 달성을 돕는 행동을 하기 때문으로 보인다.

결론적으로 말하자면, 사이코패스 성향이나 테스토스테론 수치가 높은 사람이라고 해서, 권력 획득에 더 유리하다는 증거는 없다. 그런 이미지는 언론이 만든 클리셰로, 권력에 대한 책에서조차 반복적으로 소비되는 서사다. 그리고 이러한 서사는 조직이 기존의 권력 구조를 유지하도록 도와주는 효과도 있다.

그렇다면 모든 것이 잘 돌아가고 있는 걸까? 꼭 그렇지는 않다. 부정적인 상관관계 역시 없기 때문이다. 즉 테스토스테론 수치가 높다고 해서 권력 획득 가능성이 낮아지는 것도 아니며, 협력적이고 친화적인 사람들이 권력을 가지는 데 있어 유리하다는 장점 역시 크지 않다. 게다가 향후 사회적 맥락이나 권력의 획득 조건이 어떻게 바뀔지는 예측할 수 없다. 예를 들어, 최근에는 전문성에 기반한 권력이 '거짓말'과 '허세'에 의해 약화되고, 새로운 형태의 권력 상승 구조가 만들어지고 있다는 우려도 있다.[48]

행동: 어떤 행동은 권력을 만든다

심리학자들은 행동을 매우 중요하게 여긴다. 하지만 실제 조직 내에서 누가 어떻게 행동하여 권력을 획득하는지를 관찰하는 것은 쉽지 않다. 그럼에도 여러 실험과 그룹 토론을 통해 밝혀진 바에 따르면, 몇 가지 행동 양식은 리더십 발현과 유의미한 상관관계가 있다.

많이 말하기 그리고 말하는 사람을 교체하기

앞서 언급한 케이티 L. 바두라의 메타분석은 1,000건이 넘는 리더십 연구 결과를 종합한 것이다. 이 연구는 그룹 내 토론 상황에서 참가자들이 얼마나 활발히 참여했는지가 리더로 떠오르는 데 미치는 영향을 분석했다. 그 결과, 참여도와 리더십 발현 간의 상관관계는 '0.52'로, 매우 강한 효과를 나타냈다. 즉, 많이 말할수록 권력을 얻을 가능성이 높아진다. 이 현상은 심리학에서는 '수다 가설Babble Hypothesis'이라고 불리며,[49] 다수의 연구에서 그 효과가 반복적으로 검증되었다. 그 배경에는 몇 가지 심리적 기제가 작용한다.

많이 말하는 사람은 그룹 내에서 더 눈에 띄며, 중요하고 자신감 있는 사람으로 인식된다. 발언이 많으면, 그룹에 대한 헌신도 역시 높을 것으로 추정되며, 지도자로서의 의지도 강한 사람으로 간주된다. 반면, 말을 아끼는 사람은 존재감이 약해지고, 전문성과 경험이 눈에 띄지 않게 된다.[50] 하지만 여기에는 딜레마가 있다. 권력 획득에 도움이 되는 행동이 반드시 좋은 리더십과 연결되지는 않는다는 것이다. 훌륭한 리더는 오히려 잘 듣는 능력을 갖추고 있어야 한다.

이러한 발화 중심의 권력 구조는 일상 속 회의에서도 쉽게 관찰할 수 있다. 끊임없이 말하는 사람이 있고, 종종 그들이 주도권을 잡는다. 그런데 발언자를 자주 바꾸는 행동 또한 리더십 발현과 관련이 있는 것으로 나타났다. 그룹 토론에서 발언자 교체를 이끌어내는 사람 역시 더 높은 리더십 발현을 보이는 것이다. 예를 들어, 시크 흥 웅Sik Hung Ng과 그의 연구진은 위계가 없는 3~4인 그룹이 '동성애'라는 주제로 토론을 하게 한 뒤 발언 내용을 분석했다. 연구 결과 발언자 교체를 주도한 사람들이 리더로 인식되는 경향을 보였다. 이때 발언자 교체는 적극적으로 말을 끊어 교체하는 경우("베니, 고마워. 이제 마르티나 차례야.")뿐 아니라 말 없이 자연스러운 짧은 침묵 뒤 이어지는 교체("이제 잠깐 숨을 고른 김에, 다음은 동성 결혼에 대해 이야기해보자.")도 해당된다.[51]

긍정적 메시지 제안하기

단순히 말을 많이 하거나 다른 사람의 말을 끊는 것만으로 조직 내에서 권력을 얻을 수 있을까? 심리학적 연구는 이보다 더 정교한 전략도 필요하다고 주장한다. 미국 애리조나대학교의 엘리자베스 J. 맥클린Elizabeth J. McLean과 연구진은 메시지의 방향성과 의도가 리더십 발현에 어떤 영향을 미치는지를 두 차례 실험을 통해 분석했다. 그중 한 연구에서는 피험자들에게 조직 내 변화를 제안하는 두 가지 메시지를 들려주었다. 주제는 더 효과적인 보험 판매를 위한 새 스크립트 도입으로 동일했다. 단, 표현 방식이 달랐다.

첫 번째 메시지는 미래 지향적이고 긍정적인 개선 제안이었다.

고객의 니즈에 더 유연하게 대응하기 위해, 새롭게 개선된 스크립트를 개발해야 한다고 생각합니다. 새로운 스크립트는 상품 재구성에 더 많은 재량을 부여해줄 수 있으며, 이는 고객 만족도와 우리의 성과를 동시에 높일 것입니다.

두 번째 메시지는 같은 문제를 부정적인 현재 상황에 대한 비판
으로 표현했다.

이 스크립트는 매우 비효율적이며, 과거에도 고객의 니즈에 유연하게
대응하는 데 한계를 드러냈습니다. 지금 제안된 스크립트 역시 우리
의 성과를 방해하고 있으므로, 이를 폐기해야 합니다.

내용은 동일하지만, 한쪽은 희망적인 미래에 대한 방향 제시, 다
른 쪽은 문제 상황에 대한 우려와 비판에 초점을 맞추고 있다. 그 결
과, 긍정적인 메시지를 제시한 화자가 더 높은 지위와 리더십 잠재
력을 인정받았다. 이들은 보다 유능하고 자신감 있는 사람으로 인식
되었으며, 구성원들은 그들을 보다 믿고 따를 수 있는 리더로 평가했
다.[52] 이러한 원리는 정치 상황에서도 관찰된다. 예컨대 2024년 미국
대선에서 트럼프는 초기에는 사회·경제 위기를 강조했지만, 후반부
에는 "트럼프가 해결한다Trump will fix it"라는 행동 중심의 희망적 메
시지로 선회하며 지지층을 결집시켰다.

반면, 계속해서 문제를 비판만 하는 태도는 '불평'으로 간주되기
쉽다.[53] 이와 관련해 독일 브라운슈바이크대학교의 심리학자 지모네
카우펠트Simone Kauffeld가 매우 흥미로운 연구를 진행했다. 그는 조
직 내 회의에서 불평만 늘어놓는 양상이 반복적으로 나타난다는 사
실을 발견했다. 예를 들어, 한 구성원이 "고객들은 정말 막무가내인

것 같습니다"라고 시작하면, 다른 구성원이 이에 동조하고 나선다. "특히 Z세대는 정말 최악이죠." 이러한 동조로 불평은 확산되고 그 강도는 점점 더 세진다. 그렇게 집단 내에서는 불평이 또 다른 불평을 부르는 악순환이 시작된다. 처음에는 그냥 털어놓는 수준이었지만, 시간이 지날수록 집단 전체가 불만에 몰입하게 된다. 일각에서는 이러한 불평이 그리 큰 문제가 아니라고 주장할 수도 있다. 하지만 반복적인 불평은 단순한 감정 표현으로 그치지 않는다. 불평의 악순환은 문제 해결에 부정적인 영향을 미친다. 사람들은 실제 문제를 다루는 대신 불평하는 데 시간과 에너지를 낭비한다.

불평은 문제 해결에 도움이 되지 않으며, 오히려 상황을 더 절망적으로 인식하게 만들 뿐이다. 지모네 카우펠트의 연구에 따르면, 불평은 사람들의 사고를 '촉진적promotion 중심 사고'에서 '예방적prevention 중심 사고'로 전환시킨다. 즉, 사람들은 어떻게 더 나은 결과를 만들 수 있을까보다는 어떻게 나쁜 결과를 피할 수 있을까에 몰두하게 된다. 이는 문제의 능동적 해결보다 수동적 회피로 이어지기 쉽다. 그리고 이 과정에서 사람들은 기분이 나아지기는커녕 더 무기력하고 절망적인 상태에 빠지게 된다.[54]

이렇게 구성원을 절망적인 상태로 몰아가는 사람은, 당연히 합법적인 권력을 얻을 가능성도 적다. 이는 단지 조직 내 인간관계에 국한되지 않는다. 사회와 정치 전반에도 적용될 수 있는 중요한 메시지다. 기업과 사회는 비관적인 예언자나 비판 세력만으로는 변화할 수

　　　　　　　　　　　　　　　　　　　　　　　　　권력중독

없다. 물론 현실을 무시한 근거 없는 낙관주의도 해답은 아니다. 진짜 필요한 것은 현실적인 문제 인식 그리고 문제를 극복할 수 있다는 믿음을 제공하는 해법 중심의 메시지다.

네트워킹

심리학자 프레드 루탄스Fred Luthans와 연구진은 한 연구에서 빠르게 승진한 리더들과 조직 구성원들에게 신뢰받는 '좋은 리더'들을 비교했다.[55] 이들은 단지 언행이나 태도가 아닌, 리더들이 실제로 조직 내에서 어떤 활동을 하는지에 주목했다. 루탄스와 연구진은 리더들의 행동을 다음과 같은 네 가지 유형으로 나누었다.[56]

1. **전통적 관리 업무:** 의사결정, 계획 수립, 성과 관리 등 관리의 기본 기능들
2. **커뮤니케이션:** 정보 교환, 문서 작성 및 전달 등
3. **인사 관리:** 동기 부여, 갈등 조정, 인재 채용 등 사람을 다루는 일
4. **네트워킹:** 조직 외부 인물과의 관계 형성, 협업, 조직 내 정치적 전략 수립 등

이 연구는 승진을 중시하는 리더와 효율과 성과를 중시하는 리더 간의 차이를 보여준다. 빠르게 승진한 리더들은 자신들의 시간을 전략적으로 사용하고 있었다. 연구에 따르면, 승진에 성공한 리더들

은 업무 시간의 48퍼센트를 인맥 형성에 쏟았고, 커뮤니케이션에는 28퍼센트, 인사관리에는 11퍼센트를 할애했으며, 전통적인 관리 업무는 제일 적은 비율을 차지했다. 이는 외향성이 권력 상승의 주요 예측 변수라는 다른 연구 결과와도 잘 들어맞는다. 반면, 효율과 성과를 중시하는 리더들, 즉 팀을 잘 이끌고 성과를 낸 리더들은 전혀 다른 시간 사용 패턴을 보였다. 이들은 커뮤니케이션에 44퍼센트, 인사관리 업무에 26퍼센트 그리고 네트워킹에는 11퍼센트만을 할애했다. 전통적인 관리 업무에도 승진을 중시하는 리더보다 더 많은 시간을 썼다.

한편 심리학자 한스-게오르크 볼프Hans-Georg Wolff와 클라우스 모저Klaus Moser는 3년에 걸쳐 200여 명의 직장인 데이터를 수집했고, 유사한 결과를 이끌어냈다. 네트워크 활동을 활발히 한 사람들이 더 빠르게 승진했고, 이 성장은 임금 상승으로도 확인된 것이다. 특히 같은 조직 내 동료들과 자주 만나고 교류하는 내부 네트워킹이 승진에 중요한 역할을 했다.[57]

이런 결과는 불편한 진실로 이어진다. 조직 내에서 위로 올라가기 위해서는 팀을 돌보기보다는 '정치적으로' 움직이는 것이 더 유리하다. 좋은 팀워크나 성과보다는, 누구와 잘 연결되어 있는지가 더 중요하게 작용할 수 있다는 뜻이다. 결국 피터의 원리Peter Principle에 따라 한 리더는 자신의 무능이 드러날 때까지 계속 승진을 거듭한다. 리더는 결국 자신의 역량을 초과하는 자리에 앉게 되고, 그 이후로는 그 자리에 머물러 버린다. 문제는 그 리더가 조직에 계속 머무르며 팀의 사기를 떨어뜨리고 성과에도 악영향을 미친다는 점이다. 따라서 제대로 작동하지 않는 조직에서는, 리더의 무능이 조직 전체를 갉아먹게 되는 것이다. 이쯤 되면 우리는 조직 내 권력 구조를 다시 한 번 깊이 들여다볼 필요가 있다.

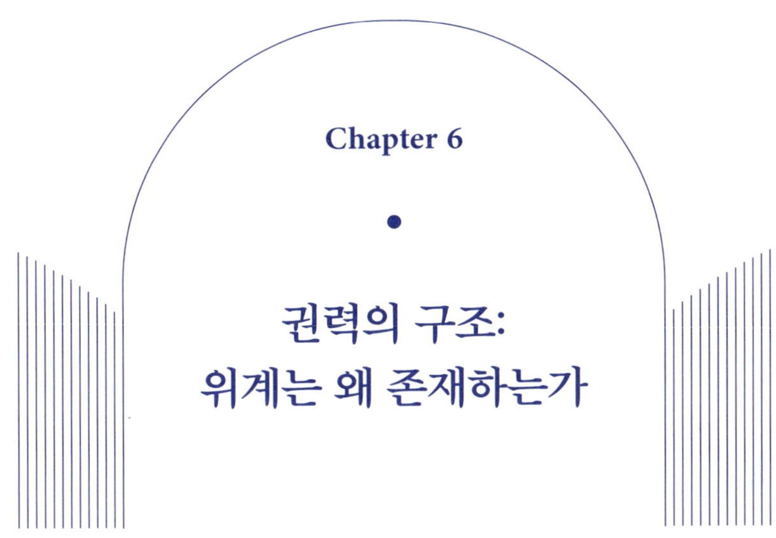

Chapter 6

권력의 구조: 위계는 왜 존재하는가

1920년, 덴마크의 한 농장에 데이지라는 암탉이 살고 있다. 농장의 닭들은 닭장, 수탉 그리고 흙을 파헤치며 먹이를 찾을 수 있는 넓은 마당을 갖고 있다. 데이지는 매일 알을 낳고, 농부 콜하스는 그 알을 가져간다. 그럼에도 나는 데이지가 꽤 행복했을 것이라고 생각한다. 데이지는 전체 열두 마리의 암탉 중에서 상위 서열에 있기 때문이다. 먹이를 먹을 때 페기, 넬리, 프리다에게만 쪼임을 당할 뿐, 나머지 닭들은 데이지가 지나가면 길을 비켜준다. 데이지는 몇몇 닭들과는 더 많은 시간을 함께 했는데, 굳이 말하자면 친구라고 부를 수 있을 것이다.

하지만 어느 날 모든 것이 달라졌다. 한 과학자가 나타나 데이지를 데려가더니, 데이지의 벗을 변형했다. 인간으로 치자면 헤어스타일을 바꾼 정도라고 할 수 있을까. 다른 닭들의 눈에는 펑크스타일의 닭처럼 보일 수도 있겠다. 하지만 데이지는 여전히 데이지였다. 성격도, 행동도, 태도도 똑같다. 하지만 다른 닭들은 그렇게 보지 않았다. 데이지가 무리에 다시 돌아온 순간, 모든 닭들이 그를 공격하기 시작했다. 그중에는 친구였던 닭들도 있고, 방금 전까지만 해도 그녀에게 길을 비켜주던 닭들도 포함되어 있다.

이 실험을 통해 덴마크 생물학자 토를레이프 셰엘데루프-에베 Thorleif Schjelderup-Ebbe는 '외부자에 대한 공격성'이라는 개념을 밝혀냈다. 어제까지는 한 식구였던 존재더라도 그 구성원이 무리에서 조금만 다르게 보인다면 배제의 대상이 될 수 있다. 외부자에 대한 공격성은 침팬지나 인간에게서도 관찰된다. 매일 SNS나 선거운동, 대중 언론에서 흔히 볼 수 있는 현상이다. 단지 조금 다르다는 이유만으로도, 공격의 대상이 될 수 있다는 사실은 매우 중요한 통찰이다.

셰엘데루프-에베는 여기서 더 나아간다. 그는 닭이 사회적 행동을 하는 척추동물로서 일정한 서열을 형성한다는 점을 강조한다. 그는 이 서열을 '쪼기 서열pecking order'이라고 불렀다. 닭들이 자연 상태에서 사육되고, 너무 좁은 닭장에 가두거나 외형을 계속 바꾸지 않는다면, 닭들 사이에는 꽤 안정적인 위계가 형성된다. 이 구조는 침팬지, 고릴라 그리고 인간에게도 유사하게 나타난다.

닭들의 경우, 서열 구조가 특히 명확하게 드러난다. 가장 높은 서열에 있는 닭은 모든 다른 닭을 쪼을 수 있지만, 자신은 그 누구에게도 쪼이지 않는다. 반면 데이지처럼 중간 서열에 있는 닭은 위로부터 쪼임을 당하고 아래 서열에 있는 닭은 쪼을 수 있다. 그리고 맨 아래에는 모든 닭에게 쪼임을 당하는 닭이 있다. 그러나 서열 구조가 안정적이고 과도하게 좁은 우리나 사육장에 갇혀 스트레스를 받지 않는다면 실제로 공격받는 빈도는 그리 높지 않다. 이는 마치 사람들이 충분한 공간과 자율성을 확보한 사무실에서 일할 때의 구조와도 유사하다.

닭장에 오래 있었던 닭들은 자신의 지위를 정확히 알고 있다. 돌아다니다가 다른 닭을 만났을 때, 자신보다 위인지 아래인지 즉각적으로 파악한다. 개별 관계들의 총합으로 하나의 위계 구조가 형성되고, 이 구조는 대부분의 경우 안정적으로 유지된다. 어느 닭이 상위에 속할지는 개별 특성, 확률적 요인 그리고 사회적 맥락이 복합적으로 작용한 결과다. 예를 들어, 부리 힘이 강하고 체격이 크며, 최근에 싸움에서 이긴 경험이 많다면(승자 효과), 그 닭이 높은 서열에 오를 확률이 높다.[1]

이제 인간의 경우로 넘어가보자. 인간 사회에도 서열 또는 위계는 매우 흔하게 존재하며, 특히 조직 내에서 권력이 어떻게 형성되고 운영되는지를 설명하는 틀로 작동한다. 집단이 형성되면 위계도 따라오는데, 이는 조직심리학의 기본 구조다.[2]

흥미로운 점은, 위계를 억제하려 해도 결국 다시 나타난다는 사실이다. 심지어 형식적인 구조를 없앤다 해도, 비공식적인 위계가 즉시 생겨난다. 마치 좀비처럼 무덤에서 다시 일어나 회사 문을 두드리는 것과 같다. 아니, 위계는 문을 두드리는 게 아니라 그냥 문을 열고 들어온다. 이 말은 곧, 위계는 절대 사라지지 않는다는 뜻이다. 매일 우리가 느끼는 감정에도 위계가 살아 숨쉰다. 자부심, 겸손, 야망, 질투, 부끄러움, 존경, 경멸 같은 감정은 모두 사회적 서열과 연결된다.

그래서 권력의 구조를 이해하려면, 위계의 구조를 이해해야 한다. 사회심리학자 조 매기Joe C. Magee와 애덤 갈린스키Adam D. Galinsky는 위계를 '사회적 차원에 따라 개인들이 갖는 명시적 또는 암묵적인 순위'라고 정의했다.[3] 위계는 크게 형식적 위계와 비공식적 위계 두 가지로 나뉜다. 형식적 위계는 대부분의 사람들이 직장에서 접하는 구조다. 150명 이상의 구성원이 있는 조직이라면 대개는 조직도와 함께 위계를 갖고 있다. 부서가 두 개만 생겨도 위계는 탄생한다. 사실 그저 사람들이 모이기만 해도 위계가 형성되는데, 이것이 바로 비공식적 위계다. 그냥 모였을 뿐인데 누가 영향력이 있는지, 누구를 따르게 되는지 자연스럽게 드러난다. 위계는 그렇게 늘 존재한다.[4]

나는 불특정 다수가 참석하는 모임을 좋아하는 편은 아니다. 하지만 가끔 어쩔 수 없이 참석하게 될 때면, 사람들의 행동을 관찰할 기회로 삼는다. 처음 보는 사람과 마주치면, 대화가 시작된 지 얼마 지나지 않아 거의 항상 이런 질문이 나온다. "그쪽은 무슨 일 하세요?" 이 질문은 단순한 호기심이 아니다. 사실상 그 순간 두 사람 사이의 사회적 위계를 가늠하려는 시도다. "아, 의사시군요? 저는 회사 대표입니다."

이때 상대가 나 같은 조직심리학자여서 단순히 직업에 관심이 있기 때문에 물었을 확률은 매우 낮다. 우리는 다양한 상황에서 본능적으로 위계를 형성한다. 새로 구성된 집단 내에서 몇 분도 채 안 되어 비공식적인 위계가 드러나곤 한다. 그리고 그 위계는 그 집단의 목표와 관련된다. 예를 들어, 다섯 명의 아이가 처음 만나 축구를 한다고 가정해보자. 이때 가장 강하게 공을 차거나 드리블 실력이 뛰어난 아이가 그룹 내에서 가장 높은 영향력을 얻게 된다. 내 어린 시절 경험을 돌이켜보면, 그렇게 선택된 아이는 팀을 어떻게 나눌지 결정했고, 때로는 규칙을 정하기도 했다.

하지만 성인이 되어 조직에 속하게 되면, 상황은 좀 더 복잡해진다. 조직의 목표는 그다지 명확하지 않은 경우가 많기 때문에, 사람들은 누가 서열에서 위로 올라갈지를 결정할 때 고정관념과 전형적인 이미지에 의존하게 된다. 남성이고, 외모가 뛰어나며, 네트워크 관리에 적극적인 사람은 쉽게 상위 서열로 밀려 올라간다. 앞서 이야기한 '네트워킹의 중요성'과도 연결되는 지점이다. 놀라운 건, 이런 비공식적인 위계가 얼마나 빠르게 자리 잡는지 그리고 구성원들 간에 그 위계에 대한 인식이 얼마나 일치되는가다.[5]

실제로 위계는 인간이 집단 내에서 가장 자주 선택하는 구조다.

위계는 단지 구성원의 위치만 정하는 것이 아니라, 심리적인 권력 구조와 자원 분배까지 결정하는 틀이다. 하지만 조직 컨설턴트들은 대개 위계를 부정적으로 평가한다. 가능하면 없애버리거나, 적어도 최대한 '수평적'으로 바꾸려 한다. 그 과정에서 위계로 인한 권력의 문제, 좀처럼 사라지지 않는 좀비 같은 특성 그리고 수평적 구조의 단점은 간과된다.

나는 이 위계 구조에 한 번쯤 기회를 줘야 한다고 생각한다. 이유는 간단하다. 도무지 없앨 수가 없기 때문이다. 아예 없애지 못할 위계라면, 적어도 더 잘 설계하고, 더 현명하게 다룰 수는 없을까? 권력과 마찬가지로, 우리 삶에서 없앨 수는 없지만, 좀 더 책임감 있고 반성적인 태도로 다룰 수는 있지 않을까? 이를 위해서는 우선, 위계의 장점과 단점 그리고 그것이 권력 구조와 어떤 식으로 얽혀 있는지에 대해 더 깊이 살펴볼 필요가 있다. 이를 통해 위계의 강점을 극대화하고, 부작용은 최소화할 수 있을지도 모른다.

위계의 장점

- - -

위계 구조는 집단에 여러 이점을 가져다준다. 진화심리학과 민족학의 관점에서 보면, 바로 이러한 이점들이 인간 사회에서 위계라는 조직 형태가 끈질기게 살아남은 이유다. 사람들이 어떤 공동의 목표를 위해 집단을 이루면, 두 가지 핵심 문제가 발생한다. 하나는 지배의 문제, 또 하나는 분배의 문제다. 분배의 문제는, 공동의 노력으로 얻은 보상을 어떻게 나눌 것인가에 관한 것이다. 누가 더 많은 보수를 받고, 누가 적게 받아야 할까? 누가 편한 업무를 맡고, 누가 힘들고 불쾌한 일을 도맡아야 할까? 지배의 문제는, 집단 내에서 누가 결정을 내릴 수 있는가에 관한 것이다. 누가 다른 사람들에게 지시를 내릴 권한을 가지고, 누가 그 지시를 받아들이고 그에 따라 행동해야 하는가?[6] 위계는 표면적이기는 하지만 이 두 가지 문제를 일정 수준 해소해준다. 위계 상위에 있는 사람은 누가 결정권을 가지는지, 누가 어떤 보상을 받는지를 정한다. 이 과정은 사람들 사이의 갈등을 줄여주는 효과가 있다.[7] 앞서 살펴본 닭들의 사례처럼, 위계가 사회적으로 받아들여지고 안정되면, 보통 그 안에서는 평화가 유지된다.

또한 위계는 의사결정 구조를 명확하게 해준다. 누구에게 예산 집행 권한이 있고, 광고를 집행할 때 누구의 허락을 받아야 하는지, 안정적인 위계 속에서는 일일이 따질 필요 없이 명확하다. 절차가 미리 정해져 있기에 의사결정 속도도 빨라진다. 위계는 집단에 질서, 안정, 구조를 부여한다. 매기와 갈린스키는 위계를 "혼란과 불안을 막아주는 효과적인 해독제"라고 표현하기도 했다.[8] 지배와 분배 문제를 매번 새롭게 조율하지 않아도 되기 때문이다. 닭들은 매일 누가 위고 누가 아래인지 새로 정할 필요가 없다. 군인들은 누가 누구에게 먼저 경례해야 할지 논쟁하지 않는다. 어깨에 달린 계급장을 보면 충분하다. 사무실에서도 마찬가지다. 직원들의 직급과 역할을 월요일마다 협상할 필요가 없다. 위계가 있다면, 닭들은 먹이에 집중할 수 있고 사람들은 일에 몰두할 수 있다.

또 하나, 위계 구조는 조직이 지위와 권력에 대한 기억을 유지할 수 있게 해준다. 누가 얼마나 높은 권한을 지니고 있는지, 혹은 상대적으로 낮은 지위에 있는지를 조직 전체가 기억하게 되는 것이다. 이 '위계 기억'은 여러 형태의 코드를 통해 구체화된다. 대표적인 예는 직급 명칭이다. 부사장, 실장, 최고기술책임자CTO 같은 명칭들이 대표적이다. 오픈 오피스 체제를 도입하지 않은 회사라면, 사무실 문 앞에 달린 이름표만 봐도 위계가 드러난다. 외부인에게 이런 명칭은 다소 낯설 수 있지만, 조직 구성원들은 온보딩 과정에서 위계 코드를 금세 익히게 된다. 이 외에도 위계를 나타내는 신호는 다양하다. 예를 들어, 층수가 높을수록 엘리베이터를 오래 기다릴수록 높은 사람일 가능성이 커진다. 사무실의 크기나, 개인 비서를 두고 있는지 여부도 지위의 상징이 된다. 과거나 현재나 사람들은 자신의 위치와 그것을 상징하는 코드에 깊은 가치를 둔다. 직급이라는 이름표만큼이나, 그에 부여된 권위와 상징에도 민감하게 반응한다.

위계의 효율성은 세분화를 통해 더욱 높아질 수 있다. 즉, 조직 안에 여러 부서가 존재하고, 역할이 구체적으로 나뉘는 경우다. 사람들은 조직이나 집단에 모여 혼자서는 감당하기 어려운 문제를 해결

한다. 부서별로 일을 나누면 전문적인 분업이 가능해지고 복잡한 과제들은 부서 단위로 처리된 뒤, 위계 구조 안에서 다시 하나로 통합된다. 그렇게 함으로써 공장에서 여러 사람이 함께 하나의 비행기를 완성하거나, 병원에서 의료진들이 협력해 환자들을 효과적으로 치료할 수 있게 되는 것이다.

이처럼 위계는 조직 전체에만 도움이 되는 것이 아니라, 개별 구성원에게도 이점을 제공한다. 위계 상층부에 있는 사람들에게는 더 많은 자원과 더 큰 권한을 갖게 된다는 이점이 있다. 흥미로운 점은, 하위 계층에 속한 사람들에게도 이 구조를 지지하고 유지하려는 경향이 나타난다는 사실이다. 그 이유는 신념, 규범 그리고 위계에 대한 공유된 고정관념에 있다. 낮은 지위에 있는 사람들도 위계가 주는 이점이 있다고 믿는 것이다. 이들에게는 잘 작동하는 위계에 속해서 그 안의 보호와 번영을 누리는 것이, 혼자 고립되어 살아남으려 애쓰는 것보다 훨씬 유리하게 느껴진다.

게다가 대부분의 위계는 한 사람만을 위해 설계되지 않는다. 보통 위계 내의 모든 보상을 한 사람이 독식하는 경우는 드물다. 테슬라의 일론 머스크가 560억 달러(약 80조 5천억 원)에 달하는 보상 패키지를 받았다 하더라도, 그 조직 안에는 또 다른 수많은 '승자'들이 존재한다. 공장장, 수석 엔지니어, 부서장, 팀장 같은 자원과 보상을 약속받은 위치의 사람들이다. 이들은 위계 속에서 억만장자는 아니더라도 평균 이상의 소득을 얻고, 주식 옵션 등을 통해 백만장자가 되기도 한다. 위계 안에서 살아가는 사람들에게 '언젠가는 나도 차례가 올 거야'라는 희망은 강력한 동기 부여가 된다.

잘 작동하는 위계는 언제나 일종의 상승 가능성을 내포한다. 이를 위해서는 족벌주의가 없어야 하며, 위계적 상승 과정이 공정해야 한다. 사람들은 위계 안에서 공정한 상승의 가능성을 본다면, 일시적인 권력 불균형이나 불평등도 감수한다. 언젠가는 나도 올라갈 수 있다는 믿음이 위계를 떠받치는 심리적 기둥이 되는 것이다. 이처럼 위계를 기반으로 한 권력 구조는 조직이나 집단 전체에 이점을 줄 뿐만 아니라, 개인에게도 유리하게 작용할 수 있다. 하지만 동시에 여러 가지 문제점도 안고 있다.

위계의 단점

• • •

오늘날 위계 구조는 19세기에 뿌리를 두고 있다. 그 이전까지 대부분의 사람들은 농가나 공방 같은 소규모 단위에서 일했다. 지금으로 치면 일종의 '재택근무' 환경이었던 셈이다. 이런 환경에서는 대규모 조직이 필요하지 않았다. 정기적으로 대규모 조직이 구성된 곳은 군대와 전쟁터뿐이었고, 그에 따른 위계 구조가 발전했다. 산업화가 시작되면서 상황이 달라졌다. 군대나 전쟁터가 아니더라도 수천 명, 혹은 수만 명의 사람들이 모여 일을 해야 했고, 이들이 협력하려면 행동을 조율할 체계가 필요했다. 이때 선택된 해법이 위계 구조였으며, 이를 구현하기 위해 자문역으로 초빙된 사람들은 대부분 군 출신이었다. 그들은 기업 내에 엄격한 계층 질서를 도입했고, 세밀한 통제와 명령, 복종 중심의 마이크로 매니지먼트를 함께 적용했다.

20세기 초, 테일러주의Taylorism가 더해지면서 기업은 '과학적인' 경영을 표방했고, 조직은 기계처럼 운영되어야 했다. 이를 위해 기업은 소속된 사람들을 두 부류로 나누었다. 사고하고 지시하는 관리자 그리고 단순 육체 노동을 수행하는 작업자. 작업은 가능한 한 세분화되었고, 노동자는 하루 종일 같은 작업을 반복했다. 예를 들어, 누군가는 하루 종일 프라이팬에 나사를 조이는 일만 반복했다. 일의 속도와 단조로움에 지쳐 쓰러진 노동자는 언제든지 대체되었다. 공장 문 앞에는 일자리를 원하며 대기하는 사람들이 항상 줄을 서 있었기 때문이다. 군대와 테일러주의자들이 설계하고 보급한 위계 구조는 오늘날까지도 많은 조직에서 기본 틀로 작동하고 있다. 그리고 이것이 현대의 노동 환경에서 문제를 일으키고 있다.

위계 구조는 복잡한 문제를 다룰 때 그 한계를 드러낸다. 복잡성은 종종 예측할 수 없는 도전과 돌발 상황을 동반하며, 군사적이거나 테일러주의적 방식의 위계 구조일수록 이러한 유동성에 잘 대응하지 못한다. 이런 구조에서는 부서 간 '사일로 사고(부서 간 소통이 단절되고 정보·목표·KPI·의사결정이 수직적으로만 흐르는 폐쇄적 구조를 뜻한다. – 옮긴이 주)'가 고착화되기 쉽다. 그 결과, 가장 필요한 사람에게 정보가 전달되지 않거나, 문제 해결에 적합한 전문가 대신 권력과 자원이 집중된 사람에게 결정권이 넘어가버리는 일이 발생한다. 수직적이고 권위적인 위계 구조는 지식 공유를 방해하고 부서 간 협업을 어렵게 만들며, 구성원의 창의성을 억누른다.

지나치게 경직된 위계 구조는 단순하고 정형화된 문제를 해결하는 데는 적합하지만, 복잡하고 창의적이며 상호의존적인 과제 앞에서는 비효율적이다. 예를 들어, 대량생산 방식으로 프라이팬을 만드는 일에는 위계 구조가 효과적이지만, 인공지능 기반 레시피 기능이 포함된 새로운 프라이팬을 개발하는 일에는 방해 요소로 작용하는 것이다. 100년 전에는 대부분의 육체노동자가 문맹이었기 때문에, 복잡한 사고나 협업보다는 단순한 복종과 반복이 효율적이었다. 하지만 오늘날의 조직은 다르다. 구성원 각자가 지닌 지식, 기술, 네트워크를 부서 간 경계를 넘어서 공유하고 협력해야만 새로운 과제를 해결하고 혁신적인 제품을 만들 수 있다. 문제는 아직도 많은 조직이 지난 세기의 위계 구조에 기반한 '운영 체계'를 그대로 유지하고 있다는 점이다.[9]

여기에 위계 구조가 본래 지니고 있던 약점들도 더해진다. 대표적인 것이 불평등이다. 어느 조직에서는 그 정도가 덜하지만, 어떤 조직에서는 지배와 분배의 영역 모두에서 불균형이 심하게 나타난다. 위계 상층부에 있는 이들이 과도한 권한과 혜택을 가질 경우, 이는 조직 내부의 평화를 위협하고 갈등을 야기할 수 있다. 보상 전문가 슈테판 바슈만Stefan Waschmann의 연구 결과에 따르면, 일반 구성원들은 경영진이 평균 급여의 네 배에서 여섯 배 정도를 받는 것까지는 대체로 공정하다고 느낀다.[10] 하지만 이 한계를 넘어 공정성이 사라졌다고 느끼는 순간, 이들은 조직을 떠나 더 평등한 위계 구조를 가진 다른 조직을 찾아 나서게 된다. 물론 이는 해당 인력이 다른 조직에서 매력적인 인재로 받아들여질 만큼 충분한 역량을 갖췄을 때 가능한 이야기다. 그렇지 않다면 외부로의 이탈 대신, 내면적인 거리 두기(심리적 철수)가 일어나게 된다.

그러나 비교적 불평등이 덜한 조직 내에서도 위계로 인한 갈등은 여전히 발생한다. 위계 구조는 협업이 안정적으로 이루어지도록 돕지만, 정적인 구조라고는 할 수 없다. 새로운 구성원이 조직에 들어오고, 기존의 권력자들이 떠나기도 하기 때문이다. 또한 권력자가 자리를 떠나면 누군가에게는 위계를 높일 수 있는 기회로 작용한다. 그러나 권력을 지향하는 모든 사람이 그 자리를 얻을 수는 없다. 위계가 올라갈수록 그 자리는 점점 줄어들기 때문이다. 이로 인해 경쟁이 생기고, 앞선 장에서 다루었듯 빠르게 출세하고자 하는 사람들이 유독 활발하게 네트워크를 구축하려는 이유도 여기서 비롯된다. 권력은 고정되어 있지 않기 때문에 끊임없이 재조정되고, 그 과정에서 발생하는 권력 투쟁은 조직의 중요한 시간과 에너지를 소모시킨다.

또 하나의 문제는 대규모 위계 구조에서 자주 발견되는 높은 수준의 형식주의와 그에 따른 관료화다. 위계와 관료제가 동일한 개념은 아니지만, 오랜 시간 유지되어온 위계 구조에서는 관료제가 함께 자리 잡는 경우가 많다. 규칙은 공동 행동을 조율하고, 구성원들에게 영향력을 행사하기 위한 구조적 통제 수단이다. 규칙은 자의성을 방지하고, 예측 가능하고 안정적인 협업을 가능하게 하며 일상 업무의 구조를 마련해준다. 이를 통해 갈등을 줄이고 일의 효율성을 높인다. 하지만 대부분의 규칙은 과거의 사회적 문제를 해결하기 위해 만들어진 것이며, 세월이 흐르며 외부 환경이 바뀜에 따라 문제가 이미 사라졌을 수도 있다. 그럼에도 불구하고 수많은 규칙들이 여전히 과거의 틀에 머무르고 있고, 어떤 상사들은 여전히 규칙 준수만을 외친다. 게다가 규칙은 시간이 갈수록 늘어나는 경향이 있다. 조직 내부에는 새로운 규칙을 만드는 절차는 존재하지만, 기존 규칙을 폐기하거나 수정하는 공식적인 절차는 없는 경우가 많기 때문이다. 이로 인해 규칙은 계속해서 누적되며, 개별적으로는 타당해보일 수 있지만 전체적으로는 조직의 협업에 방해가 되거나 오히려 무의미해지기도 한다. 이처럼 낡은 관료제는 조직에 경제적 부담뿐만 아니라 정신적인 스트레스도 가중시킬 수 있지만, 많은 조직에서 이러한 문제를 과소평가하거나 간과한다.[11]

오늘날에도 대부분의 사람들이 여전히 전통적인 위계 구조 속에서 대규모로 조직화되어 살아간다는 점을 고려한다면, 지금까지 살펴본 위계의 장점과 단점을 바탕으로 실천적 결론을 도출할 수 있다.

다음은 권력 심리학의 관점에서 위계 구조를 보다 건설적으로 설계하기 위한 제안이다.

- **위계 간 권력 자원의 격차가 크게 나지 않도록 조절하라:** 이는 급여뿐만 아니라 의사결정 권한에도 해당한다. 권력의 불균형이 심화되면 조직 내 갈등과 불만이 증폭될 수 있다.
- **수직적으로 개방적인 구조를 확보하라:** 사람들은 자신의 위계를 상승시킬 수 있어야 하며, 위계 구조는 공정하고 투명한 기준에 따라 변화가 일어나야 한다.
- **위계 구조 내부의 규칙과 관료주의를 경계하라:** 규칙은 변화하는 현실에 맞게 조정되거나 폐지될 수 있어야 한다. 그렇지 않으면 경직되고 비효율적인 시스템으로 전락할 수 있다.
- **테일러주의적 관리 방식으로 위계 구조를 경직시키지 말라:** 이런 방식은 구성원들의 자율성과 창의성을 억누를 수 있다.
- **권력이 한곳에 집중되지 않도록 분산하라:** 시간이 지남에 따라 권력이 단지 권력 그 자체를 위해 특정 인물이나 부서에 누적되는 현상은 조직의 건강성을 해친다. 다양한 곳에 권력을 분산시키고, 업무 수행과 기민한 의사결정이 필요한 위치에 권력 자원을 배치해야 한다.
- **사일로 현상이 생기지 않도록 주의하라:** 부서 간에 고립이 생기지 않도록 하고, 수평적인 유동성을 촉진해야 한다. 지식과 아

이디어를 자연스럽게 전달하고 교류할 수 있는 환경을 조성해
야 한다.

- **형식적 구조뿐만 아니라 조직의 문화에 주목하라:** 위계가 수평
  적이라고 해서 건강하다고 단정할 수 없다. 공격적이거나 권위
  주의적인 문화가 남아 있다면, 그 문화는 여전히 사람들의 행
  동을 지배하게 된다.
- **네트워킹에 능한 사람이 승진하는 구조를 경계하라:** 인사 선정
  과정은 투명하고 신중해야 하며, 진정으로 적합한 인물이 권력
  위치에 오를 수 있도록 해야 한다.

위계 구조 속 권력과 올바르게 관계 맺기 위해 꼭 짚고 넘어가야
할 또 하나의 중요한 주제가 있다. 바로 정당한 권력에 대해서도 경
우에 따라서는 불복종할 수 있어야 한다는 가능성이다.

위계 구조의 가장 큰 약점: 맹목적인 권위 복종

• • •

1942년 7월, 루블린 인근의 폴란드 마을 요제프프Józefów에 독일 함
부르크에서 파견된 약 500명의 경찰 병력이 도열해 있다. 지휘관이
었던 빌헬름 트랍 소령은 이들에게 매우 어려운 임무가 내려왔다고

알린다. 이 마을의 유대인 약 1,800명을 소집해, 노동 가능한 남성들은 이송하고, 나머지(노인, 여성, 아이들)는 모두 처형해야 한다는 내용이었다. 트랍은 이 명령을 "유대인이 반군과 연계되어 있다"는 이유로 정당화한다. 그 당시에도 "경찰은 시민의 친구이자 조력자"라는 말은 있었다. 경찰은 사람을 지켜야지, 죽여서는 안 된다. 그곳에 모인 경찰들도 이를 잘 알고 있었다. 트랍은 이 임무가 몹시 유감스럽다고 말하면서도, 자신 역시 국가 조직의 일원일 뿐이며 명령은 '위에서 내려온 것'이라고 강조한다. 그러면서 트랍은 부하들에게 한 가지 선택지를 제시한다. 병사들 중 이 임무가 버겁다고 느끼는 사람은 빠져도 좋다는 것이다. 단, 실제로 '임무에서 빠질 수 있었는지'에 대해서는 증언마다 차이가 있다.[12]

이날 병사들은 하나를 선택해야 하는 기로에 놓였다. 위계 구조의 명령에 따라 수백 명의 무고한 사람을 사살하든지, 혹은 명령을 거부하고 다른 임무를 맡든지 해야 하는 것이다. 그 어느 쪽도 쉬운 선택은 없었다. 대부분의 경찰관들은 아마 이때까지 사람을 죽여본 적이 없었을 것이다. 게다가 이런 일이 이번 한 번으로 끝날지, 앞으로 계속해서 반복될 일인지도 확실하지 않다. 거절한다고 해서 큰 처벌이 있지는 않겠지만, 강등을 당한다든지 머나먼 벽지로 발령이 날 수도 있다. 한 가지는 분명하다. 이 명령을 거부하면, 적어도 그날은 사람을 죽이지 않아도 된다.[13] 경찰들은 어떤 선택을 했을까?

500명 중 단 1명이 임무에서 빠지겠다고 나섰고, 이후 10~12명이 뒤따랐다. 즉, 그날 아침 단 2퍼센트만이 명령에 불복종한 것이다. 나머지 98퍼센트는 명령을 그대로 수행했고, 약 1,500명을 총살했다. 물론 이들의 행동에는 전쟁이라는 특수한 상황, 나치 정권하의 가치관, 동료와 지휘관에 대한 충성심, 트랍 소령에 대한 신뢰 같은 다양한 배경 요인이 작용했을 것이다. 그럼에도 겨우 2퍼센트만이 민간인을 학살하라는 명령을 거부했다는 사실은 우리를 깊이 생각하게 만든다. 이 사건은 나중에 '라인하르트 작전Operation Reinhard'으로 알려진 대학살 작전의 일부로, 트랍 소령의 경찰대대는 1943년 10월까지 최소 3만 8천 명을 학살하고, 4만 5천 명을 강제수용소로 이송시켰다. 수용소에 끌려간 이들은 대부분 그곳에서 목숨을 잃었다.[14]

1960년대, 스탠리 밀그램Stanley Milgram은 권위에 대한 복종을 주제로 일련의 실험을 진행했다. 이 연구는 많이 알려져 있지만, 오늘날이었다면 어떤 심리학 연구 윤리위원회도 이 실험을 승인하지 않을 것이다. 실제로 일부 실험 참가자에게는 심각한 심리적 손상이 발생했을 정도로 위험한 실험이었기 때문이다. 밀그램은 홀로코스트에 큰 충격을 받았고, '독일인은 유독 권위에 복종적인 성향을 지녔다'라는 가설을 실증하고자 했다. 이른바 "독일인은 다르다Germans are different"라는 전제였다. 이 가설에 따르면 독일인은 특히 권위에 복종하는 성향이 강했고, 그것이 나치의 범죄를 가능케 했다는 것이다.

밀그램이 진행한 실험은 세 명의 등장인물로 구성되어 있다. 실험의 형식은 다음과 같다. 미국 예일대학교 소속인 것으로 설정된 한 '권위자'가 실험을 주관하며, 참여자를 실험실로 맞이한다. 이때 두 사람이 등장하는데, 한 명은 실제 실험 참여자(이하 '교사')이고, 다른 한 명은 배우(이하 '학습자')였다. 이 '학습자'는 실험에 참여하는 것처럼 보였지만, 실은 사전에 역할이 주어진 연기자였으며, 진짜 실험 대상은 오직 교사뿐이었다. 그는 신문 광고를 통해 모집된 일반인이었고, 실험의 진짜 목적에 대해 아무것도 알지 못한 상태였다.

권위자인 실험 진행자는 두 사람에게 이 실험이 '기억력과 학습 능력'을 측정하기 위한 실험이라고 설명한다. 학습자가 문제를 틀릴 경우, 교사는 전기 충격을 통해 처벌해야 한다는 설정이다. 세 사람은 함께 옆방으로 이동하고, 그곳에는 학습자에게 전기 충격을 가할 수 있는 장치가 설치되어 있다. 전기 자극의 강도는 15볼트부터 시작해 최대 450볼트까지 단계적으로 증가할 수 있다. 자극 강도 수치를 감각적으로 와닿게 하기 위해, 먼저 교사에게 45볼트의 전기 자극을 직접 경험하게 했다. 이 정도 전압에서는 살짝 따끔하거나 근육이 움찔하는 느낌, 약한 통증 등이 발생한다.

이후 학습자에게 장비를 연결하고 교사와 권위자는 다시 옆방으로 이동한다. 이곳에는 교사가 전기 충격을 조절할 수 있는 조작기가 마련되어 있다. 조작기의 각 단계에는 자극 강도에 대한 설명이 붙어 있는데, 예를 들어 60볼트까지는 '가벼운 충격', 420볼트까지는 '위험: 극심한 충격'이라고 쓰여 있다. 마지막 두 단계인 435볼트와 450볼트에는 'XXX'라는 경고가 붙어 있었다. 실험이 시작되면, 시나리오에 따라 학습자 역할을 맡은 배우는 일부러 여러 번 틀린 답을 말한다. 그 결과 교사는 점점 강한 전기 충격을 가하게 된다. 75~105볼트에서는 약한 신음 소리, 120볼트에서는 고통스럽다는 외침, 150볼트에서는 "더는 못 하겠다"는 항의가 이어진다. 270볼트에 이르면 비명 소리가 나고, 330볼트 이후로는 아무 반응이 없다. 물론 이 반응들은 모두 미리 정해진 연기다.

이때 '권위자' 역할을 맡은 실험 진행자는 네 가지 단계적 명령만을 반복적으로 사용해야 한다. "계속해주세요", "실험상 계속하셔야 합니다", "정말 중요한 실험입니다. 계속해주세요", "선택의 여지가 없습니다. 계속하셔야 합니다". 실험은 두 가지 조건 중 하나가 충족되면 종료된다. 교사가 제일 강한 전압(450볼트)으로 세 번 전기 충격을 가한 경우 그리고 교사가 실험자의 반복적 요구에도 불구하고 실험을 중단한 경우다.

사람들에게 이 실험 내용에 대해 이야기하면, 응답자의 90퍼센트는 자신이라면 결코 이런 실험에서 명령을 따르지 않을 것이라 확신한다.[15] 그러나 밀그램의 실험 결과는 전혀 다르게 나타났다. 전체 참가자의 65퍼센트가 최종 단계까지 권위자의 명령을 따랐으며, 남성과 여성의 차이도 없었다. 그렇다면 밀그램이 처음에 가졌던 가설, 즉 독일인이 특별히 권위에 복종적인 민족이라는 생각은 맞았을까? 이 또한 사실이 아니다. 이 실험은 이후 오스트리아, 요르단, 독일, 이

탈리아, 스페인, 남아프리카공화국, 호주 등 다양한 국가에서 재현되었고, 복종률은 어디서나 비슷하게 나타났다.[16]

이 실험의 결과는 충격적이지만, 안타깝게도 사실이다. 그래서 더 깊이 들여다볼 필요가 있다. 특히 사람들이 위계에 복종하지 않게 되는 조건들이 무엇인지가 중요하다. 밀그램과 다른 심리학자들은 이후 다양한 후속 실험을 통해 여러 조건들을 밝혀냈다. 먼저, 학습자가 요청할 시 즉시 실험을 중단하겠다고 교사와 합의한 경우에는 복종률이 크게 감소하지 않았다. 반면에 실험 도중 교사가 권위자가 있는 방을 벗어나 전화로만 명령을 내릴 경우 복종률은 눈에 띄게 감소했다. 이 경우 최대 전압까지 충격을 준 사람은 20퍼센트에 불과했다. 이는 권위자의 물리적 존재가 복종 심리에 중요한 역할을 한다는 뜻이다. 또한 교사와 학습자가 같은 방에 있을 경우 복종률은 40퍼센트로 떨어졌다. 피해자의 고통을 직접적으로 목격할 수 있을 때, 극단적 명령을 따르려는 사람의 수는 확실히 줄어드는 것이다.[17]

가장 큰 효과는 '다른 사람이 먼저 복종을 거부했을 때' 나타났다. 만약 실험 참가자가 다른 사람이 권위자의 지시를 따르지 않는 것을 목격하면, 충격을 끝까지 준 사람은 10퍼센트에 불과했다. 이처럼 사회적 맥락은 위계 상황에서도 강력한 영향을 미친다. 인간은 늘 주변과 자신의 행동을 비교하며 스스로를 검증하므로, 주변 환경이 바뀌면 행동도 바뀐다.

흥미로운 사실이 하나 더 있다. 역할을 바꿔서, 학습자에게 실험자 역할을 맡겼을 때는 참가자가 권위자에게 전혀 복종하지 않았다. 두 명의 실험자가 상반된 명령을 내리는 상황도 마찬가지였다. 한 명은 150볼트에서 계속하라고 말하고 다른 한 명은 중단하라고 할 때, 대부분의 참가자는 더 이상 실험을 이어가지 않았다. 위계 내 불일치는 사람들을 복종 심리에서 벗어나게 만들 수 있다. 그래서 위계상 높은 위치의 사람들이 자신의 지시가 공개적으로 의심받는 것에 민감하게 반응하는지도 모른다.[18]

이 실험 결과에 대해서는 다양한 해석이 제시되었다. 그중 가장 설득력 있는 설명은, 참가자들이 실험 상황에서 학습자가 입은 고통에 대해 개인적 책임을 느끼지 않는다는 점이다. 이들은 실험이 대학이라는 제도 내에서, 과학적 목적이라는 맥락 아래 진행된다고 믿었다.[19] 지시를 내리는 실험자 즉, 권위자는 대학이라는 위계 구조를 대표하는 인물로 간주되며, 참가자들은 책임을 권위자에게 전가하는 것이다. 비슷한 논리는 나치 전범 재판에서도 반복적으로 등장했다. 많은 가해자가 자신은 단지 상관의 명령을 따랐을 뿐이라고 주장했다. 결국 책임은 위계의 가장 위쪽, 더 이상 생존해 있지 않아 사실상 책임을 묻기 어려운 단계(히틀러, 히믈러, 회스 등)까지 올라갔고, 그들에게 책임을 돌리는 방식으로 귀결되었다.[20]

1부 마지막에 다다른 지금, 나는 이 메시지가 특히 중요하다고 생각한다. 위계 구조에는 '불복종'이 필요한 순간이 반드시 존재한다. 특히 권력 남용이 있을 때 그렇다. 구성원은 비윤리적인 명령에 대해

복종하지 않아도 된다는 확신을 가질 수 있어야 하고, 이를 안전하게 보고할 수 있는 시스템이 필요하다. 또한 불복종은 혁신으로 이어질 수 있다. 상부에서 어떤 프로젝트를 중단하라고 명령했을 때, 현장의 직원들이 스스로 신념을 가지고 비공식적으로 프로젝트를 지속하는 경우가 있다. 그들이 보기에는 중요한 돌파구가 눈앞에 있고, 그것이 회사에 매우 중요하다고 확신하기 때문이다. 결국 중요한 것은, 위계의 꼭대기에 있는 리더가 윤리적 나침반을 잃지 않는 것이다. 리더가 먼저 불합리한 명령에 불복종할 수 있는 자세를 보여줄 때, 건강한 위계가 가능하다.

이는 위계의 꼭대기에 있는 권력자가 권력을 남용하고, 조직 내에서 건설적인 불복종이 불가능할 때는 그 조직을 떠나야 한다는 뜻이기도 하다. 그리고 개인은 조직을 떠날지 말지에 대해 스스로 책임을 져야 한다. 권력 구조에서 발을 빼고 나오는 것도, 그곳에 머무르며 권력 남용을 묵인하고 동조하는 것도, 모두 개인의 책임이다. 나서지 않는 것도 하나의 결정이다. 많은 사람들이 조직에서 빠져나가면 다른 사람들의 행동에도 변화가 생기며, 집단의 전체적인 권력 구조에 파장을 일으킨다. 밀그램의 실험에서 확인할 수 있었던 것처럼, 누군가의 불복종은 다른 이들의 인식을 흔들고, 나아가 행동을 바꾼다. 물론 조직에서 벗어난다는 건 간단한 일이 아니다. 그것은 용기와 결단, 때로는 생존에 대한 불안을 견뎌내야 하는 과정을 수반한다. 하지만 여기서, 북동 아프리카의 한 무리의 새들이 우리에게 용기를 줄지도 모른다.

이 장을 닭 이야기로 시작했듯이, 마무리 역시 닭 이야기로 하려 한다. 주인공은 대머리호로새라고 불리기도 하는 뿔닭이다. 뿔닭은 눈에 띄는 화려한 깃털을 지니고 있어 홀로 다니면 금세 먹잇감이 되어버린다. 막스플랑크 행동생물학 연구소의 다나이 파파게오르기우Danai Papageorgiou와 다미앵 파린Damien R. Farine은 뿔닭이 무리를 지어 살아가는 동안, 그 안에서 발생하는 위계와 권력 작동 방식을 관찰했다.[21] 연구를 진행하던 중, 연구진은 주목할 만한 현상을 발견했다. 뿔닭 무리 역시 분명한 서열 구조를 갖고 있다. 하지만 서열이 높은 개체가 먹이를 독점하면, 낮은 서열의 새들은 단순히 참거나 기다리지 않았다. 오히려 그들은 다른 낮은 서열의 개체들과 조용히 무리를 다시 구성했다. 결국 권력을 남용한 우두머리는 무리에서 버려졌고, 어느 순간 완전히 고립되었다. 그렇게 버림받은 권력자는 다시 무리를 쫓아간다. 그리고 마침내 그들이 보내는 메시지를 이해하게 된다.

"무책임하게 권력을 휘두른다면, 결국 네가 버려지게 될 거야."

PART 2

권력은 어떻게
다루어야 하는가

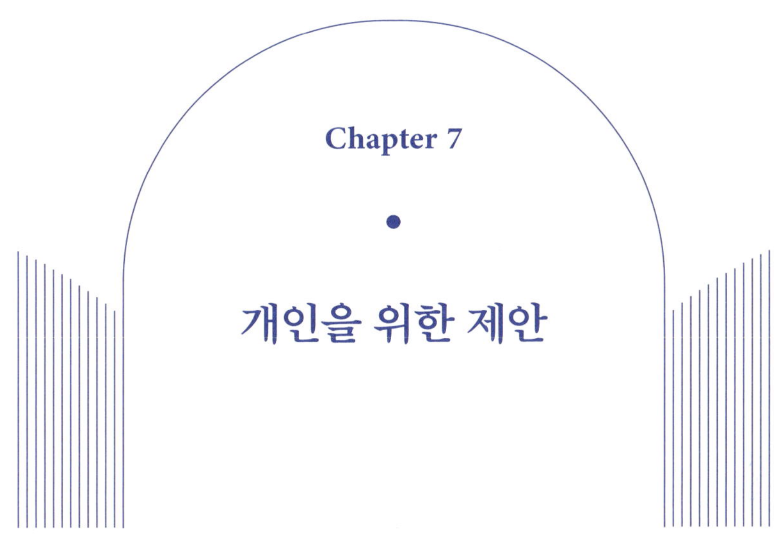

개인을 위한 제안

1부에서 우리는 권력이 인간 심리에 어떤 작용을 일으키는지, 사회심리학과 조직심리학 연구에서 밝혀진 다양한 결과들을 살펴봤다. 또한 권력이 실생활에서 어떻게 작동하는지 보여주는 몇 가지 사례도 소개했다. 그런데 그 사례들 대부분은 다소 부정적인 면모를 강조한 면이 있다. 예를 들어, 설비회사의 브리기테는 자신의 전문 지식을 공유하지 않고 권력 자원으로 삼았고, 엔론의 제프리 스킬링은 권력을 잡은 후 부패하고 충동적인 행동을 보였다.

이제 이 책의 2부에서는 좀 더 긍정적인 관점을 제시하고자 한다. 앞서 소개한 사례들을 다시 한번 참고하면서, 동시에 새로운 방향을 모색할 것이다. 권력이 의존 관계를 만들어내기는 하지만, 그것이 어떻게 작동할지는 결국 개인의 선택에 달려 있다. 우리가 권력을 손에 쥐게 되었을 때, 어떤 태도를 취할 것인가? 권력을 어떻게 하면 더 책임감 있게 사용할 수 있을까? 예를 들어, 설비회사의 전문가 브리기테에게 어떤 다른 행동 방안이 있었을까? 권력을 어떻게 활용해야 혁신과 변화의 과정을 더 건강하게 이끌 수 있을까?

이 장에서는 먼저 개인을 위한 제안을 다루고, 다음 장에서 조직 차원에서 실천할 수 있는 제안을 소개한다. 권력은 그것을 다루는 개인이 그 안에 담긴 기회와 위험을 인식할 수 있을 때 제대로 작동할 수 있다. 나는 개인이 그러한 감각을 갖출 수 있도록, 몇 가지 제안을 통해 힘을 보태고 싶다. 동시에 개인이 소속된 조직도 '권력 성숙도'를 갖춰야 한다. 권력이라는 자원이 조직의 구조와 절차 속에서 균형 있게 작동할 수 있어야만, 사람들이 그 안에서 건강하게 일하고 살아갈 수 있다.

이 부분에서 나는 '지금 있는 그대로'를 설명하는 것이 아니라, '가능한 미래'를 상상하는 데 초점을 두었다. 따라서 연구 결과에 기반한 내용보다는 실천에 기반한 적용과 전환에 대한 내용이 주가 될 것이다. 어떤 것은 나의 개인적 경험이나 신념에 기반을 두고 있을 수도 있다. 권력을 책임감 있게 다룬다는 것은 특정한 상황에 따라 다르게 적용될 수 있다. 권력은 맥락 안에서 작동하므로, 어떤 제안은 당신의 환경에 맞을 수 있고, 그렇지 않을 수도 있다. 지금까지의 전제 조건을 참고하여 개인 차원의 권력을 어떻게 다루어야 할지 함께 살펴보자.

제안 1: 자신과 권력에 대해 솔직하게 성찰하라

● ● ●

가장 먼저 권유하고 싶은 것은, 자신이 권력과 어떤 관계를 맺고 있는지에 대해 정기적으로 돌아보는 일이다. 다음의 네 가지는 그 성찰을 위한 출발점이 될 것이다.

권력이 일상의 일부임을 인지하라

많은 사람들은 자신이 권력과 무관한 존재라고 생각한다. 어떤 이들은 심지어 권력 없이도 살 수 있다고 믿는다. 권력은 '윗사람들'의 일일 뿐, 자신과는 별 상관없다는 인식이 사회에 널리 퍼져 있다. 어떤 사람들은 몇 년에 한 번 선거에 참여하여 한 표 던지는 것 말고는, 그다지 권력과 관계가 없다고 느낀다.

하지만 이는 위험한 착각이며, 권력을 책임감 있게 다루는 능력을 기르는 데 오히려 방해물이 된다. 권력을 성숙하게 다루려면, 권

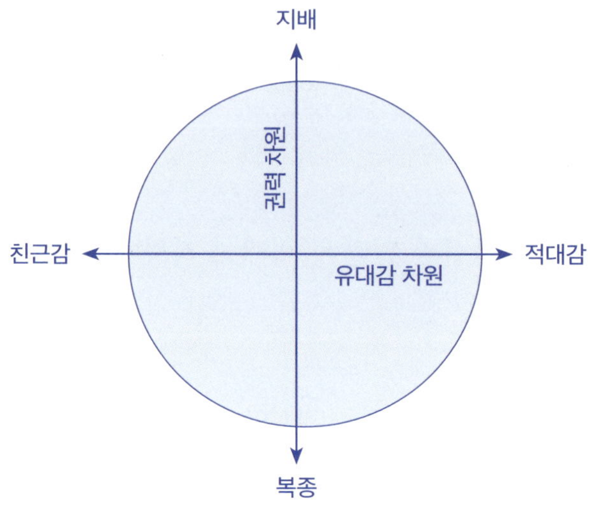

인간관계의 두 축 : 애정과 권력

력과 더불어 그와 밀접하게 관련된 지위나 위계, 서열 같은 개념들이 일상에 늘 존재한다는 사실을 먼저 인식해야 한다. 모든 상호작용은 크고 작은 권력의 흐름 속에서 일어난다. 누구와 대화를 나누든, 어떤 조직에 들어가든(실제 공간이든 온라인이든) 우리는 언제나 권력 구조의 영향을 받는다. 이건 선택의 문제가 아니다. 사회심리학을 통해 이러한 메커니즘이 왜 그렇게 작동하는지를 이해할 수 있다.

　권력(혹은 지배)과 애정(혹은 유대감)은 인간관계의 원circle을 구성하는 두 개의 기본 축으로, 우리의 사회적 행동은 대부분 이 원 안에서 일어난다. 애정은 친근감과 적대감이라는 두 극으로 구성되고, 권력은 지배와 복종이라는 두 극으로 구성된다. 사람은 어떤 관계든, 어떤 만남이든 이 두 축을 바탕으로 서로의 위치를 정한다. 누군가 방에 들어서는 순간, 우리는 무의식적으로 상대를 평가하기 시작한다. 그 사람이 얼마나 친절한지(애정 차원), 권위를 가지고 있거나 자기주장이 강한지(권력 차원)를 살핀다. 상대방의 표정, 자세, 말투, 공간을 차지하는 방식 같은 세세한 요소들까지 자동적으로 파악하며, 애정 수준과 권력적 위치를 추정해낸다.

말 한마디 건네기도 전에, 우리는 이미 애정과 권력이라는 두 차원을 오가며 상대와의 '춤'을 시작한다. 두 사람은 서로에게 어느 정도의 애정을 표현할지, 또 어느 정도의 권력을 행사하거나 수용할지를 자연스럽게 조율한다. 어떤 경우에는 따뜻하게 다가가고, 어떤 경우에는 거리를 둔다. 어떤 관계에서는 내가 우위에 있는지, 혹은 열세에 있는지를 시험해보기도 한다. 우리는 친절 혹은 적대의 신호를 보내고, 상대가 보내는 지배나 복종의 신호를 읽어낸다. 대부분의 사람들은 인간관계에 있어서 선호하는 행동 양식이 있으며, 나도 모르게 반복하는 대인 관계의 태도가 바로 개인이 사회와 관계를 맺는 기본값이라 할 수 있다.

두 차원의 조합은 다양한 모습으로 나타난다. 어떤 사람은 지배적이면서 다소 공격적인 태도를 보이고, 어떤 사람은 순응적이고 따뜻한 분위기를 풍긴다. 물론 누구나 자신의 일반적 성향을 넘어 특정 상황에 맞춘 태도를 보일 수 있다. 사회에는 암묵적인 행동 규범이 있고, 상황에 따라 기대되는 태도도 다르기 때문이다. 예컨대, 새로 부임한 상사가 당신을 모임에 초대했다면, 지배적인 면모를 조금 내려놓고, 호의적인 신호를 더 많이 보내는 것이 사회적으로 바람직하다. 그러나 어떤 사람은 이런 전환이 잘 되지 않아, 다시는 초대를 받지 못하기도 한다.

어떤 관계든, 어떤 상황이든, 그 안에는 권력의 문제가 포함되어 있다. 따라서 다음 질문은 모든 사람에게 해당된다. '나는 권력 문제를 제대로 다루고 있는가?' 많은 이들이 권력은 직장이나 사회생활에서만 존재한다고 생각하지만, 권력은 가족 관계 안에서도 뚜렷하게 드러난다. 연인이나 부부 사이의 상호 관심과 욕구가 언제나 일치하는 것은 아니기 때문에, 그 사이에는 자연스럽게 힘의 불균형이 생기고, 이는 날마다 관계에 영향을 미친다.

심지어 여행 중에도 권력은 존재한다. 어느 호텔 식당에서 가족 단위 손님들의 대화를 엿들어 보면, 이들이 어떻게 권력을 주고받는지 생생히 느낄 수 있다.

- "에밀, 아이스크림은 적당히 먹어."
- "나 아이스크림 더 먹을래애애애애!"
- "그럼 패러글라이딩 비용은 내 용돈에서 낼게, 아빠."
- "방금 직원에게 팁을 줬으니, 우리에게 제일 먼저 음식을 가져다줄 거야."

　

- "야, 내가 3미터 점프대에서 다이빙했을 때, 어른들 표정 봤어?"
- "엄마, 방금 그 말은 정말 권위적이었어요."
- "버나드, 나도 좀 말하게 해줄래?"
- "나 아이스크림 더 먹고 싶다고오오오오오오!"

권력은 어디에나 존재하며 모든 관계 속에 스며 있다. 심지어 자유여행으로 아프리카를 돌아다니는 배낭족의 심리 기저에는, 귀국 후 패키지 여행객들과의 차별화를 통해 더 높은 지위를 확인받고 싶다는 권력 욕구가 깔려 있을지도 모른다. 나 같은 심리학자조차도 우리의 일상이 권력 문제로 채워져 있다는 사실을 바꿀 수는 없다. 일상에서 언제 그리고 어떤 방식으로 권력을 인식하고 반응하는지 주의 깊게 생각해보자.

- 언제, 어디서 타인의 권력에 노출되는가? 누가 당신보다 더 큰 권력을 갖고 있는가?
- 당신은 타인과의 관계에서 어떤 위치에 있는가? 지배적인가, 복종적인가? 이는 장기적으로 건강한 관계를 만들고 있는가?
- 누가 당신의 영향 아래 있는가? 당신은 누구에게 권력을 행사하고 있는가?
- 당신은 누구에게 의존하고 있는가? 또 누가 당신에게 의존하고 있는가?

- 직장과 일상에서 벌어지는 권력의 흐름은 어떤가? 그 과정에 만족하는가?
- 어떤 권력 상황은 당신에게 이롭고, 어떤 상황은 해로운가?
- 앞으로 당신의 관계 속에서 권력과 권력이 작동하는 상황을 어떻게 다루고 싶은가?

이와 같은 질문을 통해, 권력에 대한 감각을 키워보자. 권력의 흐름을 읽고, 그 안에서 나의 역할을 인식하는 것이다. 그럴 때야 비로소 권력에 능동적이고 의식적으로 설계하고 반응하는 주체가 될 수 있다. 심지어 무력감에 대한 통찰조차 하나의 자극이 되어, 권력을 더 책임감 있게 다룰 수 있도록 도울 것이다.

자신의 권력욕을 들여다보라

인간은 본래 권력, 지위, 서열 같은 것들을 좋아한다. 이 책을 통해 이미 알았겠지만, 권력을 가지면 기분이 좋아지고, 뇌의 보상 시스템이 활성화된다. 귀여운 꼬마 에밀이 결국 아이스크림을 더 먹고 기뻐하는 건 단순히 달콤한 아이스크림을 먹었기 때문만이 아니다. 엄마에게 떼를 써서 결국 원하는 것을 얻어냈다는 사실 자체가 강한 쾌감을 준다. 사람들은 흔히 이렇게 말한다.

"저 사람은 정말 권력에 미친 것 같아. 하지만 나는 권력 같은 건 안 좋아해."

하지만 권력을 원하는 방식과 정도에 차이가 있을 뿐, 지금까지 나는 '의도적으로 무력감을 원하는 사람'을 단 한 번도 본 적이 없다. 무력감의 결과는 이미 설명했듯 참혹하다. 무력감은 정신을 짓누르고, 스트레스 호르몬인 코르티솔을 과도하게 분비시켜 신경계를 공격한다. 그렇기에 사람들은 본능적으로 무력감(권력 없는 상태)보다는, 어느 정도 권력을 가진 상태를 선호한다. 직장이나 가족 안에서, 혹은 사회 참여나 정치 활동을 통해 권력을 추구하는 자신을 떠올려보라. 스스로는 '정의', '기후 위기 대응', '공정한 경제 시스템' 같은 이상을 위해 행동한다고 믿겠지만, 그 이면에는 권력을 통해 느끼는 기분 좋은 자극도 함께 작용하고 있을 것이다.

이러한 권력에 대한 욕구는 전혀 이상한 게 아니다. 오히려 지극히 인간적인 욕망이다. 문제는 자신이 그런 욕망을 지니고 있다는 사실을 모르고 있는 경우다. 그럴 경우 권력 동기는 무의식 속에서 당신을 통제하고, 당신은 그것에 끌려다닌다. 그러므로 권력 동기는 어두운 곳에 숨겨둘 것이 아니라, 빛 아래로 끌어내야 한다.

1975년, 심리학자 데이비드 맥클레랜드David McClelland는 사람들의 권력 동기가 성숙도에 따라 다르게 나타난다고 분석했다. 그는 권력 동기의 네 가지 발달 단계를 다음과 같이 설명한다.[1]

1. **의존적 권력 동기:** 이 유형은 자신에게 권력이 없더라도, 권력 있는 사람이나 조직에 의존함으로써 자존감을 유지하려는 경향이 있다. 링크드인이나 인스타그램에 유명 인사와 찍은 사진을 올리며, 친분을 과시하는 식이다. 자신이 권력을 직접 가지기보다는, 그 주변에 머물며 대리 만족을 추구한다.

2. **자기중심적 권력 동기:** 타인보다 자신을 통제하려는 욕망이 강하게 작용하는 유형이다. 자율성을 추구하고, 타인의 인정을 받으며, 고급 소비재를 통해 자신의 위치를 과시하려 한다. 남에게 어떻게 보이느냐가 중요한 동기다.

3. **이기적 권력 동기:** 권력을 추구하는 목적이 자기중심적이다. '권력을 쥐는 것 자체'를 위해 권력을 추구한다. 다른 사람을 지배하고, 자신이 우위에 있다는 걸 확인하려 한다. 이런 유형은 자신의 지위를 강화하는 데 관심이 있으며, 타인과의 관계에서 지배와 승리, 통제를 추구한다.

4. **사회화된 권력 동기:** 이 유형은 이기적인 목적이 아닌, 공동의 이익을 위해 권력을 이용한다. 사회화된 권력을 추구하는 사람은 공동체와 타인의 성장 그리고 건강한 조직 운영을 위해 자신을 절제할 줄 알고, 권력을 책임감 있게 사용하며, 동료를 성장시킨다.

사회화된 권력 동기가 가장 긍정적인 유형으로 보이겠지만, 이것이 모든 상황에서 반드시 정답인 것은 아니다. 상황에 따라 서로 다른 권력 동기의 조합이 개인이나 조직에 유익하게 작용할 수 있다. 전통적인 위계 구조를 가진 기업에서는 고위직에 오를 수 있는 인원이 제한적이기 때문에, 일부 구성원이 '의존형 권력 동기'를 갖고 있는 것이 오히려 도움이 될 수 있다. 이들은 강력한 리더나 기관에 자신을 연결함으로써 안정감을 얻고, 체계 내에서 잘 기능하기 때문이다. '자기중심적 권력 동기'는 개인의 성과를 끌어올리는 원동력이 되기도 한다. 예를 들어, 앞서 등장했던 카리스마 권력을 지닌 니코는 자신의 기업을 통해 혁신을 만들어내고 있다. 그는 명성과 지위에 대한 강한 욕구를 기반으로 움직이지만, 그것이 결국 성과로 이어지고 있는 셈이다.

하지만 '이기적 권력 동기'에 대해서는 긍정적인 평가를 내리기가 쉽지 않다. 엘론 사태로 악명 높은 제프리 스킬링처럼, 자기 이익을 위해 권력을 추구하는 사람들은 결국 조직과 사회에 해를 끼치고 만다. 이들은 권력의 부작용에 특히 취약한 유형이라 할 수 있다. 만약 당시 엔론의 최고경영자 자리에 사회적 책임감이 강한, '사회화된 권력 동기'를 지닌 인물이 올랐다면, 오늘날 엔론은 여전히 건실한 에너지 기업으로 남아 있었을지도 모른다.

그래서 다시 한번 강조하고 싶다. 자신의 권력 동기가 무엇인지 더 명확히 인식하자. 그리고 권력의 길을 걸어가고 있다면, 가능하면 장기적으로 '사회화된 권력 동기'를 추구하거나 유지하려고 노력해야 한다. 자신과 비슷한 가치를 공유하는 사람들을 곁에 두는 것도 도움이 된다. 권력을 가진 자리에 있으면서도 책임 있게 행동할 가능성이 가장 높은 사람들은 바로 이 사회화된 권력 동기가 높은 이들이다. 물론, 이런 내적 성숙은 짧은 시간 안에 이뤄지지 않는다. 때로는 꽤 긴 여정이 필요하거나 어려움이 많을 수 있다. 이 과정에서 외부의 시선이나 조언이 필요할 수도 있다.

이 책은 권력이라는 주제에 대해 단지 첫 번째 작은 불씨를 제공할 뿐이다. 하지만 어쩌면 다음의 질문들이 당신이 권력 동기에 대해 더 깊이 성찰하는 데 작은 도움이 될 수 있을지도 모른다.

- 나는 다른 사람을 통제하고자 하여 권력을 원하는가, 아니면 타인의 통제에서 벗어나고자 하는 마음에서 권력을 추구하는가?
- 내 행동은 권력을 얻고자 하는 희망에 따라 움직이는가, 아니면 권력을 잃을지도 모른다는 두려움에서 비롯되는가?
- 내가 권력을 사용하려는 목적은 무엇인가? 그것은 나 자신을 위한 것인가, 아니면 타인을 위한 것인가? 혹은 더 큰 공동체나 조직의 이익을 위한 것인가?
- 나는 권력 자체를 목적으로 삼고 있는가? 권력을 갖고 싶다는 마음이 얼마나 강한가?
- 나는 어떤 사람이나 단체, 정당, 기관에 의지함으로써 내가 더 강하고 의미 있다고 느끼는가?

- 내가 속한 사회나 조직 안에서 권위 있는 인물로 인정받고자 하는 욕망은 어느 정도인가?

- 나는 다른 사람에게 지시를 내리거나, 그들의 업무를 통제하고 감독하려는 욕구가 있는가? 그 욕망은 일상에서 얼마나 자주 드러나는가?

- 마지막으로, 나는 어떤 종류의 권력 자원에 취약한가? 어떤 것들이 나를 조종하거나 매수하는 데 효과가 있는가? 돈 또는 사회적 지위인가? 명성이나 학벌인가? 전문성이나 도덕성 혹은 타인의 인정인가? 아니면 세상을 구하겠다는 거대한 비전, 감동적인 연설, 혹은 절대 권력에 대한 접근성인가?

권력을 공동체의 이익을 위해 사용하라

막스 베버는 권력을 이렇게 정의했다. "권력이란, 어떤 사회적 관계 안에서 저항을 무릅쓰고서라도 자신의 의지를 관철시킬 수 있는 가능성이다." 독일의 조직심리학자 볼프강 숄은 이 정의를 깊이 있게 분석했으며, 특히 그 안에 포함된 "무릅쓰고서라도"라는 단어에 주목했다. 숄은 이 단어가 권력 사용 방식의 두 가지 경로를 암시한다고 보았다. 즉, 타인의 저항 없이 권력을 행사하는 경우와 그 저항을 무시하고 밀어붙이는 경우다.[2] 권력은 다양한 방식으로 활용될 수 있다. 상대의 이익과 조화를 이루는 방향으로 사용할 수도 있고, 그 이익을 무시하는 방식으로도 작동할 수 있다. 숄은 전자의 방식을 '영향력'이라 불렀다. 권력이 상대를 존중하고 배려하는 방향으로 발휘될 때 그것을 '영향력'이라고 할 수 있는 것이다.

앞서 이야기한 인간관계의 원을 떠올려보자. 누군가가 영향력을 행사한다는 것은 권력을 친근감과 연결해 사용한다는 의미다. 영향력을 기반으로 행동하는 사람은 관심을 가지고, 도움을 주고, 조언을 건넨다. 이들은 이기적이거나 무례하거나 냉정하게 행동하지 않는다. 영향력을 사용하면 상대방에게 저항감이나 복수심, 무력감 같은 감정을 주지 않으며, 오히려 감사와 기쁨, 존중 같은 긍정적인 감정을 불러일으킨다. 영향력을 통해 권력자는 동료들과의 관계를 바꾸게 된다. 그 관계는 더 많은 신뢰, 충성심, 정서적 유대감 등으로 채워진다. 이뿐만이 아니다. 영향력은 지식 공유를 촉진하고, '정보 병목 현상' 같은 문제를 줄이며, 학습과 혁신을 가능하게 한다. 숄의 연구에 따르면, 장기적으로는 조직의 창의성과 성장을 이끄는 역할을 하게 된다.[3]

하지만 영향력만이 옳다고 결론내리는 것은 너무 단순한 생각이다. 여러 번 언급했지만, 권력을 어떻게 쓸지는 상황에 따라 달라질 수 있다. 어떤 상황에서는 영향력보다 명확하고 단호한 권력 행사가 필요할 수 있다. 예를 들어, 응급수술을 해야만 하는 상황이라면, 외과의는 주저 없이 주말에 쉬고 있던 마취의를 불러내야 한다. 마취의가 가족과 보내려던 시간을 방해하게 되더라도, 마취의 전문성은 생명과 직결되기 때문이다. 그럼에도 불구하고, 장기적으로 봤을 때는 영향력을 쓰는 것이 훨씬 유리하며, 대부분의 경우 어떤 방식을 사용할지 선택할 수 있다.

설비회사의 브리기테는 자신이 가진 지식을 후배들과 나누기보다, 권력 자원으로 저장해두고 혼자서만 이용하기를 선택했다. 그가 선택한 권력 전략은 조직과 후배들의 이익에 반하는 방향이었다. 하지만 브리기테에게는 다른 길도 있었다. 그가 영향력을 선택했다면 후배들의 멘토가 될 수 있었을 것이며, 더 나아가 멘토와 멘티가 서로 배워나가는 '역멘토링' 방식을 통해 새로운 프로그래밍 언어에 대한 감각을 익히며 성장할 수 있었을 것이다.

영향력을 행사하기 위한 필수 조건은 바로 자신의 권력에 노출된 사람들의 필요와 관심사에 진심으로 귀 기울이는 것이다. 많은 권력자가 영향력을 제대로 발휘하지 못하는 이유는, 주변 사람들의 동기와 관심사를 이해하지 못했기 때문이다. 겉보기에는 직원들의 이익을 위하는 것처럼 행동하지만, 실제로는 그들의 마음을 알지 못한 채 상처를 준다. 리더십이란 결국 공감 능력을 바탕으로 한 소통이다. 브리기테는 자신이 가진 전문성 권력만을 방어하는 데 집중했다. 그러나 만약 그가 영향력을 바탕으로 관계와 신뢰를 구축했다면, 주변인들의 지지를 얻어 경영진의 자리에 오를 수도 있었을 것이다.

마지막으로, 다음의 질문들을 통해 영향력에 대한 자신의 태도를 점검해보자.

- 권력 상황에서 나는 인간관계의 원 중 어떤 유형으로 행동하는가?

- 나는 지금까지 영향력 중심의 태도를 지녀왔는가, 아니면 권력 중심의 태도를 택해왔는가?

- 당신의 권력 아래 놓인 사람들의 이해관계를 얼마나 자주 고려하는가?

- 내가 속하고 싶은 조직은 어떤 방식의 권력 문화를 갖고 있는가? 영향력을 장려하는가, 아니면 명령과 통제를 중심으로 운영되는가?

- 어떤 상황에서 영향력이 더 적절하고, 어떤 상황에서 단호한 권력 행사가 필요하다고 느끼는가?

- 장기적으로 나에게 도움이 되는 대인 전략은 무엇인가?

권력이 당신을 어떻게 바꾸는지 들여다보라

미국의 심리학자 대커 켈트너에 따르면, 권력을 가진 사람들은 종종 억제력이 약해지는 경향을 보인다. 더 충동적이고 무례하며 반사회적으로 행동할 가능성이 커지는 것이다. 권력은 단순히 도덕적 기준이나 윤리의식을 약화시키는 데 그치지 않는다. 다른 사람에 대한 공감과 연민을 약화시키고 자기중심성을 강화한다. 이로 인해 권력을 가진 사람은 물론이고, 그 권력에 영향을 받는 주변 사람들 역시 고통을 겪게 된다. 특히 인상적인 점은 이러한 변화가 매우 적은 수준의 권력만으로도 빠르게 나타난다는 것이다. 앞서 소개한 실험에서는 학생들에게 소소한 보상 권한만 부여해도 즉시 권력 효과가 나타났다. 어떤 실험에서는 단지 스스로를 권력 있는 상태라고 상상하거나 권위적인 자세를 취하는 것만으로도 비슷한 변화가 발생했다. 혹시 당신도 권력을 경험하는 과정에서 이러한 불편한 변화들을 느껴본 적이 있는가?

다시 한번 기억해두자. 권력은 어디에나 존재한다. 권력은 대통령이나 총리 같은 최고위 정치인만 휘두를 수 있는 것이 아니다. 매일 도시의 건축 허가를 승인하거나 반려하는 공무원 역시 시간이 지남에 따라 민원인의 상황이나 감정에 둔감해질 수 있다. 사람들은 어느 순간부터 '민원인'이 아니라 '서류 번호'로 인식되고, 그 과정에서 공감력은 점차 사라진다. 어느 순간 서류 처리 대상의 고충과 배경은 흐려지고, 그 자리에 거리감과 관료적 무감각이 자리 잡는다. 만약 그가 한 시민이나 부하 직원에게 무례하게 대했다면, 이렇게 자신을 정당화할지도 모른다. "요즘 너무 바쁘기도 하고, 인력이 너무 부족해서 예민해졌나 봅니다."

대학의 교수도 마찬가지다. 수업을 듣는 학생들을 점차 하나의 집단으로 뭉뚱그려 바라보기 시작한다. 연구 성과가 뛰어나고, 자신의 커리어에 도움이 될 것 같은 소수의 학생만 개별적으로 기억하고 이름을 불러준다. 나머지는 통계학 시험으로 20퍼센트쯤 걸러내야 할 집단일 뿐이다. 그래야 학회에서 연구 성과를 발표하고 학문적 명성을 누릴 여유가 생기기 때문이다.

이러한 예들은 권력이 정치나 대기업만의 문제가 아니라는 점을 보여준다. "어떤 사람의 진짜 성격을 알고 싶다면, 그에게 권력을 줘보라"는 말이 있다. 흔히 에이브러햄 링컨의 말로 알려졌지만, 실제로 누가 말했든 핵심은 분명하다. 권력은 인격의 시험대다. 이 시험에서 통과하려면, 권력이 당신에게 어떤 영향을 미치고 있는지를 스스로 자각해야 한다. 그것도 다양한 역할 속에서 말이다. 당신이 남편이든 아내든, 아버지든 어머니든, 직장 상사든, 동호회 회장이든, 교사든 간에 말이다.

'나는 권력의 부작용 따위에는 흔들리지 않아'라고 믿는 것은 착각이다. 우리는 누구나 권력의 그림자에 노출될 수 있다. 또한 다른 권력자의 반사회적인 행동은 그 사람의 성격 탓이라고 단정해버리면서, 정작 자신의 경우는 '상황 탓'으로 돌리는 오류에 빠져서도 안 된다. 물론 당신이 다른 사람들보다 권력에 덜 휘둘릴 수는 있다. 하지만 그 영향력으로부터 완전히 자유로운 사람은 없다. 권력 자체는 본질적으로 좋지도, 나쁘지도 않다. 그러나 권력의 자리는 사람을 쉽게 무장해제시키고 제어력을 빼앗아간다. 그러므로 이를 자각하고 균형을 잡는 것이 곧 성숙하고 책임감 있는 권력 사용의 핵심이다. 다음 질문들을 통해, 당신이 권력을 어떻게 사용하고 있는지 점검해보자.

　　　　　　　　　　　　　　　　　　　　　　　　　　　권력중독

- 나는 권력이 없는 사람들에게 얼마나 시간을 들이고, 그들의 어려움을 이해하기 위해 얼마나 노력하고 있는가?

- 내 권한 아래 있는 사람들이 성과를 낼 때, 그것을 내 영향력 덕분이라고 생각하는가, 아니면 그들의 노력 때문이라고 생각하는가?

- 어떤 행사에 참석했을 때, 먼저 '누가 나에게 도움이 될지'를 따지고 있지는 않은가?

- 회의에서 내가 말하는 시간이 점점 더 길어지고, 목소리도 커지고 있지는 않은가?

- 내 지위보다 낮은 사람의 말이 길어진다고 느낄 때, 조바심이 나고 '내 시간을 낭비하고 있다'라는 생각이 들지는 않는가?

- 요즘 주변 사람들에게 하는 다소 거친 피드백에 대해 '그들이 감당해야 할 몫'이라고 생각하고 있지는 않은가?

- 내가 마지막으로 다른 사람에게 충동적으로 행동한 순간은 언제였는가? 그 사람은 나보다 어떤 위치에 있었는가?

- 마음속으로, '나는 지금보다 훨씬 더 많은 권력이나 돈, 영향력을 가질 자격이 있다'라고 생각하고 있는가?

- 최근 자신에게 특혜를 허락한 적이 있는가? 예를 들어 남편, 아내, 상사로서 말이다.

- 당신이 있는 자리에서, 누군가 '감히' 마지막 쿠키를 집어먹을 수 있는가?

우리는 권력에 관련하여 다음 네 가지 질문에 대해 살펴보았다. 나는 어디에서 권력을 경험하고 있는가? 나의 권력 동기는 어떤 방향을 향하고 있는가? 나는 얼마나 영향력의 형태로 권력을 쓰고 있는가? 그리고 권력은 나를 어떻게 변화시키고 있는가? 이 질문들은 이 책을 구성하는 핵심 축이며, 학습의 출발점이 될 수 있고, 나아가 성장을 이끄는 자극이 될 것이다. 궁극적으로는 좀 더 책임감 있는 권력 사용으로 이어질 수 있다. 특히 이미 권력을 지닌 사람들 그리고 곧 권력을 가지게 될 위치에 있는 이들에게는 이 질문들이 더욱 중요하다.

나는 종종 경영학이나 행정학처럼 미래에 권력과 책임이 따를 가능성이 높은 학문에서도 '권력'이라는 주제가 거의 다뤄지지 않는다는 사실에 놀라곤 한다. 심지어 리더십 교육에서도 권력의 심리학은 중요하게 여겨지지 않는다. 하지만 나는 권력을 가지게 될 사람일수록 이 주제에 대해 먼저 생각해보고 준비해야 한다고 믿는다.

제안 2: 비판적인 환경을 유지하라

• • •

샘은 뉴욕에 있는 대형 호텔의 소유주이자 운영 책임자다. 이 호텔은 부모로부터 물려받은 것이며, 건물 하나만으로도 그는 이미 수백만 달러(약 수백억 원)의 자산가였다. 지금 그는 햄튼스에 있는 별장에서 결혼식 방명록을 펼쳐놓고 누가 서명했는지를 살펴보고 있다. 그는 자신의 호텔에서 결혼식을 올리지 않았다. 호텔 직원들도 거의 초대하지 않았다. 아내인 샬롯이 직원들을 초대하는 것은 좀 불편하다고 했기 때문이다. 대신 샘과 샬롯은 햄튼스에서 유명 인사들이 참석한 화려한 결혼식을 치렀다. 사실 샘에게는 친구가 그다지 많지 않다. 그는 인생 대부분을 호텔 안에서 보냈기 때문이다.

샘과 결혼한 샬롯은 그보다 스무 살이나 어렸다. 샬롯은 호텔에서 수습사원으로 근무를 시작했을 때부터 그의 눈에 띄었다. 샬롯은 샘이 근처에 있을 때마다 살짝 시선을 피하곤 했고, 그 망설임이 담긴 파란 눈동자를 보고 샘은 생각했다. '저 여자, 뭔가 묘하게 시선이 가는군.' 그는 의도적으로 샬롯과 마주칠 기회를 만들었고, 어느샌가 둘은 연인이 되었다. 처음에 샘은 그저 가볍게 스쳐 지나갈 관계라고 생각했다. 하지만 몇 달이 지나자 그는 가벼운 관계만으로는 만족하지 못하게 되었고, 변호사에게 아내 바바라와 이혼할 경우 어떻게 될지 혼인 계약서를 검토하라고 지시했다.

사실 샘은 오래전부터 바바라와의 관계에 질려 있던 참이었다. 무엇보다 바바라는 끊임없이 호텔 경영에 간섭했고, 자기 생각을 관철시키려 들었다. 물론 1990년대 초반 호텔을 뉴욕 최고의 호텔로 만드는 데 바바라의 역할도 적지 않았다. 하지만 호텔의 법적 소유주는 어디까지나 샘이었다. 혼인 계약서 내용은 명확했다. 바바라는 맨

해튼의 아파트와 매달 넉넉한 생활비를 보장받지만, 호텔은 전적으로 샘의 소유였다. 어차피 두 사람의 관계는 이미 최소한의 소통만 남은 상태였다. 샘은 이제 바바라의 끊임없는 충고와 간섭에서 벗어날 수 있다는 생각에 홀가분했다. 일 처리 방식이든, 직원들과의 관계든, 이제 더 이상 그에게 잔소리를 할 사람은 없었다.

바로 이 순간, 샘은 권력자들이 종종 마주하게 되는 분기점에 다다른 셈이다. 바바라와의 이혼을 통해, 그는 자신에게 반대하거나 비판하는 마지막 인물을 내보낸 것이다. 그 결과, 그를 견제할 사람은 더는 남지 않았다. 제동 장치가 사라지자 권력에서 비롯된 탈선은 걷잡을 수 없게 되었다. 호텔에서든 집에서든, 그는 언제나 우위에 서 있었고, 관계의 방향은 전적으로 그가 정했다. 샘이 직원이나 젊은 아내 샬롯에게 무례하게 굴어도, 다음 날이면 그들은 여전히 웃으며 인사했다. 왜냐하면 그들은 샘에게 그리고 그가 쥐고 있는 자원에 의존하고 있기 때문이다. 샘은 모든 권력 자원을 손에 쥐고 있었고, 그는 이제 그 권력에 익숙해졌다. 그에게는 피드백도 잘 전달되지 않았고, 중요한 정보조차 왜곡된 채 보고되었다.

앞에서 다뤘던 것처럼, 권력을 가진 사람들은 주변의 조언보다는 자신의 직감을 따르는 경향이 강하고, 자신을 더 확신 있게 평가한다. 문제는 바로 여기서 시작된다. 직원들은 무언가 잘못되고 있어도 진실을 말하지 않는다. 정보를 숨기거나, 그가 불쾌해하지 않도록 최대한 미화해서 전달한다. 권력과 정보 병리 현상에 대해 집중적으로 연구해온 베를린 훔볼트대학교의 볼프강 숄은 다음과 같은 경우를 '정보 병리'라고 규정했다.

- **정보가 존재하지만 전달되지 않거나, 왜곡되어 전달될 때**: 샘이 받는 정보는 대부분 미화된 것이다.
- **정보를 수집할 수는 있지만, 수집되지 않을 때**: 직원들은 유용한 정보를 얻을 수 있지만, 샘이 원치 않을 거라 생각해 애초에 시도조차 하지 않는다.
- **정보를 활용할 수 있음에도, 사용되지 않을 때**: 직원들은 호텔을 더 잘 운영할 수 있는 방법을 알고 있지만, 그것을 실천하지 않는다.
- **정보를 새로 만들어낼 수 있지만, 창출되지 않을 때**: 다른 시각에서 생각할 수 있음에도 불구하고, 샘의 의도와 반하게 될까 두려워 시도조차 하지 않는다.[4]

결국 샘은 혼자서 결정을 내리고, 그 결정은 권력의 무제한적 영향력과 왜곡된 정보 환경 속에서 잘못된 방향으로 흘러갈 가능성이 커진다. 이는 매우 위험한 조합이다.

고대 로마 공화정 시절, 뛰어난 전공을 세운 장군은 로마 시내에서 '트리움프Triumph'라는 개선 행진을 할 수 있는 영예를 누렸다. 이 영예는 곧 황제가 권력을 독점하면서 빠르게 사라졌지만, 당시 개선

행진은 거대한 명예 의식이었다. 트리움프는 마르스 광장에서 시작되었다. 장군은 자줏빛 튜닉과 금사로 수놓인 토가를 입고 월계관을 쓴 후, 네 마리의 흰말이 끄는 전차에 올라탔다. 행렬 맨 앞에는 전쟁 포로들, 그중에서도 신분이 높은 포로들이 끌려나와 로마가 누구를 굴복시켰는지 보여주었다.

트리움프에는 흥미로운 점이 두 가지 있는데, 그것을 보면 로마인들은 권력이 사람을 어떻게 바꾸는지 어렴풋이 알고 있었던 것 같다. 첫째, 카이사르나 폼페이우스 같은 승전 장군은 전차 위에 혼자서 있지 않았다. 항상 사회적으로 가장 낮은 신분인 노예가 뒤에 함께 탔는데, 그의 역할은 월계관을 장군의 머리 위에 들고, 행진 내내 이렇게 속삭이는 것이었다.[5]

"뒤를 돌아보라, 당신도 결국 인간임을 기억하라Respice post te, hominem te esse memento."

다시 말해, "당신은 신이 아니라 인간이며, 언젠가는 죽을 것이다"라는 뜻이며, 그 사실을 가장 낮은 계급의 노예가 끊임없이 일깨워준다.

둘째, 이날만큼은 병사들이 장군을 향해 조롱과 야유를 담은 노래를 마음껏 불러도 처벌받지 않았다. 트리움프 당일 병사들은 처벌 면책 특권을 누릴 수 있었고, 따라서 장군은 그날만큼은 그들에게 어떤 처벌도 내릴 수 없었다. 역사에 따르면, 카이사르의 군인들은 행진 중 그의 양성애적 성향과 막대한 빚을 두고 비꼬는 노래를 불렀다고 한다. 카이사르는 몰려든 군중들의 수많은 환호를 받는 한편, 귀에서는 계속해서 "너는 필멸자다"라고 말하는 노예의 목소리가 들렸고, 또 다른 한편에서는 군사들이 그를 조롱하는 노래를 부르고 있었던 것이다.[6]

권력자에게는 권력이 가진 부작용으로부터 그를 지켜줄 존재가 반드시 필요하다. 그 사람은 권력자에게 솔직한 피드백을 할 수 있는 사람이어야 하며, 권력이 만들어낸 왜곡된 세계가 아닌 현실의 감각을 되살려줄 수 있는 사람이어야 한다.

이것은 이 책에서 소개한 수많은 사례에도 해당한다. 아들을 학대한 프로이센의 왕, 고급 차량을 과시했던 사회복지 단체 대표, 질트에서 히틀러를 옹호하는 노래를 부른 사람들, 수습사원들에게 성차별적 행동을 요구한 홍보 관리자 등. 그들 모두에게는 다음과 같이 진지하게 물어볼 사람이 필요하다.

"지금 당신이 무슨 행동을 하고 있는지 알고 있습니까?"

이런 피드백은 정기적으로 이뤄져야 하고, 권력자의 자원에 가능한 한 의존하지 않는 사람에게서 나와야 한다. 피드백을 주는 사람이 가끔 당신 회사의 프로젝트를 외주로 받아서 하는 프리랜서이거나, 정치적 출세를 꿈꾸며 당신의 곁에서 한자리 얻기를 바라는 인물이어서는 안 된다는 이야기다. 사람들은 대부분 가진 권력이 미미하거나 자신과 비슷한 사람들이 주변에 있다. 그런데 권력이 커질수록 그런 주변인들은 점점 사라지고, 귀해진다. 그렇기 때문에 권력을 가

진 사람이라면, 과거의 인간관계를 의식적으로 지켜나가야 할 필요
가 있다. 오랜 친구들과의 연락을 지속하고, 자녀들을 스스로 생각하
고 자신의 의견을 솔직하게 말할 수 있는 강한 인격체로 키워야 한
다. 만약 이미 당신의 주변에 정직한 친구도, 자기 주장이 있는 자녀
도, 비판할 줄 아는 배우자도 없는 상황이라면, 남은 방법은 두 가지
다. 하지만 둘 다 쉬운 방법은 아니다.

첫 번째 방법은, 직무 및 조직심리학 전문 심리학자를 고용하는
것이다. 과거 왕실에는 궁정 광대가 있었고, 그들은 유머를 섞어 권
력자에게 진실을 전하는 역할을 하기도 했다. 오늘날은 이 역할을 심
리학자나 해당 분야의 전문가가 대신할 수 있다. 다만 이들은 권력
자의 돈으로 고용되기 때문에, 경제적 의존성이 커지면 결국 그들도
'예스맨'이 되어버릴 수 있다.

두 번째 방법은 더 어렵다. 권력자가 자신의 사회적 환경 안에
'심리적 안전감'을 적극적으로 조성하는 것이다. 이 개념은 이미 1장
에서 처벌적 권력과 관련해 다뤘던 주제다. 심리적 안전감이란 하버
드대학교의 에이미 에드먼슨이 정의한 개념으로, 사람들이 부정적인
결과를 두려워하지 않고 의견을 말하고, 실수도 인정할 수 있는 분위
기를 말한다. 이런 환경에서는 다양한 의견이 존중받고, 학습의 기회
로 받아들여지며, 창의성과 혁신이 촉진된다.

추가로 작은 추천 하나를 덧붙이고자 한다. 한 사람에게 압도적
인 권력이 주어졌을 때, 그 주변 사람들(친구나 배우자 등)이 어떻게 행

동해야 하는지 알고 싶다면, 티모시 살라메 주연의 영화 〈더 킹: 헨리 5세The King〉를 한번 보길 권한다. 이 영화에는 셰익스피어 작품 속 인물들이 등장한다. 살라메는 영국의 헨리 5세를 연기하는데, 극 중 그는 운 좋게도 두 번이나 자신을 향한 진심 어린 비판을 접하게 된다. 그게 얼마나 큰 선물인지 깨닫는 건 영화의 끝자락에서다. 하지만 그때는 이미 그의 친구 존 폴스타프가 전장에서 죽고 난 후다. 왕궁 밖에서는 승리한 왕을 찬양하는 환호가 울려 퍼지고 있다. 그 순간 헨리 5세는 어린 아내에게 이렇게 말한다.

"그대에게 한 가지만 부탁하겠소. 나에게 언제나 진실만을 말해 주시오, 언제나. 그거 하나만은 약속할 수 있겠소?"

제안 3: 권력을 임파워먼트로 전환하라

• • •

타냐는 방문 요양 서비스를 제공하는 기관에서 팀장으로 일하고 있다. 올해 초 급여가 인상되었고, 팀원들도 동일하게 급여가 인상될 수 있도록 적극적으로 나섰다.

타냐는 팀장으로서 팀원들에게 권력을 행사할 수 있고, 영향력을 발휘할 수도 있지만, 그보다는 자신의 직업과 업계가 주는 보람과 의미를 더 중시한다. 팀원들에게 좋은 근무 여건이 마련되면, 그 혜택은 팀원뿐만 아니라 그들이 돌보는 노인들에게 그대로 전해진다고 생각한 것이다. 타냐는 자신의 일을 사랑하고, 요양이 필요한 이들과 직접 대화하고 시간을 보내는 일에 큰 보람을 느낀다. 그래서 일주일에 세 번 정도는 오후 시간을 할애해 요양사로 직접 현장에 나간다. 이는 팀장직을 수락할 때 내건 조건이었다. 몇몇 이용자들은 여러 해 동안 돌봐온 만큼, 그들과의 관계를 끝까지 이어가고 싶다. 때문에 타냐가 담당하는 팀은 신규 이용자를 많이 받지 않아, 팀 규모가 작은 편이다. 훗날 지금 돌보는 노인들이 세상을 떠난 뒤에도 계속해서 이 방식을 유지할지는 아직 확신하지 못하지만 현재에 만족하고 있다.

타냐는 직접 요양사로 일하기도 하지만, 팀장으로서의 업무도 잘 해내고 있다. 한동안 전임 팀장이었던 선배로부터 체계적인 인수인계를 받았고, 선배는 왜 어떤 일은 특정 방식으로 처리해야 하는지 같은 것들을 자세히 설명해주었다. 타냐는 처음 팀장으로 부임하면서 자신의 팀을 직접 선택할 수 있었다. 그는 처음 보는 사람들로 구성된, 젊은 직원들이 많은 팀을 선택했다. 얼마 전 한 팀원이 향수병에 걸려 울면서 고향으로 돌아가겠다고 했을 때는, 리더십을 발휘해 설득하기도 했다.

나는 거의 20년 가까이 타냐가 일하면서 경험하는 감정, 즉 '심리적 임파워먼트psychological empowerment'를 연구해왔다. 이 책에서 나는 권력이 얼마나 많은 부작용을 가져오는지 다양한 사례를 통해 보여주었다. 권력은 사람의 사고방식과 행동을 바꾸고, 중독적이며 강한 의존성을 만들어낸다. 권력은 마치 마약과도 비슷하다. 권력을 맛본 사람들은 권력을 자발적으로 내려놓거나, 스스로는 중독에서 벗어나려 하지 않는다. 그러므로 우리에게는 심리적인 대체재가 필요하다. 권력을 내려놓는 대신 더 나은 보상을 얻을 수 있어야 하는 것이다. 부작용은 적고, 지속가능한 만족을 주는 대안이 필요하다. 내 생각에는 심리적 임파워먼트가 그에 가장 걸맞는 유력 후보다.

그렇다면 심리적 임파워먼트란 정확히 무엇일까? 이 개념은 네 가지 심리적 인식으로 구성된다. 첫째는 '영향력'이라는 형태로 경험하는 권력감이다. 이는 볼프강 숄이 설명한 방향성과 닿아 있다. 둘째는 자율성, 셋째는 유능감 그리고 넷째는 의미를 경험하는 것이다. 이 네 가지는 단지 조직이나 직장에 국한된 경험이 아니라 가정이나 여가 활동 속에서도 충분히 나타날 수 있다. 즉, 심리적 임파워먼트란 영향력이 의미, 자율성, 유능감이라는 틀로 감싸여 있을 때 비로소 완성되는 개념이다. 수많은 연구를 통해 이 네 가지 차원이 하나의 독립된 심리 상태를 형성한다는 것을 알 수 있었다.[7] 타냐가 팀장이라는 위치를 통해 보람을 느끼는 것도 바로 이런 심리적 임파워먼트라는 감정 덕분이다.

임파워먼트는 개인과 조직 모두에게 긍정적인 영향을 미친다. 여러 메타분석 결과에 따르면, 심리적 임파워먼트를 경험하는 사람들은 직무 만족도가 높고, 조직에 대한 정서적 애착이 강하다.[8] 영향력과 의미, 자율성, 유능감을 함께 경험하는 사람은 자신을 조직과 더 강하게 동일시하고, 이직 의도나 실제 이직률도 낮아진다. 이들은 더 뛰어난 성과를 내며, 혁신적인 행동도 더 많이 보인다. 이는 이들이 보다 능동적으로 행동할 수 있고, 또 그렇게 행동할 수 있는 환경에 있기 때문이기도 하다. 게다가 임파워먼트는 건강에도 긍정적인 영향을 미친다. 메타분석에 따르면, 임파워먼트를 느끼는 사람은 심리적으로 덜 지치고, 장기적으로 우울감도 덜하며, 번아웃 위험도 낮다.[9]

나와 동료들이 수행한 연구에서도, 임파워먼트를 경험한 사람들은 시간이 지나도 우울증에 걸릴 확률이 낮다는 것을 확인했다. 독일 인구연구소와 함께 진행한 연구는 55세 이상 노동자 수백 명을 대상으로 조사했는데, 임파워먼트가 높을수록 정신적·신체적 스트레스가 낮았다. 이 같은 스트레스 감소는 은퇴 연령에도 영향을 줬다. 임파워먼트가 높을수록 은퇴를 늦추고 싶어 했고, 실제로도 더 늦게 퇴직했다. 더 놀라운 건, 이들이 은퇴 후에도 자발적으로 일을 지속했다는 점이다. 돈 때문이 아니라, 그 일이 여전히 의미 있었기 때문이다.[10] 또한 베르톨트 마이어Bertholt Meyer와 함께 진행한 연구에서는, 시간이 지날수록 임파워먼트가 높은 사람들이 '몰입flow' 경험을 더 자주 한다는 것을 발견했다.[11] 이들은 자신이 하는 일에 긍정적으로 몰입하고, 시간이 어떻게 흘렀는지조차 잊어버릴 정도로 즐거워하는 상태에 쉽게 도달한다.

권력을 영향력으로 전환하고, 여기에 의미, 자율성, 유능감이라는 틀을 덧씌운다면, 사람과 조직 모두에게 긍정적인 결과를 낳을 수 있다. 긍정적으로 전환된 권력은 심리적으로도 건강한 영향을 미치며, 조직에도 유익하게 작용한다. 권력이 개인과 조직 모두에게 도움이 되는 방향으로 작동할 수 있는 길이 열리는 것이다.

임파워먼트의 네 가지 요소(영향력, 의미, 자율성, 유능감)는 모두 인간의 기본적인 심리적 욕구다. 그러므로 만약 영향력을 갖고 싶다는 욕구가 있더라도 그 자체를 부끄러워할 필요 없다. 다만, 자율성, 유능감, 의미 역시 똑같이 중요하게 추구해야 더 깊은 만족과 동기를 얻을 수 있다는 점을 잊지 말자. 이제 영향력을 제외한 심리적 임파워먼트의 세 가지 요소를 조금 더 자세히 들여다보자.

의미

인간은 일상의 활동이 어떤 의미를 지니기를 깊이 갈망한다. 우리는 아주 어린 시절부터 인생이 유한하다는 사실을 어렴풋이 알아차리게 된다. 그리고 '의미 있는 일'은 이 불가피한 진실을 받아들이는 데 도움을 준다. 심리학 연구에 따르면, 의미를 경험하는 정도는 삶의 만족도에 강한 영향을 미친다. 우리가 어떤 일을 의미 있다고 느끼는 순간은 대개 그 일이 우리의 가치관과 부합할 때다. 그 일이 나 자신은 물론, 조직이나 사회 전체에 긍정적으로 기여하고 있다고 여겨질 때, 우리는 그 활동에 깊이 몰입하게 된다. 반대로, 내가 하는 일이 사회적으로도, 주변인으로부터도 인정받지 못한다고 느낄 때, 내면의 갈등이 시작된다. 아무리 권력을 동반한 일이더라도, 그 안에서 의미를 찾지 못하면 결국 내면이 조금씩 갉아먹히는 것이다.

의미를 느끼며 일하는 사람은 단순한 외적 보상, 돈이나 지위 이상의 충만함을 경험한다. 그들은 자신이 하는 일 자체를 보람 있게 여긴다. 이는 곧 강한 내적 동기를 형성하며, 더 깊은 몰입과 만족으로 이어진다. 자신의 가치관과 일, 혹은 일상적 활동이 연결되어 있다고 느낄 때, 사람은 단단해진다. 그러니 자문해보자.

"만약 지금 하고 있는 일에서 의미를 찾을 수 없다면, 권력은 도대체 무슨 의미가 있을까?"

자율성

나는 때때로 권력을 가진 사람들을 보며 안쓰러운 감정을 느낀다. 그들이 자신의 삶을 스스로 통제하지 못하고 있을 때는 더더욱 그렇다. 회의가 끝나기도 전에 다음 온라인 미팅이 기다리고 있고, 출장과 출장 사이에 메일을 처리하며, 언론 인터뷰를 마친 정치인은 몇 분 만에 다음 협상장으로 이동해야 한다. 여기에 더해, 위계적 조직 구조 안에서는 이런 식의 외적 통제가 끊임없이 존재하며, 일정뿐만 아니라 모든 결정에는 규정과 승인이 따른다.

인간은 본질적으로 자율성을 추구하는 존재다. 우리는 두 살짜리 아이가 "내가 할래!"라고 외치는 모습에서조차 자율에 대한 본능적인 욕구를 확인할 수 있다. 자율적인 사람은 일상의 많은 순간에서 스스로 선택할 수 있다. 오늘 아침에는 어떤 업무를 먼저 시작할지, 점심은 언제 먹을지, 어떤 도구를 선택할지를 자기가 정한다. 청소차를 운전하는 노동자가 교통 상황에 따라 동선을 조절할 수 있고, 허기질 때 자유롭게 아침을 먹을 수 있는 것도 자율성이다. 기술자가 자신에게 익숙한 드릴을 고를 수 있고, 엔지니어가 복잡한 계산을 위해 필요한 앱을 별도의 허가 없이 설치할 수 있다면, 그는 스스로 일의 방향을 조절할 수 있는 사람이다.

자율성과 권력은 다르다. 권력은 타인에 대한 영향력을 의미하지만, 자율성은 스스로에 대한 주권을 의미하며, 자신에게 자유를 선사한다. 다시 한번 묻고 싶다.

"만약 당신에게 아무리 큰 권력이 주어진다 한들, 스스로 자유를 느낄 수 없다면, 권력은 도대체 무슨 의미가 있을까?"

유능감

나는 군에 복무 중일 때 대형 트럭 운전면허를 취득했다. 운전병 교육을 마친 후에는 부대에 필요한 거의 모든 화물을 운송하는 일을 맡게 되었다. 그 시절 나는 내 일에서 나름의 권한과 의미를 느끼고 있었다. 부대에 꼭 필요한 부품을 제때 옮기는 일은 분명 중요한 임무였다. 또 부대 정문을 나서는 순간부터는 비교적 자유로웠다. 헌병대를 만나 화물과 신분을 검문받지 않는 이상, 도로를 달리는 트럭 안에서만큼은 내가 모든 것을 책임지고 통제했다. 하지만 그럼에도 나는 트럭 안에서 단 한 번도 진정한 '임파워먼트'를 느낀 적이 없었다. 솔직히 말하자면, 그 거대한 철 덩어리를 끌고 다니는 일은 늘 두려웠다. 특히 뒤에 대형 트레일러를 달고 후진을 해야 할 때면 더욱 그랬다.

우리가 어떤 일을 하면서 유능감을 느낀다는 것은, 자기 능력과 기술을 높게 평가하고, 주변 사람들도 이를 인정해준다는 뜻이다. 그 일의 요구 사항과 나의 역량이 잘 맞아떨어질 때, 심리학에서는 이를 '자기 효능감'이라고 부르기도 한다. 어떤 과제를 마주했을 때 "나는 해낼 수 있다"라는 확신이 드는 상태다. 이런 유능감은 전문지식, 대인관계 기술, 문제 해결 능력, 자기 관리 능력 등 다양한 영역에서 비롯될 수 있다. 상황에 따라 이 중 어떤 능력이 더 중요한지는 달라질 것이다. 또다시 물어보겠다.

"스스로 유능함을 느끼지 못한다면, 권력은 도대체 무슨 의미가 있을까?

만약 당신이 행복하고 성공적인 삶을 원한다면, 단순히 권력만

좇을 것이 아니라 영향력을 추구하라. 그리고 가능한 많은 활동에서 의미와 자율성, 유능감을 느끼도록 하라. 임파워먼트는 권력의 부작용을 줄여주는 대체재로, 일종의 심리적 대안 약물이라고 해도 좋다. 임파워먼트를 느끼기 위해서는 단순한 권력만으로는 부족하다. 아무리 강한 권력을 쥐었다고 해도, 임파워먼트가 주는 긍정적인 효과를 대신할 수는 없다. 삶의 우선순위를 다시 정하라. 영향력, 의미, 유능감, 자율성이라는 네 가지를 삶의 중심에 놓고 그로부터 오는 만족을 즐겨라. 나는 이 감정을 누구보다 사랑한다. 그리고 임파워먼트로 가득한 사람들이 모인 사회야말로 세상을 더 나은 방향으로 바꿀 수 있다고 믿는다.

제안 4: 두려움 때문에 권위적인 권력에 빠지지 마라

• • •

하인츠 게오르크 크람은 오스트리아 키츠뷜의 산맥을 배경으로 인스타그램에 올릴 영상을 찍고 있다. 그는 예명인 '하이노'로 더 잘 알려진 독일의 유명한 가수다. 하이노는 영상 속에서 독일의 미래를 걱정하며 격앙된 목소리로 말한다. "내 고향, 아름다운 독일이 망가지는 걸 보고 싶지 않습니다. 난 그저 이 나라가 다시 안전하길 바랄 뿐이에요." 그는 요즘 뉴스에 자주 등장하는 거리 범죄, 특히 칼부림

사건들을 예로 들며 불안을 드러낸다. 그리고 이렇게 덧붙인다. "독일에는 자기 국민을 진심으로 챙기는 트럼프 같은 인물이 필요합니다." 이 발언은 단순한 정치적 견해 이상의 것을 보여준다.

사회심리학자 존 조스트John Jost는 '권위주의적 전환authoritarian shift'이라는 매우 흥미로운 현상을 관찰했다. 사람들은 세상이 불안정하고 위험하다고 느낄 때, 권위주의적 태도가 강화된다. 이때 중요한 매개 요인은 바로 두려움이다. 위기와 불안, 손실에 대한 공포가 커지면 권위적인 리더십에 대한 수용도가 높아진다.[12] 여기서 다시 순수한 권력 행사(강제)와 영향력(설득)의 차이를 떠올려보자. 사람들이 불안을 느끼고 두려움에 사로잡히면, 권력이 집중되고 권위적인 리더십 행사를 받아들이게 된다. 하이노의 경우에도 그런 전환이 일어난 것으로 보인다. 불과 10년 전만 해도 그는 사회민주당 시장 후보를 지지했고, 2019년에는 극우 정당을 공개적으로 반대한 적도 있었다.[13]

위기라고 느껴지는 상황에서는 권위적 리더를 원하는 경향이 커진다. 더 나아가 권력을 가진 사람들도 점점 권위적으로 변하는 경향이 있다. 심리학 연구들을 살펴보면, 일관된 패턴을 발견할 수 있는데, 먼저 위기나 압박이 발생하고, 그 후에 권위적인 행동이 강화된다.[14] 심지어 실험 상황에서 참가자들에게 시간적 압박을 주기만 해도 토론 중에 권위적인 발언과 행동이 눈에 띄게 늘어난다.[15] 조직에서도 마찬가지다. 상사들이 장기간 극심한 압박 속에 있으면 부하 직

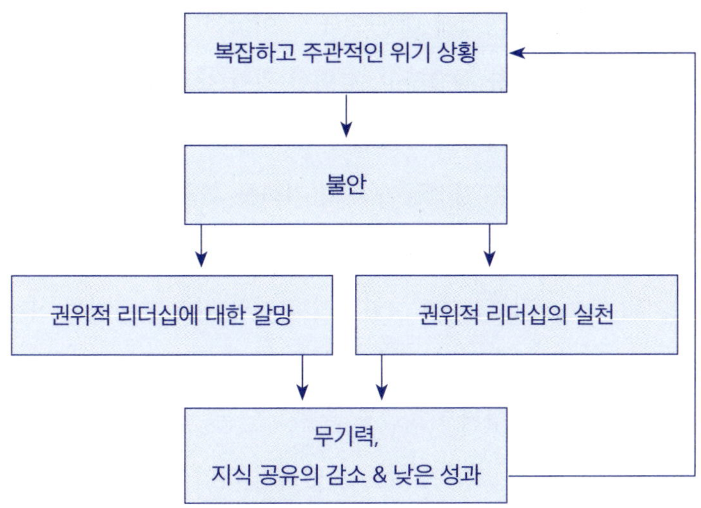

권위주의의 악순환

원들은 그들을 권위적이라고 인식한다.[16] 리더 본인 역시 통제력 확보를 최우선으로 추구하면서 권위적으로 행동하게 된다. 위기와 불안은 조직과 사회 전반에 걸쳐 권위주의를 확산시키는 촉매가 될 수 있다.[17]

복잡하고 주관적인 위기 상황 그리고 불확실성은 조직 안팎의 사람들에게 불안과 두려움을 일으킨다. 대부분의 사람들은 이 불안을 가능한 한 빨리 없애고 싶어 한다. 하이노 역시 그러한 상황에 처했고, 당신도 그렇게 될 수 있다. 특히 정치적으로 보수 성향이 강한 사람들에게 이러한 반응이 나타나는 경우가 많다.[18] 일부에게는 이 불안이 권위적인 리더십에 대한 욕구로 이어진다. 그들은 '강한' 누군가가 나서서 문제를 해결하고, 강력한 권력으로 복잡한 상황을 단순화하며 위협을 없애주기를 바란다. 바로 이 지점에서 권위적 권력을 선호하는 사람들은 자신들이 나설 기회를 포착한다. 그들은 위기와 위협을 필요로 한다. 그래야 자신들이 매력적인 '해결책'으로 보일 것이기 때문이다. 그들은 끊임없이 위기와 위협을 다양한 사례로 생생히 묘사하고, 스스로를 해결사로 내세운다.

"내가 다 해결해주지."

리더의 입장에서도 위기 상황은 권위적 리더십을 발휘하기 쉽게 만든다. 예를 들어, 회사 실적이 한 분기 동안 크게 부진할 때 경영진은 압박을 느끼고 즉각 재택근무를 폐지하며 모든 직원을 사무실로 불러들인다. 큰 고객을 잃었을 때는 팀 리더들의 예산 집행 권한이 대폭 축소되고, 그 권한이 부서장에게 집중된다. 하지만 부서장들은 세부적인 상황을 잘 모르기 마련이다. 그 결과 직원들이 경험하던 임파워먼트는 모두 수거되어 사라진다.

권위적 리더십이 가져오는 결과는 이미 잘 알려져 있다. 사람들은 무기력하고 수동적으로 변하거나, 심리학자 카밀 B. 워트만Camille B. Wortman과 잭 W. 브렘Jack W. Brehm이 50년 전에 이미 분석했듯이 '반발심'을 보인다.[19] 연구 결과, 재택근무 폐지는 생산성 증가로 이어지지 않고, 이직률을 높일 뿐이라고 한다. 무엇보다 권위적인 리더십은 지식 공유를 억제하고, 그로 인해 성과는 더욱 저하된다.[20] 결과적으로 조직은 권위적 리더십 때문에 오히려 더 깊은 위기에 빠지고 만다. 성과 저하와 직원들의 무기력한 태도는 문제의 복잡도를 높이며, 이는 다시 새로운 위협과 불안을 생성하는 악순환을 낳는다. 특히 복잡한 과제에서는 권위적 리더십이 치명적인 약점을 드러낸다. 이 사실은 이미 수십 년 전부터 메타분석을 통해 잘 알려져 있다.[21]

아마 당신은 이렇게 반문할지도 모른다. "극한의 위기 상황에서는 권위적인 리더십이 필요하지 않나요? 예를 들어, 비행기에서 사람이 쓰러졌을 때나, 배가 침몰할 때는 어떻게 해야 하나요?" 우선 비행기 비상 상황을 떠올려보자. 물론 빠르게 행동해야 하지만, 이때도 최소한의 참여 조건이 필요하다. "의사나 간호사가 승객 중에 계십니까?"라는 질문이 그것이다. 즉, 이런 경우에는 상황을 잘 아는 사람, 전문성에 기반한 권력을 가진 사람이 리더십을 발휘해야 한다. 권위적 리더십이 지배하는 상황에서는 이 조건이 항상 보장되지 않는다. 배가 침몰하는 경우도 마찬가지다. 선장이 현 상황을 명확히 알리고 비상 계획을 가동해야 하지만, 그 비상 계획이 권위적으로 결정된 것이 아니라 다양한 사람들의 지식과 전문성을 반영한 것이어야 실질적인 효과가 있을 것이다.

본질적으로 내가 전하고 싶은 메시지는 이것이다. 두려움 때문에 권력을 권위적으로 휘두르거나, 권위적인 인물을 추종하는 상황에 빠지지 말라. 물론 이는 자연스러운 반응일 수 있다. 리더의 입장에서도, 따르는 이의 입장에서도 그렇다. 하이노가 불안한 상황에서 두려움을 느꼈듯, 당신 역시 두려움을 느낄 수 있다. 하지만 두려움은 어디까지나 심리적 과정일 뿐이다. 두려움이 권위주의적 방식의 권력을 정당화하게 놔두어서는 안 된다.

두려움을 다루기 위해 우리가 할 수 있는 일들이 있다. 예를 들어, 상황을 다시 바라보는 '재평가'라는 심리적 기술이다. 현재 갖고 있는 자원들을 냉정하게 다시 한번 점검하고 나면, 우리는 생각보다 훨씬 강하고, 처음에 떠올린 것보다 더 많은 선택지와 대처 능력을 갖추고 있다는 사실을 깨닫게 된다. "두려움은 신뢰가 부족할 때 찾아온다"는 말이 있다. 위기 상황에서도 자신과 팀을 신뢰해본다면 어떨까? 함께 모여 마주 보고 문제를 논의하는 것만으로도 두려움이 조금은 누그러들 수 있다. 때로는 그렇게 두려움을 잠시 견디는 것만으로도 큰 도움이 된다. 두려움은 오래가지 않는다. 그것은 하나의 감정일 뿐이고, 모든 감정이 그렇듯, 결국은 사라진다. 그러나 권위주의는 한 번 자리 잡으면 쉽게 사라지지 않는다.

그러므로 두려움 때문에 권위적인 리더십을 선택하거나 맹목적인 복종을 받아들이지 말라. 또한 조직 안팎에서 권력을 탐하는 사람들이 당신의 두려움을 이용하지 못하게 하라. 권위주의로 인한 대가는 상상 그 이상이다.

조직을 위한 제안

제안 1: 조직도를 '권력 지도'로 보완하라

• • •

지금까지는 당신이 권력을 어떻게 다루었는지 돌아보고, 보다 책임감 있고 성공적으로 권력을 행사하는 데 도움이 되는 개인적인 차원의 권력을 살펴보았다. 하지만 우리는 다른 사람들과 분리된 채 혼자 살아가거나 일하지 않는다. 조직에는 수십 명에서 수백 명의 다른 리더와 동료들이 함께 일하고 있을 것이다. 그렇다면 조직 차원에서는 권력을 어떻게 바라보고 분배해야 기업이 성공하고 사람들이 즐겁게 일할 수 있을까? 이를 위해 내가 먼저 권장하고 싶은 것은, 조직 내 권력 관계를 '보이게' 만드는 것이다.

이 지점에서 어떤 이들은 "이미 그 역할을 위해 조직도가 있지 않나요?"라고 말할지도 모른다. 많은 조직이 정성 들여 조직도를 관리하고 있으며, 조직도는 공식적인 위계와 각 구성원의 직급에 대한 기본적인 정보를 제공한다. 하지만 권력이 조직 내에서 어떻게 작동하는지를 이해하기에는 부족하다. 조직도는 공식적인 권력을 부분적으로만 드러내며, 비공식적인 권력은 거의 반영하지 않기 때문이다. 그래서 나는 권력을 조직 차원에서 분석하고 성찰하기 위해, '권력 지도'를 함께 만들어볼 것을 제안한다.

그렇다면 권력 지도는 어떻게 만드는가? 가장 간단한 방식은 다음과 같다. 우선 워크숍을 열어 가능한 한 다양한 관점과 직급을 가진 사람들을 참가시킨다. 단순히 부서장이나 임원만으로는 충분하지 않다. 다양한 직책과 현장의 목소리가 반영되어야 한다. 워크숍에서 권력 지도에 대해 간단히 설명한 뒤, 참가자들에게 조직도에 있는 사람들의 실질적인 권력 정도를 평가하게 한다. 이때 조직도에 드러나지 않는 권력자들을 반드시 함께 고려해야 한다. 예를 들어, 주주나 노조위원장은 조직도에 포함되지 않지만 의외로 강한 영향력을 가지고 있을 수 있다. 또 각 부서에는 공식 직위는 낮지만, 중요한 정보의 흐름을 쥐고 있거나 고유한 전문성을 가진 '숨은 실력자'가 있다. "누가 핵심 지식을 갖고 있는가? 중요한 고객이나 투자자와의 접점을 누가 관리하고 있는가? 조직의 공식적·비공식적 규칙을 누가 가장 잘 이해하고 있는가?" 같은 질문을 던져야 한다.[1]

워크숍의 첫 단계를 마쳤다면, 이제 이를 시각화한다. 소프트웨어나 펜을 활용해 주요 권력자들을 원으로 표현하고, 권력의 정도에 비례해 원의 크기를 정한다. 다음 단계는 권력자들 간의 협력 관계를 평가하는 것이다. 원과 원을 선으로 연결하며, 서로 얼마나 자주, 얼마나 깊게 소통하는지 살펴본다. 누가 누구와 긴밀하게 협력하는가? 누가 거의 교류하지 않는가?

마지막 단계는 다소 어려운 작업이 될 수 있다. 권력자들 간의 관계가 얼마나 긍정적인지, 부정적인지를 평가하는 것이다. 이를 위해 다섯 단계로 된 척도를 사용한다. 매우 긍정적인 관계는 선 위에 '+'를 두 개 표시하고, 다소 부정적인 관계는 '-'를 한 개 붙여 표시하는 식이다. 경우에 따라, 서로 적대적인 권력자들은 조직의 성공적인 협력을 방해하기도 한다. 반대로 특정 권력자들 간의 긴밀하고 긍정적인 관계는 조직의 강력한 '권력 블록'을 형성하여, 조직의 성공을 좌우하는 핵심 요소가 되기도 한다.

각 요소를 종합하면 현재의 권력 상태와 분포를 한눈에 파악할 수 있는 명확한 지도가 만들어진다. 하지만 진짜 흥미로운 부분은 그 다음이다. 이제는 미래 지향적인 '이상적인 권력 지도'를 설계해야 할 차례다. 기업이 더욱 민첩하고 혁신적으로 돌아가기 위해서는 권력 지도가 어떻게 달라져야 할까? 어떤 조직이 장기적으로 성공을 이어가고, 구성원들이 만족할 만한 조직이 되기 위해서는 권력을 어떻게 배분해야 할까? 현재의 권력 구조를 그대로 유지해도 괜찮을까, 아니면 권력 지도가 변화해야 할까? 권력은 어디로 이동해야 할까? 누가 지금보다 더 많은 권력을 가져야 하고, 누가 덜 가져야 할까? 어떤 협력 관계가 강화되어야 할까? 이런 질문에 대한 고민이 바로 권력 지도의 핵심이다.

권력 지도에도 다양한 변형이 존재하며, 세부적인 정도나 초점을 다르게 설정할 수 있다. 예를 들어, 특정 권력 자원만 따로 떼어내어 지도를 그려볼 수도 있다. '처벌 권력'은 현재 어떻게 분포되어 있고, 이를 어떻게 조정하거나 완화할 수 있을까? '전문성 권력'이나 '보상 권력'은 어디에 집중되어 있고, 앞으로 어떻게 조정해야 조직이 장기적으로 성공할 수 있을까? 핵심 고객 관리 권력은 어떤 식으로 분배되어야 지속가능한 성과를 낼 수 있을까?

심리학자들 사이에는 잘 알려진 말이 있다. "진단이 먼저, 개입은 그다음이다." 이는 조직심리학에서도 마찬가지다. 권력 지도는 조직 내 권력 구조의 현재와 미래를 진단하고 가시화하는 도구다. 이를 통해 조직은 보다 체계적이고 구체적으로 권력에 대해 이야기할 수 있다. 이런 권력 지도는 조직 변화 과정에서 자칫 꺼려질 수 있는 권력에 대한 논의를 투명하고 자연스러운 대화의 일부로 만들어준다. '권력'이란 주제가 더 이상 모두가 알고 있지만 아무도 입 밖에 내지 않는 '볼드모트' 같은 존재처럼 느껴지지 않게 해주는 것이다. 대신 권

     권력중독

력은 변화의 한 요소로서 공개적으로 논의되고, 조직이 긍정적인 미래를 그릴 수 있도록 함께 관리된다. 이러한 접근 방식과 사고의 전환은 조직의 전환 과정에 안정감과 명확성을 가져온다. 권력은 더 이상 뒷방에서 은밀히 작동하는 불편한 존재가 아니다. 눈에 보이고, 조정하고, 전략적으로 활용할 수 있는 자원이 된다. 즉, 공식적인 권력뿐 아니라 비공식적인 권력 역시 다루어야 할 조직 자산 중 하나로 인식되며, 미래를 위한 성공 전략의 중요한 축으로 자리 잡는다.

제안 2: 권력자를 제대로 선별하라

• • •

중간계에서 프로도와 그의 친구들이 모험을 떠나기 전의 일이다. 신성한 나무 아래에 엘프들이 모여 있다. 화려한 옷차림에 몸가짐은 우아했지만, 그들의 얼굴은 슬픔으로 가득하다. 신성한 나무가 시들어 가고 있었기 때문이다. 이 나무가 잎을 떨군다는 것은 곧 엘프들이 중간계를 떠날 때가 왔음을 의미했다. 그때 고귀한 키르단이 등장한다. 그는 세 개의 '힘의 반지'를 가지고 있다. 그중 하나는 이미 그의 손가락에 끼워져 있고, 나머지 두 개를 왕에게 건넨다. 왕은 그 반지들을 바라보며 그 안에서 뿜어져 나오는 힘을 느끼고, 마침내 반지 하나를 끼우려 한다. 그러나 그 순간, 정의로운 하프엘프 엘론드가

"안 돼!"라고 외친다. 깜짝 놀란 왕은 반지를 손에서 놓쳐버리고, 반지 하나가 계단을 굴러 내려가 갈라드리엘의 발 앞에 떨어진다. 얼마 전만 해도 그는 사악한 사우론을 알아보지 못하고 오히려 그가 엘프들의 신뢰를 얻는 데 도움을 준 장본인이었다. 갈라드리엘은 망설임 없이 반지를 집어 손가락에 끼우고, 중간계에서 가장 강력한 여성이 된다. 이렇게 우연히 권력이 배분되는 모습은 비단 중간계 엘프들만의 이야기가 아니다. 우리의 조직도 크게 다르지 않다.

5장에서 나는 사람들이 어떻게 조직 내에서 권력을 얻는지 설명한 바 있다. 심리학적 연구에 따르면, 사이코패스 같은 사람들도 권력을 쥘 확률이 다른 사람들보다 낮지도 높지도 않다. 권력 획득에 유리한 요소는 매력적인 외모, 남성성, 외향성 그리고 성실함 같은 것들이다. 정작 중요한 것은 '그 사람이 권력을 어떻게 사용할 것인가' 혹은 '권력을 쥐면 어떻게 변할 것인가'인데, 이런 부분은 거의 고려되지 않는다. 이는 기업의 채용 공고만 봐도 알 수 있다. 교수직이나 CEO 채용 공고를 들여다보면 '자금 유치 경험', '리더십 경험', '결단력' 같은 키워드가 보인다. 그러나 이 사람이 그 자금을 어떻게 유치했는지, 그동안 리더십을 어떻게 발휘했는지, 권력을 쥐었을 때 어떤 방식으로 영향을 미쳤는지, 권력에 의해 어떤 변화를 겪었는지 같은 중요한 질문은 대부분 묻히고 만다. 채용과 승진에서 권력에 대한 성숙한 태도나 책임감은 거의 고려되지 않는 것이다.

그렇기 때문에 조직에서 진정으로 책임감 있고 성숙하게 권력을 다룰 수 있는 사람이 권력을 손에 쥐는 일은 드물다. 하지만 설사 '권력을 성숙하게 다루는 능력'이 리더 채용과 승진을 위한 평가 기준이 된다 해도, 현실은 크게 달라지지 않을 가능성이 높다. 옌스 나흐트바이Jens Nachtwei와 나는 몇 년 전 독일 기업들이 실제로 어떤 인재 선발 방식을 사용하는지 조사한 적이 있다.[2] 온라인 설문으로는 정확한 데이터를 얻기 어렵다고 판단해 직접 기업에 전화를 걸어 조사했고, 결과는 실망스러웠다. 대부분의 기업이 선발 과정에서 구조화되지 않은 면접 방식을 적용하고 있었던 것이다.

비非구조화 면접에서는 면접관들이 '팀워크 능력'이나 '결단력' 같은 단어가 적힌 채용 공고를 책상 위에 올려두고 면접을 진행한다. 하지만 이는 인사팀이 시간에 쫓겨 그냥 그럴듯해 보이는 단어를 적어 넣은 경우가 많다. 덕분에 면접관마다 '결단력'이라는 단어의 의미를 제각각 다르게 해석한다. 면접이 시작되면 면접관들은 대충 이력서를 훑어보며 자신이 뽑을 사람에 대해 충분히 안다고 착각한다. 하지만 실제로는 이력서에 이미 적혀 있는 내용만 되풀이해서 물을 뿐이다.

"아, 국제경영학을 전공하셨네요. 그럼 그 얘기를 한번 해볼까요?"

면접이 이어지면서 면접관들은 지루해지기 시작한다. 이미 권력을 쥐고 있어 말하기에 익숙해진 그들은 대화 중 '듣는 역할'을 오래 유지하기 어려워한다. 적극적으로 듣고 질문해야 할 자리에서 말하고 싶은 충동이 작동하기 시작하고 결국 지원자보다 면접관에 대해 더 많은 정보를 얻게 된다. 이런 여러 가지 이유로 비구조화 면접은 정보 수집 효과가 매우 낮으며, 지원자의 향후 직무 성과를 예측하기 힘들다.[3] 비구조화 면접의 예측력은 별을 보고 운세를 읽는 것이나 다를 바가 없는 것이다.

이를 극복하기 위해서는 우선 채용 과정 자체가 하나의 '권력 상황'이라는 인식이 필요하다. 그렇기에 이 책에서 다룬 여러 심리적 권력 효과들이 여기에서도 그대로 작용한다. 특히 평소 기업 내에서 권력이 크지 않은 인사 담당자일수록 면접 상황으로 인해 부여된 권력에 민감하게 반응할 가능성도 크다. 그렇기 때문에 채용 과정은 더욱 체계적으로 설계되어야 한다.

첫 번째 단계는 조직 내에서 '권력'과 그에 대한 성숙한 태도를 명확히 정의하는 것이다. 조직에서 권력에 성숙하게 접근한다는 것은, 권력을 가진 사람들이 자신의 권력 자원을 명확히 인식하고, 이를 공동체의 이익을 위해 책임감 있게 사용하는 것을 의미한다. 개인적인 이익을 위해 권력을 남용하지 않으며, 권력을 투명하게 공유하고 공정하게 분배하여 다른 이들도 의사결정 과정에 참여할 수 있도록 한다.

두 번째 단계는 '행동 기준'을 설정하는 것이다. 즉, 이 사람이 권력을 성숙하고 책임감 있게 사용할 수 있는지를 어떻게 판단할 것인가? 이 책에서 이미 이에 대한 힌트를 제공했지만, 각 조직에 맞는 기준을 세부적으로 정할 필요가 있다.

세 번째 단계는 '측정할 수 있는 도구'를 마련하는 것이다. 지원자가 책임감 있는 권력 사용 능력을 가지고 있는지, 신뢰할 수 있고 타당한 방법으로 측정할 수 있어야 한다. 비구조화 면접은 지양하고, 연구와 실무 면에서 예측력이 훨씬 높은 대안적 방법들을 활용하자. 또한 하나의 방법을 고집하지 않고, 여러 가지 방식을 병행하는 것이 이상적이다. 다양한 관점에서 평가하면 각기 다른 방법의 약점들을 서로 보완해줄 수 있기 때문이다.

권력 진단 방식 1: 구조화된 면접

구조화된 면접은 기존의 면접 질문이나 메모를 단순히 깔끔하게 정리하는 수준에 그치지 않는다. 핵심은 '표준화'에 있다. 모든 지원자에게 동일한 조건과 질문을 적용함으로써, 면접이 가능한 한 객관적이고 공정하게 진행될 수 있도록 돕는 것이다. 메타분석에 따르면, 구조화된 면접은 모든 선발 방법 중 예측력이 가장 높다. 폴 사켓 Paul R. Sackett과 연구진의 분석에 따르면, 구조화된 면접은 모든 인사 및 채용 방법 중 직무 성과 예측력이 가장 높은 방식으로 평가된다.[4] 구조화된 면접에서는 모든 지원자가 비슷한 경험을 하게 된다. 예를 들어, 면접을 시작하면 모두에게 한 잔의 물이 제공되고, 각자 똑같이 3분 동안 자기소개를 할 수 있는 시간이 주어진다. 면접 시간 역시 동일하게 배정된다. 이후 본격적인 진단 단계에서는 사전에 정의한 평가 기준에 맞춰, 모든 지원자에게 동일한 질문을 던진다. 리더를 뽑는 경우라면, '권력을 책임감 있게 다루는 방식'이 그 평가 기준이 될 수 있다. 질문이 동일하기 때문에, 면접관들은 지원자들을 훨씬 정확하게 비교할 수 있다. 각 질문에 면접관은 꼼꼼히 메모를 남기고, 면접이 끝난 후 1점(전혀 그렇지 않다)에서 10점(완전히 그렇다)까지의 척도로 지원자의 역량을 평가한다. 다음과 같은 행동 기준을 측정할 수 있다.

- 지원자가 보상·처벌 권한을 책임감 있게 사용하는가?
- 권력의 행사보다는 영향력을 발휘하려 하는가?
- 권력 자원을 투명하게 사용하는가?
- 권력을 부하 직원에게 남용하지 않는가?
- 권력을 팀원들에게 적절히 위임할 수 있는가?

권력 사용 방식이나 태도를 평가하려면 정교하게 설계된 질문을 사용해야 한다. 단순히 원론적인 질문으로는 원하는 정보가 나오지 않는다. 면접은 지원자의 행동을 드러낼 수 있는 '자극Stimuli'을 만들어내야 한다. 심리학에서는 이와 관련해 다음과 같은 과거의 경험을 기반으로 한 구체적인 질문을 권장한다.

"이전 직장에서 다른 사람들에게 영향력을 발휘하거나 결정 권한을
행사해야 했던 상황을 말씀해주시겠습니까?"

"팀의 연말 보너스를 배분할 때, 구체적으로 어떤 방식으로 결정하셨
나요?"

"당시 팀원들은 그에 대해 어떻게 반응했습니까?"

"비판이나 피드백이 당신의 향후 행동에 어떤 영향을 미쳤습니까?"

여기에 더해, 가상 상황을 설정해 질문해보는 방식도 추천할 만
하다. 실제로 발생할 수 있는 상황을 제시하고, 지원자가 그 상황에
서 어떻게 행동할지를 묻는 방식이다.

"당신은 우리 대학의 교수로 몇 년째 재직 중입니다. 중요한 연구 과
제를 진행하고 있는데, 한 학생이 이미 두 번 이상 시험에서 낙제점
을 받아 이번 학기에는 더 이상 기회가 없는 상황입니다. 그런데 어느
날, 예고 없이 찾아와 한 번만 더 기회를 달라고 합니다. 어떻게 대응
하시겠습니까? 그렇게 대응하는 이유는 무엇입니까?"

지원자가 조직 내에서 권력을 어떻게 인식하고 사용하는지를 더
깊게 이해하려면 다음과 같은 질문도 유용하다.

"지난 10년을 돌아봤을 때, 리더로서의 역할이 당신을 어떻게 변화

시켰습니까?”

“다른 사람에게 보상할 기회가 있었을 때, 어떻게 행동했습니까?”

“누군가를 처벌해야 했던 가장 최근의 사례를 설명해주세요. 어떤 일이 있었고, 어떤 방식으로 처리했습니까?”

“지난 한 달 동안, 업무 중 권력을 행사하고 있다고 느낀 순간이 있었습니까? 최소 한 가지 예시를 들어 말씀해주세요.”

“정기적으로 본인에 대한 피드백을 받기 위해 어떤 노력을 하고 있습니까?”

“왜 리더가 되고 싶습니까? 당신의 가장 가까운 친구는 당신이 리더가 되고 싶어 하는 이유를 뭐라고 말할 것 같습니까?”

“자발적으로 권한이나 권력을 넘겨준 경험이 있습니까? 자세히 말씀해주세요.”

“이전 팀원들이 당신의 리더십 스타일을 어떻게 묘사할 것 같습니까?”

“당신을 좋아하지 않았던 팀원들은 당신의 리더십을 어떻게 평가할 것 같습니까?”

권력 진단 방식 2: 업무 표본

또 하나의 효과적인 진단 방법은 업무 표본을 만드는 것이다. 과거의 행동은 미래의 행동을 예측하는 가장 강력한 지표 중 하나다.

다만 리더십이나 권력 사용 방식은 건축가나 디자이너처럼 포트폴리오를 제출해 증명할 수 있는 성격의 것이 아니다. 다행히도 사람들은 권력을 사용하는 과정에서 흔적을 남긴다. 이를 평가할 수 있는 방법 중 하나는 리더십 레퍼런스(평판 자료)를 요청하는 것이다. 흥미로운 점은 대부분의 경우 상급자가 부하 직원을 평가하는 레퍼런스만 존재한다는 것이다. 이는 매우 부조리한 것이다. 권력의 직접적인 영향을 받는 사람들은 바로 팀원들이다. 이들이야말로 매일 리더의 권력 사용 방식을 목격하고 체감한다. 그렇다면 그들의 평가야말로 가장 신뢰할 만한 자료가 아닐까? 팀원이 리더의 권력 사용 방식을 평가할 수 있다면, 조직 내 권력 불균형을 완화하는 데도 큰 도움이 될 것이다. 따라서 오랫동안 해당 리더 아래에서 함께 일해온 사람들로부터 평가를 받아라.

또 다른 방법은 '수습 기간'을 두는 것이다. 양측 모두에 장기적인 협업이 바람직한지 평가할 기회를 주고, 리더의 권력 사용 방식을 '업무 표본'처럼 관찰할 시간을 가질 수 있다. 후보자가 권력을 어떻게 다루는지 면밀하게 평가할 수 있는 만큼, 이 시간을 잘 사용해야 한다. 중요한 것은, 수습 기간이 시작되기 전부터 '권력 사용에 대한 명확한 기대치'를 정의하고 이를 기준으로 평가해야 한다는 점이다. 6개월 동안 권력을 남용해온 사람이 이후에 달라질 가능성은 거의 없다. 이미 재직 중인 리더에 대해서도 마찬가지다. 권한이 더 큰 자리로 승진할 때마다 새로운 '수습 기간'을 두는 것이 좋다. 그 기간에 기대치에 미치지 못하면, 다시 권력 자원과 책임이 덜한 직위로 재배치하는 것이 바람직하다.

권력 진단 방식 3: 핵심 권력 상황 시뮬레이션

세 번째 진단 방법은 실제 업무에서 마주하게 될 권력 상황과 최대한 유사한 장면을 시뮬레이션하는 것이다. 이는 지원자를 실제 직무와 밀접한 상황에 놓고, 그들이 권력을 어떻게 사용하는지 관찰하는 방식이다. 물론 이러한 상황에서 사람들은 일상적인 행동을 그대로 보여주기보다는, 자신이 발휘할 수 있는 최대치의 행동을 드러내는 경향이 있다. 하지만 이것만으로도 권력 사용 방식이나 리더십 성향을 평가하는 데 충분히 유용하다.

권력 행동을 진단하려면 권력 불균형이 명확히 드러나는 사회적 상황을 만들어야 한다. 예를 들어, 실수를 저지른 팀원과의 면담을 시뮬레이션할 수 있다. 리더 지원자는 문제 상황을 어떻게 해결할지 그리고 권력을 어떻게 활용할지를 보여준다. 특히 추천하고 싶은 방식은 전문 배우를 활용하는 것이다. 배우들은 특정 상황을 일관되게 유지할 수 있어, 모든 지원자에게 유사한 난이도의 상황을 제공할 수 있다. 이는 평가의 공정성과 비교 가능성을 크게 높인다.

또 다른 유용한 방법에는 비구조화된 그룹 토론이 있다. 다양한 변형이 가능한데, 도덕적 딜레마를 다루는 토론이나 자원이 극도로 제한된 상황에서 참가자들이 합의를 찾아야 하는 시나리오가 적합하다. 이때 자연스럽게 권력 욕구와 주도권 싸움이 벌어지면서 권력 사용 방식을 관찰할 수 있다. 또한 시간 압박 속에서 빠른 의사결정을 내려야 하는 그룹 과제도 효과적이다. 앞서 살펴봤듯, 시간 압박은 권위주의적인 행동을 유발하기 때문이다. 물론 사람마다 다르며, 정도에서도 차이를 보인다.

권력 상황 시뮬레이션에서 중요한 점은, 토론을 지배하려 하는지, 자신의 의견을 과도하게 밀어붙이며 다른 사람들의 의견을 억누르는지, 혹은 발언 시간을 지나치게 길게 가져가며 타인의 참여 기회를 빼앗는지를 관찰하는 것이다. 또한 상대방을 존중하지 않고 깎아내리거나, 권력적 지위를 남용하는 태도 역시 주목해야 한다. 다만 유의해야 할 점은 개별적인 행동 하나하나만으로는 큰 의미를 갖기 어렵다는 것이다. 체계적이고 구조화된 관찰을 통해 여러 정보가 종합적으로 모였을 때, 그 사람의 권력 사용 방식에 대해 신뢰할 수 있는 진단이 가능하다.

솔직히 말해, 나는 아직 권력 진단을 전문적이고 체계적으로 수행하는 조직을 본 적이 없다. 하지만 그럼에도 나는 이 방식을 꾸준히 추천한다. 왜냐하면 이를 통해 조직 내 권력의 작동 방식을 더 건강하고 긍정적으로 다룰 기회가 생기기 때문이다. 권력을 사용하게 될 사람을 제대로 선발한다는 것은 조직 내에서 권력이 남용되지 않고 책임감 있게 활용될 가능성이 커진다는 뜻이다. 흔히들 "회사가 싫어서 떠나는 게 아니라 사람 때문에 떠나는 것이다"라는 말을 한다. 만약 조직에 권력을 올바르게 다루는 리더가 있다면, 그것만으로도 큰 이점을 지니고 있는 것이다. 성숙한 리더는 구성원에게 신뢰를 주고, 심리적 안전감과 임파워먼트를 촉진하여 기업이 시장에서 성공적으로 경쟁하고 성장하는 데 결정적인 역할을 한다.

제안 3: 조직에서 임파워먼트 중심의 리더십을 실천하라

• • •

1부에서 니코의 사례를 통해 카리스마 권력을 설명했다. 카리스마 권력은 마법 같은 능력이 아니라 구체적인 행동을 통해 형성된다. 카리스마 권력은 가장 강력하면서도 동시에 가장 취약한 권력 자원이다. 카리스마 권력을 지닌 리더는 자신의 비전으로 구성원의 욕구를 정확히 공략해야 한다. 그것이 성공하면 구성원은 리더의 목표를 위해 기꺼이 헌신하고, 리더와 구성원 사이에는 강한 공동체 의식이 형성된다.

하지만 나는 이러한 방식의 영향력 행사와 직장에서의 심리적 융합이 종종 과도하고 침범적인 것처럼 느껴진다. 게다가 이 경우 카리스마 리더가 팀을 떠나면, 구성원들이 큰 상실감과 혼란에 빠지고, 심지어 리더를 따라 다른 회사로 이직하는 경우도 적지 않다. 이는 조직의 입장에서는 결코 긍정적인 현상이 아니다. 무엇보다도 나는 니코 같은 카리스마형 리더들이 권력을 나누지 않고 자신에게 집중시키는 것이 가장 문제라고 생각한다. 그들은 높은 연단에 올라 비전을 외치지만, 실질적인 권한은 위임하려 하지 않는다. 카리스마 리더십 또는 변혁적 리더십transformational leadership에는 본질적으로 권한 위임이 포함되지 않기 때문이다. 그럼에도 불구하고 많은 조직에서는 변혁적 리더십을 이상적인 리더십 모델로 여기고, 구성원들에게 동기를 부여하기 위해 이를 훈련하고 장려한다. 특히 스타트업에서 이런 경향이 두드러지게 나타난다.

이처럼 카리스마 권력은 부작용이 많고, 권력을 한 사람에게 지나치게 집중시킨다. 권위주의적 리더십이 지니는 위험성에 대해서도 이미 충분히 이야기했다. 그래서 나는 그 대안으로 임파워먼트 중심의 리더십을 제안하고자 한다.

7장에서 나는 사람들이 임파워먼트를 경험하기 위해서는 권력의 영향력을 느끼는 것만으로는 충분하지 않으며, 의미, 자율성, 유능감을 함께 경험해야 한다고 설명했다. 이 네 가지가 결합할 때, 단순한 권력 경험을 넘어서는 임파워먼트가 형성된다. 따라서 임파워먼트 중심의 리더십은 영향력, 의미, 자율성, 유능감을 리더십의 목표로 삼는다. 나를 포함한 연구진은 리더가 구성원의 임파워먼트 경험을 높일 수 있는 세 가지 핵심 경로를 확인했다.

방법 1: 임파워먼트 중심의 리더십

임파워먼트 중심의 리더십 스타일은 이미 많은 연구를 통해 그 유용성이 입증되었다. 이 리더십은 구성원의 심리적 안녕과 업무 성과 모두에 긍정적인 영향을 준다. 이는 볼프강 숄이 말한 '영향력' 개념을 한층 구체화한 발전형이다. 임파워먼트 리더십은 업무 만족도를 높이는 데 그치지 않고, 성과 향상에도 기여한다. 따라서 카리스마 리더십에서 임파워먼트 중심의 리더십으로 전환했을 때 성과가 떨어질까 염려할 필요는 없다. 우리 연구진이 진행한 메타분석에서는 임파워먼트 리더십이 구성원의 의미, 자율성, 영향력, 유능감의 체감 수준을 높이는 데 얼마나 효과적인지도 확인했다.[5] 더 흥미로운 점은, 이 리더십 스타일이 서구 문화권뿐 아니라 상대적으로 권위주의적 성향이 강한 문화권에서도 긍정적인 효과를 보였다는 것이다. 즉, 임파워먼트 리더십은 특정 문화권에 한정되지 않는 보편적인 리더십 방식이라 할 수 있다.

임파워먼트 리더십은 6가지 핵심 요소로 구성된다. 이는 임파워먼트 리더십을 발휘하는 리더의 '도구 상자'라고 볼 수 있다. 다만 각 요소를 모든 상황에 일괄적으로 적용할 수 있는 것은 아니다. 리더에게는 상황을 잘 읽고, 해당 맥락에서 가장 적합한 요소를 선택해 실행할 수 있는 공감 능력과 상황 인식력이 필요하다.

권한과 책임의 위임

첫째는 권력 자체에 대한 것이다. 임파워먼트형 리더는 구성원을 권한 부여의 주체로 삼는다. 권력을 행사하는 대신, 영향력을 사용하기 위해 노력한다. 즉, 권한과 의사결정권을 독점하지 않고 구성원에게 넘겨주어 팀 전체가 더욱 효율적으로 움직일 수 있도록 한다. 이들은 구성원을 신뢰하며 팀의 성공과 관련된 핵심 업무와 자원을 위임한다. 그런데 이 과정에서 많은 리더가 통제력을 잃는 것 같은 불안감을 느낀다. 이 불안감은 대개 리더 자신의 임파워먼트가 부족하거나, 상위 관리자에게 지나친 통제를 받고 있기 때문이다. 우리는 종종 모든 것을 자신이 처리해야만 안심할 수 있고, 일이 제대로 돌아간다고 믿는다. 그러나 실제로는 그 반대인 경우가 많다. 두려움과 불안감 때문에 마이크로 매니지먼트나 권위주의적 리더십에 빠지면, 구성원은 결국 수동적이고 무기력해지며, 이는 결국 조직의 성과에 부정적인 영향을 준다.

임파워먼트형 리더는 지나치게 세세한 감시 대신 거시적 관점으로 팀을 관리한다. 관료적 제약을 최소화하고, 구성원에게 스스로 책임지고 문제를 해결할 수 있는 시간과 공간을 제공한다. 성공적으로 책임을 수행한 구성원에게 돌아오는 보상은 단순한 금전적 인센티브가 아니라, 더 큰 책임과 권한이다. 물론 이는 구성원이 원하고 받아들일 준비가 되어 있을 때에 한한다.

이는 업무 방식에도 적용된다. 리더는 구성원과 함께 도전적이지만 달성 가능한 목표를 세우되, 목표 달성 과정은 구성원이 스스로 설계하도록 맡긴다. 리더는 지원자이자 장애물을 제거해주는 역할을 하며, 모든 필요한 자원을 확보해 구성원이 주도적으로 일할 수 있는 환경을 만든다. 이렇게 해서 형성되는 '자율과 신뢰의 장'이 바로 임파워먼트 권력 사용을 위한 핵심 토대다.

의미 부여

리더는 구성원이 일의 의미를 느낄 수 있도록 도와야 하며, 단순히 업무 지시를 내리는 사람이 아니라 '왜 이 일을 하는지'를 설명할 수 있는 사람이어야 한다. 이를 위해서는 어떤 과업이 조직의 큰 목표, 나아가 사회적 가치와 어떻게 연결되는지를 구성원들에게 명확히 보여주는 과정이 필요하다. 의미를 제공하는 일은 구성원에게 방향성과 내적 동기를 부여한다. 임파워먼트형 리더는 단순히 목표를 전달하지 않고, 각 부분의 목표가 전체 비전과 어떻게 연결되는지를 함께 설계한다.

카리스마 리더십과 달리, 임파워먼트 리더십에서는 비전을 상향식으로 함께 만들어간다. 구성원은 리더가 제시하는 목표를 수동적으로 따르지 않고, 그 과정에 능동적으로 참여해 자신의 가치관과 일치하는 목표를 구체화한다. 이는 비전을 더욱 강력하고 내면화된 동기로 바꿔준다. 현재의 과업이 지닌 의미뿐 아니라, 미래에 이 일이 어떤 성과를 가져올지에 대해서도 함께 고민한다. 예를 들어, 나는 박사과정 학생들을 지도할 때마다, 학생들과 함께 최대한 일찍부터 장기적인 목표를 고민한다. 누군가는 학계 진출을 원할 수도 있고 누군가는 컨설팅 분야에서 일하기를 원할 수도 있다. 어느 쪽이든 목표에 따라 연구 주제나 방법론을 다르게 설정해야 한다. 효과적으로 의미를 부여하기 위해서는 리더가 구성원의 업무를 깊이 이해하고, 그들과 깊이 있게 소통해야 한다. 그래야 업무의 중요성을 제대로 전달할 수 있고, 구성원들에게 동기를 부여할 수 있다.

참여

참여는 구성원이 자율성을 체감하도록 돕는 데 초점을 둔다. 참여는 그 강도와 방식이 다양하다. 가장 기본적인 단계는 정보 공유다. 임파워먼트형 리더는 조직 내 중요한 정보를 적시에, 선별적으로 팀과 공유한다. 불필요한 정보로 팀을 피로하게 만들지 않고, 필요한 정보를 신중하게 전달한다. 진정한 의미의 참여란, 사소한 일뿐 아니라 중요한 의사결정에도 구성원을 참여시키는 것을 의미한다. 이 과정을 통해 구성원들은 의사결정의 다양한 측면을 이해하고, 조직의 흐름을 더 깊이 파악하게 된다.

리더는 팀의 의견을 경청하고, 비판이나 대안을 열린 마음으로 받아들일 줄 알아야 한다. 어떤 리더는 중요한 결정에서 구성원들에게 거부권을 주기도 한다. 예를 들어, 인사 채용 과정에서 한 팀원이 특정 지원자와는 절대 함께 일할 수 없다고 판단한다면, 그 의견을 존중하는 것이 합리적이다. 실제로 나는 인사 결정에서 이런 접근 방식을 시도해본 경험이 있다. 소규모 팀에 새로운 인력을 투입할 때 팀 내부의 거부감이 크다면 결국에는 성과도 내지 못하고 팀의 결속력도 약화된다. 때로는 리더 역할을 한시적으로 위임하는 것도 가능하다. 구성원이 리더보다 더 많은 전문지식을 가지고 있는 프로젝트의 경우, 그에게 리더 역할을 일시적으로 맡기는 것이다. 이렇게 하면 권력이 분산되고, 구성원들은 책임감과 자율성을 체감하게 된다.

역량 개발

구성원의 역량을 체계적으로 성장시키는 것이다. 임파워먼트형 리더는 단순히 인사팀에 개발을 맡기지 않고 직접 인재 육성에 관여하며, 구성원의 잠재력과 성장 가능성에 초점을 맞춘다. 일부 리더들은 불안감이나 경쟁심 때문에 팀원의 성장을 억제하려는 경향을 보이는데, 이는 '내 자리를 위협할지도 모른다'라는 두려움에서 비롯된 행동이다. 하지만 이는 리더의 자신감 부족 또는 임파워먼트의 부재를 드러낼 뿐이다. 임파워먼트형 리더는 자신의 이익을 위해서가 아니라 구성원들의 개별적인 발전을 위해 성장을 지원한다. 또한 구성원의 강점은 강화하고 약점은 개선시킨다. 때로는 구성원이 예상치 못한 분야에서 성장하더라도 기꺼이 지원한다.

또한 임파워먼트형 리더십은 구성원의 능력에 대해 깊게 고민하고, 장기적인 발전을 위한 계획을 세운다. 이를 위해 정기적이고 건설적인 피드백을 중시한다. 구성원이 새로운 관점에서 문제를 바라보고, 주도적으로 해결책을 탐색하도록 돕는다. 예를 들어, 내가 지도하는 박사과정 학생들은 4주마다 진행 상황을 공유한다. 완벽한 결과물이 아니어도 상관없다. 가설 설정이나 계산 과정 일부만 제출해도 된다. 중요한 것은 대화를 이어가고 피드백을 주고받는 과정이다. 이렇게 정기적인 공유를 통해, 학생들은 논문에 피드백을 반영할 수 있고 지속적으로 성장한다.

다음 두 가지 요소는 심리적 임파워먼트에 직접적으로 대응되지는 않지만, 오래전부터 임파워먼트형 리더십의 핵심 요소로 이해되어 왔으며, 연구 결과에서도 임파워먼트 경험과 밀접한 연관성을 보이는 것으로 확인된다.[6]

개별적 배려

개별적 배려란 단순히 '친절하게 대하는 것'이 아니라, 구성원을 하나의 독립적인 인격체로 진심으로 이해하고 존중하는 태도를 의미한다. 리더는 구성원이 가진 고유한 필요, 능력, 관점을 파악하고, 이를 고려해 적절한 역할과 업무를 배정한다. 앞에서 언급했듯이, 권력을 가진 사람들은 종종 주변 사람들을 획일적으로 대하거나 대상화하는 경향을 보인다. 그렇기 때문에 권력에 익숙한 리더들에게는 개별적 배려가 가장 어려운 과제일 수도 있다.

임파워먼트형 리더는 구성원이 겪는 문제와 그들의 관심사에 진실된 관심과 흥미를 갖는다. 이들은 구성원의 의견을 경청하고 존중하며, 업무를 개인의 강점과 성장 가능성에 맞춰 조정한다. 그 결과 구성원들은 조직에서 인정받고 존중받는다는 감각을 느끼며, 이는 더 높은 성과로 이어진다.

모범적 행동

이상화된 영향력, 즉 모범을 통한 리더십 역시 임파워먼트형 리더십의 핵심이다. 이때 리더는 단순히 말로만 기대치를 제시하지 않고, 스스로의 행동으로 기준을 보여준다. 힘든 시기에도 흔들리지 않고 책임감을 보여주며, 팀원들에게 솔선수범한다. 모범적인 리더는 팀원들의 성장을 요구하는 동시에 자신 또한 끊임없이 성장하려 한다. 정기적인 교육과 훈련을 받고, 새롭게 습득한 지식과 기술을 팀원들과 나누며, 윤리적·도덕적 기준을 단지 말로만 전달하는 것이 아니라 실제 행동으로 체화해 보여준다. 이런 리더는 구성원들에게 깊은 신뢰와 영감을 심어준다. 구성원들이 그 모든 가치를 공유하지 않더라도, 리더의 행동과 노력에서 진정성을 느낀다. 이는 리더를 안정적으로 신뢰할 수 있게 함으로써 모범적 행동의 긍정적 영향을 더 굳건히 해준다.

임파워먼트형 리더십의 여섯 가지 요소를 다 살펴보고 나면 이렇게 느낄 수 있다. "멋진 이야기지만, 너무 이상적이어서 현실에서는 힘들지 않을까?" 그 의문은 타당하다. 임파워먼트형 리더십은 시간과 에너지를 많이 요구하는 방식이다. 카리스마형 리더십처럼 한 번의 연설이나 강력한 메시지로 해결되는 것이 아니다. 임파워먼트형 리더십은 팀과의 깊은 상호작용과 권한 위임을 요구한다. 특히, 이 리더십 스타일은 리더가 팀 관리에 전념할 수 있을 때 효과적으로 작동한다. 오전 9시부터 오후 4시까지는 본인의 업무를 처리하고, 남은 시간 동안 팀원을 관리하려 해서는 임파워먼트형 리더가 되기 힘들다. 이런 경우에는 어쩔 수 없이 카리스마형, 권위형, 혹은 방임형 리더십을 적용할 수밖에 없다.

이 원칙은 팀 내 일부 구성원이 임파워먼트를 원하지 않는 경우에도 동일하게 적용된다. 리더십은 함께 추는 춤과 같다. 리더가 손을 내밀어도 팀원이 손을 잡고 함께 리듬을 맞추지 않으면 이 춤은 시작되지 않는다. 둘의 리듬이 어긋나는 순간, 리더와 팀원 모두 지쳐버리고 리더십은 제 기능을 하지 못한다. 리더가 권한과 책임을 나누어주려는 의지가 있더라도, 구성원이 이를 받아들일 준비가 되어 있지 않다면 아무 소용이 없다. 다시 말해, 팀원 역시 자신이 어떤 방식으로 리더십을 경험할지를 일정 부분 결정해야 하는 것이다.

구성원이 적극적이고 열린 태도를 보인다면, 리더도 자연스럽게 더 많은 자율성과 권한을 위임할 수 있다. 따라서 인재 채용 단계에서부터 '권력과 책임에 대한 건강한 태도'를 중요한 평가 기준으로 삼는 것이 필수적이다. 권한 위임을 싫어하거나, 책임을 지는 데 익숙하지 않은 인재를 팀에 들인다면 임파워먼트형 리더십은 제 기능을 다할 수 없다. 이 점에서 채용과 리더십은 긴밀하게 연결되어 있으며, 올바른 사람을 선택하는 것이 곧 건강한 리더십을 가능하게 하는 출발점이다.

방법 2: 임파워먼트 경험의 확산

팀 내 임파워먼트를 강화하는 또 다른 방법이 있다. 나와 리사 그뤼츠마허Lisa Grützmacher는 대규모 행정 조직을 대상으로 연구를 진행한 적이 있다.[7] 우리는 리더들이 느끼는 임파워먼트가 직원들에게 '전염'된다는 사실을 확인했다. 직원들이 리더의 임파워먼트를 높게 인식할수록, 그들 자신도 더 큰 임파워먼트를 경험했다. 이는 긍정적인 경우뿐 아니라 부정적인 경우에도 마찬가지였다. 리더의 임파워먼트 수준이 낮게 느껴지면, 직원들도 덩달아 무력감을 느끼는 경향이 나타났다.

예를 들어, 내가 박사과정 중인 학생들에게 "조직심리학은 사실 그렇게 중요하지 않아. 다른 심리학 분야가 훨씬 더 가치 있고 해볼 만하지"라고 말한다고 가정해보자. 또는 그들이 보기에 내가 연구에 대해 확신이 없고 무능하며 대학 측에서 일방적으로 정해준 연구 가

설과 실험 설계대로만 진행한다고 여긴다면, 내 밑에 있는 학생들 역시 '내 연구가 의미 있다', '나는 영향력을 행사하고 있다', '나는 자율적이다', '나는 유능하다'라는 감각을 느끼기 어려울 것이다.

따라서 주변 사람들과 함께 성장하고 싶다면, 먼저 자신의 임파워먼트를 키우는 것이 중요하다. 이는 비행기에서 기내 압력에 문제가 생길 경우, 먼저 자신이 산소 마스크를 착용한 다음 주변 승객을 돕는 것과 비슷하다. 임파워먼트는 설문지를 통해 측정할 수 있으며, 심리학자들은 설문지나 진단 도구를 통해 당신이 느끼는 의미, 자율성, 영향력, 유능감이 다른 리더 집단과 비교해 어느 정도인지 피드백을 줄 수 있다.[8] 만약 측정 결과, '의미' 항목에서 다른 리더 중 70퍼센트가 당신보다 높은 점수를 받았다는 사실을 알게 되었다면, 다음 질문들을 활용해 자신의 상황을 점검하고 부족한 차원을 우선적으로 강화해야 한다.

- 어떤 업무를 할 때 의미를 느끼고 영향력을 행사하고 있다고 느끼는가?
- 최근에 스스로를 유능하고 자율적이었다고 느낀 순간은 언제인가?
- 오늘 하루 동안 네 가지 임파워먼트 요소(의미, 자율성, 영향력, 유능감)를 언제 체감했는가?
- 누구와 함께 있을 때 더 많은 임파워먼트를 경험하는가?

- 당신의 의미, 자율성, 유능감, 영향력을 갉아먹는 이들은 어떤 사람들인가?
- 어떻게 하면 더 자주 임파워먼트를 경험할 수 있는 상황을 만들 수 있는가?

이와 함께 직원들이 당신의 임파워먼트를 인지할 수 있어야 한다. 왜 특정 업무를 의미 있다고 생각하는지, 리더로서 어떤 부분에서 의사결정권과 자율성을 행사할 수 있는지("이건 우리가 직접 결정할 수 있어" vs. "그건 전혀 우리 손에 달린 게 아니야")를 명확히 표현하라. 또 한 가지, 특정 문화권에서는 다소 부정적으로 여겨질 수 있지만, 자신의 성과를 인정하고 이를 드러내는 것도 중요하다. 하루를 마무리하며 "오늘 이 부분은 잘해냈어"라고 스스로 인정하고 이를 자연스럽게 표현할 줄 알아야 한다.

마지막으로 임파워먼트를 연구하면서 발견한 '킥 포인트'를 공유하고자 한다. 바로 신뢰다. 신뢰는 전염 효과를 극대화하는 핵심 요인이다. 리더가 느끼는 권한, 의미, 자율성, 유능감은 '신뢰'라는 매개가 있을 때 더욱 강하게 퍼져나간다. 반대로 신뢰가 없다면, 리더의 임파워먼트는 팀원들에게 긍정적으로 다가가기는커녕 오히려 위협적으로 느껴질 수 있다.

방법 3: 임파워먼트 중심의 업무 환경 설계

리더들은 종종 자신이 팀의 업무 방식과 근무 환경에 얼마나 큰 영향을 미칠 수 있는지 과소평가한다. 물론 조직 내에는 일반적인 규칙과 절차가 존재하지만, 동일한 회사 안에서도 부서나 팀마다 그 규칙의 적용 방식은 크게 다를 수 있다. 때로는 리더와 팀원들이 자신들만의 업무 방식을 개발해 활용하기도 한다. 팀이 성과를 내고, 법적 규정이나 안전, 윤리를 위반하지 않는다면, 팀의 프로세스를 설계하는 데 있어 상당한 자율성이 주어질 수 있다.

어떤 팀은 매일 아침 회의로 하루를 시작하며 그날의 과제를 공유한다. 다른 팀은 임파워먼트를 위해 모든 구성원이 모여 새로운 아이디어를 탐구하는 '혁신의 날'을 운영할 수도 있다. 또 다른 팀은 주기적으로 근무시간과 재택근무 일정을 조율한다.

가족이나 비영리 영역에서 리더 역할을 맡고 있을 때는 재량권이 훨씬 더 크다. 함께 일하고 함께 살아가는 조건들은 심리적 임파워먼트를 촉진할 수도, 혹은 방해할 수도 있다. 한번 주위를 살펴보자. 당신이 함께하는 사람들과 어떤 부분에서 협력과 관계를 조율할 수 있는지 그리고 어디서 더 나은 환경을 만들어낼 수 있는지를 생각해보라.

다음 표에는 조직에서 심리적 임파워먼트를 키울 수 있는 몇 가지 영역을 정리해두었다. 어떤 요소가 의미를 만들고, 어떤 선택이

심리적 임파워먼트를 위한 영역

규칙 및 관료주의	• 팀 내 불필요한 규칙이나 절차가 임파워먼트를 방해하고 있지 않은가? • 더 나은 임파워먼트를 위해 새 규칙이 필요한가? • 구성원들이 규칙의 목적과 의미를 이해하고 있는가? • 구성원들이 규칙을 제안하거나 바꿀 수 있는 권한이 있는가?
커뮤니케이션 & 회의	• 회의 문화는 효율적인가? • 회의 빈도를 늘려야 할까, 줄여야 할까? • 회의의 목표와 의미가 명확한가? • 모든 구성원이 동등하게 발언할 기회가 있는가? 아니면 소수가 대화를 독점하고 있는가?
목표 설정	• 팀원이 조직의 목표와 팀의 존재 이유를 명확히 이해하고 있는가? • 목표가 구성원들에게 동기를 부여하는가? • 목표 설정 과정에 팀원들이 참여할 수 있는가?
책임과 권한	• 팀원들이 스스로 책임을 질 수 있는가? • 실제로 책임을 지고 있는가, 아니면 다시 리더에게 되돌리고 있는가? • 구성원들이 책임을 지고 싶어 하는가, 아니면 이를 부담스러워하는가?
업무 수행	• 팀은 진짜 필요한 일을 하고 있는가? • 업무 조율과 수행 과정이 임파워먼트를 촉진하는가? • 모든 구성원이 참여하고 있는가, 아니면 특정 개인이 모든 것을 주도하는가?

실패와 오류 문화	• 팀 내에서 실수를 해도 괜찮다고 느끼는가? • 실수를 어떻게 다루고, 그로부터 배우는가? • 실수를 방지하느라, 또는 숨기느라 얼마나 에너지를 쓰고 있는가?
고객 관리	• 고객과의 관계가 팀의 임파워먼트를 높이는 방식으로 설계되어 있는가? • 고객의 기대가 팀의 역량과 맞아떨어지는가? • 팀에게 고객을 선택할 수 있는 권한이 있는가?
인재 및 팀 개발	• 구성원이 전문적·개인적으로 성장할 기회가 충분한가? • 학습과 성장의 시간을 보장하고 있는가?
역할의 명확성	• 모든 팀원이 자신의 역할과 책임을 정확히 알고 있는가? • 역할 분담이 적절히 이루어지고, 그것이 각자의 역량과 동기 부여 수준에 잘 맞는가? • 새로운 역할을 자발적으로 맡을 수 있는 권한이 있는가?
피드백	• 팀원 간 피드백이 충분히 이루어지고 있는가? • 피드백 과정이 임파워먼트의 네 가지 요소를 잘 반영하고 있는가? • 리더 또한 팀원으로부터 정기적으로 피드백을 받고 있는가?
하이브리드 협업	• 재택근무와 출근일은 팀의 임파워먼트를 해치지 않고 조율되고 있는가? • 팀원들이 함께 협력하며 임파워먼트를 느낄 수 있는 기회가 있는가?
심리적 안전성	• 팀원들이 부담 없이 의견을 낼 수 있는가? • 새로운 아이디어나 실수를 편안히 공유할 수 있는가?

<table>
<tr><td>온보딩</td><td>• 새로운 팀원이 가능한 한 빨리 임파워먼트를 경험할 수 있도록 지원하고 있는가?
• 입사 3개월 후 신입에게 어느 정도의 권한이 주어지는가?</td></tr>
</table>

자율성을 키우며, 어떻게 유능감을 경험하게 할 수 있을지 함께 고민해보자.

임파워먼트를 기반으로 한 리더십은 조직 내 권력의 성격을 긍정적으로 바꿀 수 있다. 물론 보상, 처벌, 카리스마, 직위에 기반한 전통적 리더십이 유효한 순간도 있다. 하지만 이 책에서 보여주었듯, 훨씬 더 다양한 리더십 스펙트럼이 존재한다. 나는 임파워먼트 중심의 리더십을 권하고 싶다. 나의 주장과는 별도로 메타분석 결과만 보아도, 임파워먼트 리더십 스타일의 효과는 입증되었다고 볼 수 있다.[9] 임파워먼트 리더십은 감정적 소진을 줄이고, 성과와 혁신적 행동을 높이며, 지식 공유와 팀 결속을 강화하고, 리더에 대한 신뢰와 관계의 질을 개선한다. 특히 신뢰 증진 효과가 두드러진다. 이는 리더십이 얼마나 임파워먼트를 중심으로 운영되느냐에 달려 있다. 권력은 그것을 다루는 방식에 따라 무겁고 억압적인 것이 될 수도, 성장과 혁신의 원동력이 될 수도 있다. 권력은 책임감 있게 그리고 임파워먼트 중심으로 사용될 때, 세상을 더 나은 방향으로 이끌 수 있다.

제안 4: 조직 내 분산된 권력 구조를 만들라

• • •

아마도 지금쯤 지나치게 이상적이고 낙관적인 분석이라고 생각할 수도 있다. 솔직히 말해, 사실 그 말이 완전히 틀린 것은 아니다. 실제로 권력을 올바르게 사용하기 위해 아무리 노력하더라도 그 시도들을 방해하는 것들이 있다.

우선 분명한 것은 앞서 제시한 여러 접근 방식이 항상 잘 작동하는 것은 아니라는 점이다. 어떤 사람들은 권력에 대해 깊이 성찰하는 것 자체에 관심이 없거나 의지가 약하다. 어떤 기업에서는 권력과 관련된 요소를 포함하는 것을 떠나서, 구조화된 면접 방식을 도입조차 못하는 경우도 있다. 임파워먼트형 리더십은 시간과 에너지를 많이 필요로 하기 때문에 특정 기업에서는 이 방식을 실천하기가 더 어려울 수 있다. 상황에 따라서는 권력을 가진 사람을 바꾸는 것보다, 권력 행동에 영향을 미치는 구조 자체를 바꾸는 것이 훨씬 쉽고 성공 가능성이 높다.

또한 2024년 600개 이상의 기업을 대상으로 실시한 조사 결과에 따르면,[10] 조직들은 직원 개개인이나 기업 문화의 변화보다는 구조의 발전에 압도적으로 큰 비중을 두고 있었다. 이러한 결과를 고려하면, 권력 구조 자체에 대한 조직심리학적 관점을 덧붙일 필요가 있다는 생각이 든다.

여기서 오해 한 가지를 짚고 넘어가야 한다. 위계 속에서 나타나는 권력의 부작용은 조직 개발 담당자들로 하여금 '수평 조직(플랫 조직)'을 만들면 모든 문제가 해결될 것이라고 믿게 만들곤 한다. 그리고 이런 믿음을 컨설턴트들이 열정적으로 지지한다. 그들 중 상당수는 수평적 조직이 기업의 모든 문제를 해결할 만능 키라고 주장한다.

위계 한 단계를 없애면 모든 것이 좋아질 것 같지만 현실은 그렇게 단순하지 않다. 수평적 조직 구조는 기존의 위계 구조가 가진 장점마저 없을 뿐만 아니라, 새로운 부작용을 낳기도 한다. 게다가 위계 구조가 만들어낸 문제조차 완벽하게 제거하지 못한다. 수평적 조직 구조 역시 결국은 위계 구조의 일부이기 때문이다.

독일 빌레펠트대학교의 산업사회학자 슈테판 퀼Stefan Kühl은 수평 조직에서 일상의 복잡성이 오히려 증가한다고 지적한다. 관리자들은 현장 업무에서 멀어지고, 그로 인해 직원들은 스스로 더 많은 조율을 해야 한다. 수평적 조직은 업무 부담을 늘리고, 이전에는 리더가 처리하던 자원 확보, 조정, 갈등 해결, 동기부여, 피드백 같은 일들을 이제는 직원들이 직접 맡아야 한다. 또한 조직의 일상이 더 정치적으로 변한다. 직원들은 서로 간의 권력을 계속 재조정해야 하기 때문이다. 이 같은 권력 분배의 문제는 결코 아물지 않는 상처처럼 계속해서 문제를 일으킨다.

더 나아가 정체성의 혼란을 가져올 수도 있다. 리더가 없거나 리더가 현장에서 너무 멀리 떨어져 있으면, 자연스럽게 여러 하위 집단이 생겨난다. 이 집단들은 각자 나름의 가치관, 목표, 업무 방식을 만들어가는데, 문제는 이런 방식들이 서로 잘 맞지 않는 경우가 많다는 것이다. 그 결과 IT 부서는 IT 부서 방식대로, 인사 부서는 인사 부서 방식대로 따로 움직이게 되고, 조직 전체가 한 방향으로 움직이기 어려워진다.[11]

관리 범위가 지나치게 넓어진다는 문제점도 있다. 수평적 조직에서는 한 명의 리더가 30명, 40명, 심지어 50명까지 담당하는 경우가 있다. 이렇게 되면 리더가 각 직원에게 할애하는 시간이 현저히 줄어들며, 임파워먼트형 리더십은 시간 부족 때문에 사실상 불가능해진다. 개인을 세심하게 고려하는 리더십은 점점 많은 사람들을 한꺼번에 관리하는 방식으로 변해가고, 결국 리더는 다시 보상·처벌 중심의 권력이나 카리스마 리더십에 의존하게 된다. 이는 무엇보다 팀 내 관계의 질을 심각하게 떨어뜨린다.

게다가 수평 조직은 오히려 권력을 더 소수의 사람들에게 집중시키는 경향이 있다. 위계를 없앰으로써 권력이 직원들에게 분산되는 게 아니라, 남아 있는 소수의 리더들에게 몰린다. 예를 들어, 이전에 중간관리자들에게 분산되었던 권한이 이제는 경영진 몇 사람에게 집중된다. 이른바 '단일 권력 지점single points of power'이 형성되는 것이다. 많은 기업들이 조직 혁신의 일환으로 수평적 조직 구도를 도입한다. 그러한 기업들을 대상으로 한 설문조사에 80퍼센트의 기업은 직원들의 자율성을 높이기 위해 조직 혁신을 추진한다고 답했지만, 실제로 직원들에게 더 많은 '권력'을 주겠다고 답한 기업은 37퍼센트에 불과했다. 다시 말해, 많은 직원들이 실질적인 권한 없이 '자율성'이라는 명목 아래 방치되는 것이다. 그 사이 갈 곳을 잃은 권력은 연기처럼 위로 올라가 상층부에서 과부하를 일으키고, 의사결정 속도는 더 느려진다.

결론적으로 수평 조직이 기존 계층 조직의 권력 문제를 해결하는 만능 열쇠는 아니다. 만약 그것이 정말 뛰어난 해법이었다면, 이미 대부분의 기업에서 도입되었을 것이다. 권력 분산을 위한 심리학적 해법은 생각보다 더 정교하고 복합적이다.

이제 대기업과 중소기업(또는 스타트업)을 구분해 접근하고자 한다. 예를 들어, 폭스바겐처럼 20만 명이 넘는 직원을 가진 거대 조직에서는 소규모 스타트업 중소기업과는 전혀 다른 권력 구조 설계가 필요하다. 기억해야 할 핵심은 간단하다. 권력이 특정 개인에게 과도하게 집중되면, 부패하거나 무책임하게 행동할 위험이 커지고, 정보 공유가 막히며, 직원들의 욕구가 좌절되어 동기부여와 임파워먼트가 함께 떨어진다. 이는 결국 높은 이직률로 이어진다. 한편 권력 분산의 목표는 조직 규모와 상관없이 동일하다. 권력이 한 사람에게 지나치게 집중되는 것을 막고, 권력을 조직의 성공을 위해 균형 있게 배분하며, 직원들의 임파워먼트를 촉진하는 것이다.

그렇다면 무엇을 '큰 조직'이라 하고, 무엇을 '작은 조직'이라고 할 수 있을까? 이에 대해서는 통계청 같은 기관의 여러 공식적인 정의가 있다. 그러나 나는 심리학자인 만큼 이 질문에 심리학적 관점으로 답하고 싶다. 영국의 심리학자 로빈 던바Robin Dunbar는 다양한 포유류 집단의 규모를 연구한 뒤, 인간의 사회적 네트워크는 보통 최대 150명으로 이루어진다는 사실을 발견했다. 그는 이를 뇌의 인지적 한계라는 신경학적 요인으로 설명했다. 인간은 대략 100~150명의 얼굴과 이름을 기억할 수 있으며, 이 범위 안에서 더 밀접한 관계를 유지하고 유용한 연결고리를 유지할 수 있다. 물론 이 100~150명가량의 사람이 모두 친구인 것은 아니지만, 이 숫자가 우리가 실질적으로 의지할 수 있는 사회적 네트워크의 최대치라는 의미다.

우리의 조상들은 사냥과 채집을 하며 살았고, 그들의 집단도 대부분 이 정도 규모를 넘지 않았을 가능성이 높다. 오늘날에도 전 세계 거의 모든 군대는 약 100~150명 단위의 중대를 기본 전투 조직으로 삼는다. 이 정도 규모에서 사람들은 유대감을 갖고 긴밀하게 협력할 수 있기 때문이다. 따라서 나 역시 150명 이하의 조직을 대상으로 한 소규모 조직의 권력 구조에 대해 먼저 이야기하고자 한다.[12]

강조하고 싶은 것은 조직 내 권력의 균형을 이루는 방법은 매우 다양하다는 것이다. 상황과 맥락에 따라 어떤 접근법이 잘 작동할 수 있고, 그렇지 않을 수도 있다. 어떤 형태의 권력 분산이 가장 잘 맞을지는 결국 당신의 판단에 달려 있다.

소규모 조직에서의 권력 분산

소규모 사회적 시스템에는 사람들이 서로를 직접 알고 있다는 장점이 있다. 대부분 서로 이름을 알고 있을 뿐만 아니라 성격이나 강점, 전문성까지도 어느 정도 파악하고 있다. 이는 협업과 조율을 훨씬 쉽게 하고, 상호 신뢰를 쌓는 데도 유리하다. 이는 높은 신뢰도로 이어지고, 권력을 균형 있게 나누는 것도 훨씬 수월하다.

분산형 리더십

분산형 리더십 개념에서는 권력이 한 사람에게 집중되지 않고 팀 전체에 나뉘어 있다. 팀이 곧 권력을 가진 주체이며, 가장 중요한 의사 결정 기구가 된다. 이 방식에서는 하나의 단일 권력 지점이 아니라 여러 권력 지점이 공존한다. 드물지만 공식적인 리더의 자리를 번갈아 맡기도 한다. 이때 권력 이동의 기준은 대개 전문성 권력이다. 특정 문제를 해결하는 데 가장 많은 지식과 경험을 가진 사람이 일정 기간 동안 자연스럽게 리더의 위치로 올라서는 것이다. 기존의 리더는 그 기간 동안 스스로 권력에서 물러난다. 여러 메타분석에 따르면,[13] 이러한 권력 분산 방식은 팀의 성공과 밀접한 상관관계를 보인다. 하지만 치옹 우Qiong Wu, 캐슬린 코르미컨Kathryn Cormican, 궈취안 천Guoquan Chen의 연구에 따르면 권력 분산이 긍정적인 효과가 나타나려면 팀 내부에 깊은 신뢰가 있어야 한다.[14] 또한 팀이 수행하는 과제가 높은 상호의존성을 갖고 있어야 한다. 각자의 역할과 결과가 서로 긴밀히 연결되어 있을 때, 분산형 리더십의 진정한 힘이 발휘된다. 결국 소규모 집단에서 서로 신뢰가 두텁고 업무가 유기적으로 맞물릴 때, 권력을 나누는 리더십이 가장 큰 가치를 발한다.

리더십 온 디맨드

나는 《뉴워크 유토피아New Work Utopia》라는 책에서 '리더십 온 디맨드Leadership on Demand'라는 또 다른 권력 분산 모델을 제시한 바 있다.[15] 이 방식은 팀이 스스로를 조직하고 자율적으로 권력을 행사할 수 있다고 신뢰한다는 점에서 분산형 리더십과 비슷하다. 다만 팀이 원할 경우 상황에 따라 일정 기간 전통적인 리더십 체계를 선택하거나, 한 사람에게 권력을 부여할 수도 있다.

이 방식을 적용한 팀은 리더가 필요한지 여부를 스스로 결정할 수 있다. 업무와 프로세스 그리고 결과물에 대해 가장 잘 아는 주체가 바로 팀이기 때문이다. '모든 팀에는 반드시 리더가 있어야 한다'라는 고정관념이 깨지는 순간이다. 예를 들어, 나는 공공기관에서 한 명의 직원을 관리하는 리더를 본 적이 있다. 이는 권력 배분 측면에서도 바람직하지 않을 뿐 아니라, 명백한 자원의 낭비이기도 하다.

리더십 온 디맨드 방식에서는 새 팀이 구성되고 4주 안에 권력을 위임할 것인지 여부를 결정한다. 이유는 다양하다. 가령 피드백, 갈등 조정, 조율, 혹은 팀의 이해관계를 대변하는 과정에 지원이 필요하다는 점 등이 있을 수 있다. 이 과정에서 팀은 팀 개발 전문가의 코칭을 받아, 리더십과 권력을 어떻게 그리고 실제로 위임할 것이지를 결정한다. 이 방식에서는 가능한 한 폭넓은 훈련을 받은 리더 풀pool 이 준비되어 있어야 한다. 이들은 권력에 대해 성숙하게 대처할 수 있고, 이 책의 7장에서 다룬 기준에 맞춰 선발된 인물들이어야 한다. 가장 좋은 방법은 팀에 여러 후보를 소개하고, 팀이 직접 선택하게 하는 것이다. 이때 중요한 점은 리더 후보에게도 리더 역할을 거절할 수 있는 권한이 주어져야 한다는 것이다. 업무 내용, 시간적 여건, 인간관계 면에서 문제가 있다고 판단되면 이를 거부할 수 있어야 한다는 이야기다. 예를 들어, 과거에 팀이 리더를 부당하게 대했던 경험이 있다면, 그 팀은 한동안 리더 없이 스스로 문제를 해결해야 할 수도 있다. 만약 양측이 합의에 이르면 리더와 팀은 정해진 기간 동안 함께 일한다. 그 기간이 끝나면 또다시 논의를 거쳐 협력을 연장할 수도, 종료할 수도 있다. 리더십 온 디맨드는 이처럼 권력과 리더십을 유연하게 다루며, 필요할 때만 등장하고 불필요해지면 사라진다. 즉, 투명하고 의미 있는 방식으로 권력이 사용되는 것이다.[16]

홀라크라시

홀라크라시Holacracy는 몇 줄로 간단히 설명하기는 어려운 개념이다. 브라이언 로버트슨Brian Robertson은 이 주제만으로 한 권의 책을 썼고, 실제 현장에서는 다양한 변형과 해석이 존재한다. 로버트슨은

"홀라크라시의 핵심은 기업을 사람 중심으로 조직하는 것이 아니라, 수행해야 할 '일' 중심으로 조직하는 것이다"라고 말한다.[17] 즉, 사람들은 특정한 직위를 차지하지 않고, 서로 연관된 업무들이 역할로 묶인다. 홀라크라시에는 전통적인 위계 구조나 부서가 없다. 대신 회사는 여러 개의 '서클circles'로 나뉘고, 각 서클은 역할과 책임이 명확히 정의되어 구성된다.

직원들은 하나 이상의 역할을 맡을 수 있으며, 각 역할에서 상당한 자율성을 가진다. 다만 이 자율성은 홀라크라시의 규칙을 준수한다는 전제에서만 유지된다. 역할들이 모인 서클은 스스로 조직하고, 현재의 요구에 맞게 유연하게 조정된다. 정기적인 회의를 통해 업무를 조율하고 문제를 해결하며, 의사 결정은 분산적으로 이루어진다. 조직은 역할과 서클을 지속적으로 수정하거나 새로 만들면서 진화하듯 발전한다. 이 과정에서 회사의 목표를 달성하기 위해서는 서클 간 소통이 매우 중요하다. 전반적으로 보면, 소통과 조율 과정은 전통적인 수직적 위계 구조보다 훨씬 복잡하다. 또한 끊임없는 발전과 변화가 필요하며, 또한 그것이 바람직한 상태로 여겨진다.

스크럼

'밀집' 혹은 '몰려 있는 상태'로 해석할 수 있는 스크럼Scrum은 애자일Agile 프로젝트(큰 프로젝트를 반복적인 더 작고 관리 가능한 덩어리로 나누어 각 반복마다 가치 있는 무언가를 생성하고 피드백을 반영해 적용하는 방식

– 옮긴이 주) 관리의 한 방식으로, 세 가지 핵심 원칙을 가지고 있다.[18]

1. **자율성:** 팀은 높은 수준의 자기조직화 능력을 지니고 있다. 의사결정 권한과 힘이 리더에게 집중되어 있지 않고, 팀 자체에 분산되어 있다.

2. **평등성:** 팀원들은 동등한 위치에서 과업을 함께 수행한다. 누구도 법적 권력이나 직위로 다른 사람을 지배하지 않는다. 공식적인 권력 위계가 없다.

3. **유연성과 고객 참여:** 애자일 프로젝트의 모든 변형에서 공통으로 나타나는 특징은, 프로젝트가 시작될 때 정해진 목표가 없다는 점이다. 짧은 프로젝트 주기마다 팀이 스스로 단기 목표를 설정하고, 그 목표 달성 여부를 스스로 점검한다. 그리고 고객과의 피드백 과정이 지속적으로 포함된다. 고객은 프로젝트의 마지막 단계에서만 의견을 제시하는 것이 아니라, 약 4주마다 피드백을 제공하며 영향력을 행사한다. 이렇게 해서 팀은 상사의 권력이나 인정이 아니라, 제품과 고객을 중심으로 일하게 된다.

첫째와 둘째 원칙은 분산형 리더십에서도 찾아볼 수 있다. 하지만 애자일 프로젝트 관리가 특별한 이유는 셋째 원칙 때문이다.

스크럼 방식은 권력이 방치되지 않도록 명확하게 조율된다는 점에서 분산형 리더십과 차별화된다. 대신 권력은 세 가지 역할로 나 눈다. 프로덕트 오너Product Owner, 스크럼 마스터Scrum Master 그리고 팀 전체the Team다. 프로덕트 오너는 팀의 과업과 자원을 총괄하고, 스크럼 마스터는 스크럼 방식의 준수와 팀 내 상호작용, 팀원들의 요 구가 존중되도록 관리한다. 리더십은 전문성 권력에 기반해 이루어 지며, 팀워크는 철저히 커뮤니케이션 중심으로 진행된다. 매일 짧은 회의를 통해 업무를 조율하고 방향을 맞춘다. 스크럼과 애자일 프로 젝트 방식은 임파워먼트 경험에도 긍정적인 영향을 준다. 우리 연구 팀이 진행한 메타분석 결과, 애자일 프로젝트 방식은 권력감, 영향 력, 자율성 그리고 주도적 역량의 체감을 높여준다는 사실이 확인되 었다.[19]

위임 포커

혹시 포커를 쳐본 적이 있는가? 카지노에서는 포커를 칠 때 다양한 색의 칩을 사용한다. 하지만 위임 포커Delegationspoker에서는 칩 대신 권력을 두고 판을 벌인다. 나는 이 게임을 여러 팀과 함께 해본 적이 있는데, 권력을 주제로 한 대화가 자연스럽게 시작되는 걸 볼 수 있 었다. 마치 권력 지도를 그릴 때처럼, 사람들이 자신의 권력과 권한 에 대해 진지하게 생각하고 이야기하게 된다. 그렇다면 위임 포커는 구체적으로 어떻게 진행될까?

우선 각 팀원은 의미 있는 권력 상황 하나를 떠올리고, 그 상황에 대한 간단한 메모를 작성한다. 그다음 모든 팀원에게 7장의 카드를 나눠주는데, 이 카드에는 각각 다른 수준의 권한 위임 방식이 적혀 있다. 숫자가 올라갈수록 점점 더 많은 권력이 팀으로 넘어간다.

1. **전달**Tell: 리더가 결정을 내리고 통보한다. 보통 추가 설명이나 토론은 없다.

2. **설득**Sell: 리더가 결정을 내린 뒤, 그 이유를 설명하고 팀을 설득한다.

3. **자문**Consult: 리더가 결정을 내리기 전에 팀의 피드백과 의견을 먼저 수렴한다.

4. **합의**Agree: 팀 내에서 충분한 토론을 거쳐, 합의를 통해 결정을 내린다.

5. **조언**Advise: 리더는 조언자로서 역할만 하고, 최종 결정은 팀이 독립적으로 내린다.

6. **확인**Inquire: 팀이 결정을 내리고, 리더는 그 결과를 확인하거나 질문하는 역할만 한다.

7. **완전 위임**Delegate: 리더가 결정 권한과 그에 따른 권력을 완전히 팀에 넘긴다.[20]

게임은 이렇게 진행된다. 한 팀원이 특정한 권력 상황을 가능한 한 구체적으로 설명한다. 다른 팀원들과 리더가 그 상황을 충분히 이해할 수 있도록 사례를 이야기하는 것이다. 그 후, 각 팀원은 어떤 위임 단계가 이 상황에서 가장 적절한지 생각하고, 그에 해당하는 카드를 한 장 고른 뒤 엎어서 테이블 위에 내려놓는다. 신호가 떨어지면 모든 카드가 동시에 공개된다(이때 심리적으로 흥미로운 포인트는, 그 신호를 누가 먼저 주는가를 지켜보는 것이다). 그다음에는 토론이 이어진다. 왜 자신이 선택한 단계가 팀의 성공에 가장 적합한지, 각자 이유를 들어 설명한다. 목표는 서로의 생각을 나누고, 앞으로 해당 상황에서 어떻게 권력을 배분하며 협력할지 합의점을 찾는 것이다. 이렇게 하면 팀 안에서 권력 구조가 보다 투명하게 논의되고, 팀 성과 중심의 건강한 권력 사용 방식이 정착된다.

여기까지 다섯 가지 구조적 방법을 통해 작은 단위에서 권력을 분산시키는 실질적인 아이디어를 소개했다. 권력 분산은 매우 다양한 방식으로 실천될 수 있다. 다만 실제 기업 환경에서는 두 가지의 현실적인 난관이 존재하며 많은 경우 이 지점에서 실패한다.

첫째는 내부적으로 아무리 권력을 잘 분산시키려 해도, 대부분의 기업들은 권력 집중을 요구한다는 점이다. 예를 들어, 독일의 경우 유한회사는 반드시 대표이사를 지정해야 한다. 대표이사는 회사를 대외적으로 대표하고, 세금 신고서나 계약서 같은 중요한 문서에 서명하며, 법적으로 책임을 진다. 결국 핵심은 이 점에 있다. 외부 세계, 특히 국가가 요구하는 건, 변덕스러움, 불확실성과 복잡성, 모호성이 뒤엉킨 세계에서도 여전히 책임을 물을 수 있는 단 한 명의 주체다. 국가의 법적 제재를 받는 최종 수신자 역할을 할 인물이 필요한 것이다. 그래서 권력 지도에서 경영진은 여전히 큰 원으로 표시된다. 따라서 이 자리에 누가 앉느냐, 그 사람이 권력을 책임감 있게 다루느냐 그리고 가능한 한 임파워먼트 중심의 리더십을 발휘하는지가 무엇보다 중요하다.

두 번째 난관은 조직의 규모다. 직원이 100명일 때와 1,000명일 때 권력은 어떻게 분산해야 할까? 1958년 미국 델라웨어에서 설립된 기업, 고어W. L. Gore & Associates는 수십 년 동안 독특한 방식을 유지해왔다. 고어에서는 한 사업장의 인원이 250명을 넘어서면 새로운 사업장을 설립한다. 덕분에 집단의 규모가 항상 관리 가능한 수준으로 유지되고, 권력도 비교적 잘 분산될 수 있다. 물론 이런 방식을 그대로 적용할 수 없는 기업도 있을 것이다. 그런 경우에는 대규모 조직을 위한 다른 접근법이 필요하다.

대규모 조직에서의 권력 분산

큰 조직에서는 더 많은 권력 자원이 더 많은 사람과 그들의 이해관계에 부딪히게 된다. 이는 결과적으로 지배와 분배에 관한 문제로 이어진다. 대규모 프로젝트를 진행하려면 당연히 많은 인력이 필요하다. 따라서 구성원 대부분이 서로에 대해 잘 알지 못하고, 누가 어떤 역량을 갖추었는지 파악하기 어렵다. 대규모 조직에서 조율이 가능하고 사회적 시스템을 안정시키기 위해서는 형식적인 위계 구조가 불가피하다.

북미의 원주민 사회는 평등한 문화의 상징으로 언급되곤 한다. 그러나 11세기에 이들이 미시시피 계곡에서 거대한 피라미드를 건설하기 시작하면서 상황이 달라졌다. 역사학자 페카 해멀라이넨Pek-ka Hämäläinen에 따르면, 카호키아Cahokia에서 가장 큰 피라미드를 건설하는 데 필요한 노동량은 약 37만 노동일로 추정된다. 이와 같은 대규모 프로젝트를 수행하기 위해 그들은 비교적 짧은 시간 안에 사제 계급과 수천 명의 주민으로 구성된 엄격한 위계 사회로 전환했다. 하지만 14세기 소빙하기가 찾아오자 흉작이 이어졌고, 사제 계급은 재앙을 막지 못했다. 결국 그 사회는 무너졌고, 다시 더 작은 단위의 평등한 집단으로 되돌아갔다.[21]

그러나 대규모 조직에서 전통적인 위계 구조 외에 다른 선택지가 없는 것은 아니다. 조직심리학적 관점에서 보면, 큰 조직에도 대안은 존재한다. 목표는 동일하다. 권력을 더 균형 있게 나누고, 구성원들에게 더 많은 임파워먼트를 제공하는 것이다.

위계 구조 속의 임파워먼트 섬

전통적인 위계 구조의 장점을 유지하면서도 자율성과 창의성을 살리는 방법이 있다. 내가 가장 선호하는 대안은 바로 '임파워먼트 섬 islands of empowerment'이다. 이 방법의 특징은 모든 구성원이 이 섬에 접근할 수 있다는 것이다.

섬은 진화생물학적 관점에서 볼 때 매우 흥미로운 공간이다. 본토와 떨어져 있기 때문에 독특한 생태계가 형성되고, 그곳에서만 볼 수 있는 특별한 종이 자라난다.

마찬가지로 대기업 안에서도 '섬' 같은 공간을 만들어야 한다. 이 섬이 효과를 발휘하려면 그곳에서 일정 시간 머물러야 한다. 조직마다 다르겠지만, 나는 업무 시간의 약 20퍼센트를 이 섬에 투자할 것을 권한다. 나머지 80퍼센트는 기존 위계와 프로세스 안에서 일을 하고, 20퍼센트는 자율성과 창의성이 허용되는 '섬'에서 혁신적인 프로젝트를 추진하는 것이다.

예를 들어, 조쉬는 프레젠테이션 자료를 만들고 일정 관리를 한다. 베아테는 원자재 구매를 맡고, 마르코는 클라이언트의 브랜드 개선 작업을 진행한다. 하지만 이 중 20퍼센트의 시간은 임파워먼트 섬에서 보내며, 자율성, 유능감, 의미, 영향력을 느낄 수 있는 새로운 과제에 몰입한다.

혹자는 이렇게 이야기할 수도 있다. "결국 주 4일제를 도입하라는 이야기인가요?" 하지만 나는 주 4일제를 주장하는 게 아니다. 임파워먼트 섬에서 보내는 20퍼센트의 시간은 휴식이 아니라, 미래의 혁신을 위한 투자다. 나 역시 매년 하나의 임파워먼트 섬을 만든다.

그곳에서 나는 유능감, 자율성, 의미, 영향력을 느끼며 새로운 프로젝트에 몰두한다. 대학교수인 나의 경우 임파워먼트 섬은 강의가 없는 방학 기간에 해당한다. 지금 당신이 읽고 있는 이 책도 바로 그 섬에서 태어났다. 수백 년 동안 대학에서 방학은 자유와 혁신의 장으로 기능해왔다. 그렇다면 왜 이 방식이 교수들만의 특권이어야 할까?

다시 조쉬, 베아테, 마르코로 돌아가보자. 이들은 부서의 경계를 넘어 하나의 팀을 꾸리고, 함께 혁신적인 아이디어를 현실로 만든다. 이 혁신의 대상이 프로세스일 수도 있고, 제품일 수도 있다. 중요한 점은 이 프로젝트들이 기존의 공식적인 권력 위계에 속하지 않는다는 것이다. 예를 들어, 그들은 다른 부서의 관리자들과 협력해 새로운 구조화된 면접 방식을 설계한다. 혹은 IT 개발자들이 디자이너들과 손잡고 시장 조사용 AI 툴을 새롭게 만든다. 여기서 직위나 기존의 조직적 서열은 아무런 의미가 없다. 조쉬, 베아테, 마르코가 모여 있는 이 '섬'에서는 공식적인 프로젝트 리더십이 필요 없다. 대신 분산형 리더십, 리더십 온 디맨드, 스크럼 같은 협업 방식을 활용해 프로토타입을 빠르게 개발한다.

임파워먼트 섬에서는 두 가지 목표가 특히 중요하다. 첫째는 구성원들이 최대한 많은 영향력, 자율성, 일의 의미, 유능감을 경험하는 것이고, 둘째는 회사에 꼭 필요한 혁신을 만들어내는 것이다. 이때 혁신은 단순한 아이디어가 아니라, 실제로 테스트 가능한 프로토타입을 의미한다. 임파워먼트 경험이 쌓일수록 혁신의 힘은 커지고,

회사는 미래 수익으로 연결될 수 있는 프로토타입을 꾸준히 확보하게 된다.

당연히 여러 질문이 뒤따를 것이다. '임파워먼트 휴가를 원하지 않는 직원들은 어떻게 될까?' 당연하게도 원하는 사람만 참여하면 된다. 누구도 참여를 강요하지 않는다. 대신 임파워먼트 섬을 효과적으로 활용하고자 한다면, 채용 단계에서부터 임파워먼트와 혁신에 의욕을 가진 사람들을 선발하는 데 신경을 써야 한다.

임파워먼트 섬의 형태는 기업마다 다르게 적용할 수 있다. 어떤 공공기관에서는 직원들이 일정 기간 동안 임파워먼트 섬에 들어갈 수 있도록 허용하고, 이를 위해 별도의 공간을 마련해 제공한다. 이곳에서는 기존 조직의 권력 체계에서 벗어나 일에 집중할 수 있다. 이때 리더들은 직원들이 섬에 머무는 동안 방해받지 않도록 일상적인 잡무나 보고를 강요하지 않는다. 이렇게 2주가 지나면 팀은 완성된 프로토타입을 들고 다시 일상의 업무로 돌아온다.

어떤 기업은 사옥에 '혁신 차고innovation garage' 같은 임시 공간을 설치하기도 하고, 기업 내부에 혁신 전용 회의실을 만들어 주 1~2회 특정 시간에 집중 작업을 진행한다. 이때 중요한 전제 조건은 기존의 권력자들이 이 프로세스를 인정하고 지켜보며, 직원들이 근무시간에 자유롭게 혁신 활동에 몰두할 수 있어야 한다는 점이다. 만약 이 20퍼센트의 시간이 정규 업무 외의 추가 노동시간으로 요구된다면? 그 순간, 임파워먼트 섬은 공포의 섬이 되어 누구도 발을 들이고 싶어 하지 않을 것이다.

나는 임파워먼트 섬에 정기적으로 참여한 사람들이 눈에 띄게 달라지는 것을 발견했다. 그들은 기존 조직의 위계와 다른, 새로운 협업 방식을 경험한다. 그리고 경험은 가치관과 사고방식에 변화를 일으킨다. 이후 기존의 권력 체계 안으로 돌아가더라도 다른 눈높이와 새로운 역량으로 일할 수 있게 되는 것이다. 이는 회사 전반에 흥미로운 조직심리학적 파급효과를 가져온다.

물론 대규모 조직에서 권력을 보다 책임감 있게 참여적으로 다루기 위한 다른 방법들도 있다. 예를 들어, 권력의 문화 자체를 바꾸는 것이다. 권력 분산, 참여, 혹은 필요하다면 권위에 맞서는 '건강한 불복종'을 장려하는 가치와 규범을 세우면 된다. 많은 조직의 위계에는 여전히 두려움의 문화가 남아 있다. 직원들이 상사나 권력자들을 '무서워해야 하는 존재'로 인식한다. 이런 부분을 바꾸려면 심리적 안전감을 높이는 문화 혁신이 필요하다. 하드웨어처럼 눈에 보이는 위계 구조를 손대기보다는, 인간관계라는 소프트웨어를 최적화하는 방식이다. 다만 문화 혁신의 가장 큰 난관은 바로 권력을 쥐고 있는 사람들이다. 그들이 진심으로 참여하지 않는다면 모든 시도는 물거품이 된다.

권력을 쥔 사람들이 참여하지 않는다면 결국 방법은 강경책뿐이다. 조직 곳곳의 권력 병목 지점을 적극적으로 찾아나서야 한다. 어디에 권력과 자원이 과도하게 몰려 있는가? 누군가 수년간 공들여

자신만의 '봉건 영지'나 '왕국' 같은 권력 영역을 구축했는가? 이 병목 지점들을 찾는 것은 생각보다 어렵지 않다. 직원들에게 직접 묻고 권력 지도를 그려보면 된다. 권력이 어디에 모여 있는지, 누구 앞에서 사람들이 조심스러워하는지, 직원들은 이미 알고 있다.

진짜 어려운 부분은, 이렇게 드러난 '단일 권력 지점'을 해체하고 다중 권력 구조를 세우는 것이다. 알다시피 사람들은 권력을 좀처럼 내려놓으려 하지 않는다. 그래서 이러한 변화는 대개 더 큰 권력을 가진 누군가가 개입할 때 가능하다. 그것은 회사 지분을 가진 오너(또는 이사회)일 수도 있고, 의료계라면 병원장, 혹은 기업의 소유주일 수도 있다. 앞서 언급한 스테그만스 레스토랑 체인의 사례를 떠올려보자. 스테그만스의 상황에서는 지분을 가진 오너들이 직접 개입해 권력 불균형을 바로잡을 필요가 있었다. 매우 극단적이지만, 직원들이 일제히 사직서를 던지는 방법도 있다. 권력을 틀어쥔 사람을 홀로 남겨두는 것이다. 아프리카의 뿔닭이 먹이를 독차지하는 우두머리를 두고 떠나는 것처럼 말이다. 아무도 따르지 않는 독재자는 무력한 법이다.

이보다 더 효과적이면서도 인력 이탈이 적은 방법은, 조직 내에서 전문성 덕분에 큰 영향력을 가진 핵심 인재들이 연대하여 권력 독점에 맞서는 것이다. 물론 가장 이상적인 방법은, 조직이 성장하는 동안 애초에 권력이 특정 지점에 과도하게 집중되지 않도록 주의하는 것이다. 때로는 조직 구조 자체를 손봐야 할 필요도 있다. 그래야 권력이 더 균형 있게 분산되고, 조직이 더 민첩하고 성공적이며 더 많은 임파워먼트를 제공할 수 있다. 언제나 성공을 보장하는 만능 해법이 있다면 좋겠지만, 기업의 규모, 산업, 제품과 고객 그리고 구성원의 특성에 따라 어떤 형태의 권력 분산이 가장 효과적인지는 조직이 직접 탐색하고 실험해야 한다. 그 과정에서 꼭 잊지 말아야 할 것이 조직 문화다.

제안 5: 권력을 내려놓는 문화를 만들라

• • •

305년, 로마제국의 도시 살로나Salona에서 역사를 통틀어 보기 드문 장면이 펼쳐졌다. 황제 디오클레티아누스Diocletianu가 21년간의 통치를 마치고 스스로 권좌에서 물러난 것이다. 그는 본래 하층민 출신이었는데, 어쩌면 그 배경 덕분에 특별한 통치자가 될 수 있었는지도 모른다. 그는 늙고 병들어서 억지로 물러난 것이 아니라, 재위 중에 권력을 나누는 결단을 내렸다. 디오클레티아누스 황제는 사두정치(두 명의 정제와 두 명의 부제)를 도입해 다른 세 명의 공동 황제에게 권한을 분산시켰다. 그들은 제국 각지에 배치되어, 로마 각 지역에 위기가 발생할 경우 신속히 대응할 수 있었다. 이렇게 분할된 권력 구조 덕분에 로마제국은 이전보다 훨씬 기민하게 움직였다. 예를 들어,

반란이 일어나거나 야만족의 군대가 국경을 위협할 때, 현지를 지배하는 공동 황제가 즉각 나서서 문제를 해결했다. 디오클레티아누스의 혁신적인 사두 정치는 공유 리더십 혹은 분산형 리더십이라 부를 수 있을 것이다.

그러나 안타깝게도 그의 후계자들은 분산형 리더십을 믿지 않았다. 디오클레티아누스가 권좌에서 물러나고 난 뒤 내부에서는 권력 다툼이 일어났고, 어떤 이들은 그에게 다시 돌아와 황제가 되어달라고 간청하기까지 했다. 하지만 은퇴한 디오클레티아누스는 그러한 요청에 이렇게 답했다. "살로나로 와서 내가 직접 기른 배추를 보고 가시오. 그러면 더 이상 그런 부탁은 하지 않게 될 것이오."[22] 그는 권력을 내려놓는 데 성공했다. 이는 역사적으로도 인간적으로도 보기 드문 장면일 것이다.

이 책을 통해 권력을 임파워먼트 방식으로 행사할 때 수많은 긍정적인 효과를 낼 수 있음을 알게 되었을 것이다. 그러나 권력은 인간의 심리와 행동을 타락시키고, 그 자체만으로도 엄청난 중독성을 지니고 있다. 그래서 권력을 가진 사람들은 대체로 자신의 권력을 내려놓는 것에는 관심이 없다. 이는 민주주의 국가에서도 마찬가지다. 미국의 조 바이든은 동료 정치인들의 끊임없는 압박과 요청을 받고서야 뒤늦게 재선 도전을 포기했고, 도널드 트럼프는 2020년의 대선 패배를 끝내 받아들이지 않았다.

권력자들이 지니고 있는 지식과 전문성 그리고 그들이 구축한

　　　　　　　　　　　　　　　　　　　　　　　　권력중독

네트워크는 생각보다 빠르게 낡아간다. 새로운 권력자가 새로운 시각과 아이디어를 불어넣어야만 조직과 사회가 혁신할 수 있고, 변화하는 도전에 적응할 수 있다. 또한 정기적인 권력 교체는 권력 남용을 억제하는 장치이기도 하다. 권력이 영원하지 않다는 사실을 아는 사람은 더 신중하게 행동한다. 무엇보다 질서 있고 계획된 권력 교체는 후계 다툼을 줄이고, 평화로운 권력 이양을 돕는다.

디오클레티아누스가 퇴위한 뒤, 로마제국은 끝없는 내전에 휘말렸다. 여러 로마의 군벌들이 제국 전체에 대한 단독 지배권을 주장하며 서로를 향해 칼을 겨눴다. 피비린내 나는 전투가 이어진 끝에, 플라비우스 발레리우스 콘스탄티누스Flavius Valerius Constantinus가 승자가 되었다. 그는 디오클레티아누스와 달리 대제라는 칭호를 얻었다. 312년, 그는 밀비우스 다리 전투에서 경쟁자 막센티우스Maxentius를 격파한 뒤 사두 정치와 그에 수반된 권력 분산 체제를 모두 폐지했다.

역사학자들은 콘스탄티누스 대제를 기독교를 공인하고 지지한 황제(콘스탄티누스 대전환)로 높이 평가하지만, 동시에 로마제국이 중대한 권력의 심리학적 진보를 이룰 기회를 빼앗은 황제이기도 했다. 그리고 그로 인한 결과는 예상보다 빨리 찾아왔다. 얼마 지나지 않아 또다시 내전이 시작되었고, 로마 시민들은 서로를 도륙했다. 형제가 형제를, 아버지가 아들을, 사촌이 사촌을 죽이는 싸움이었다. 어느 군단에 속해 있느냐가 내전에서 어느 편에 서느냐를 결정했다. 국가의 막대한 자원이 이러한 살육전에 소모되어야 했다. 서로마제국의 몰락에 결정적인 하나의 원인만 존재하지 않는다. 그러나 절대 권력을 차지하려는 이들의 끝없는 경쟁과 갈등이 중요한 이유 중 하나였던 것은 분명하다.

디오클레티아누스 이후 2,000년이나 지난 지금, 권력의 심리학을 다룬 책에서 이런 이야기를 할 수밖에 없다는 것이 조금은 기이하기도 하다. 하지만 오늘날의 현실을 보면, 어쩔 수 없이 되새겨야 하는 말이 있는 것 같다.

"권력은 반드시 나누고 교체해야 한다. 조직이든 사회든 마찬가지다. 그래야 공동체가 평화롭게 유지된다."

평화롭고 자발적인 권력 분산이 이루어지지 않는다면, 우리를 기다리는 것은 더 많은 혼돈과 불행뿐이다. 2023년, 로마 유적 관리 당국은 13미터 높이의 콘스탄티누스 대제 조각상을 복원했다. 수 세기 동안 팔과 다리 몇 개 그리고 머리만 남아 있던 동상이 다시 세워진 것이다. 하지만 나는 오히려 디오클레티아누스 황제 같은 인물에게 더 많은 관심과 존경을 보내야 한다고 생각한다. 자신이 가진 권력을 기꺼이 나누거나 내려놓은 사람들 말이다. 그런 사람들은 지금도 존재한다. 세계 최대의 종합 화학기업 BASF의 마를레네 엥겔호른Marlene Engelhorn은 창립자의 후손으로 막대한 재산을 상속받았지만, 대부분을 사회에 환원했다. 또한 많은 재산을 기부함으로써 얻을 수 있는 자선가로서의 권력 또한 거부했다. 대신 2,500만 유로의 분배 권한을 온전히 시민 의회에 넘겨주었다. 그 결과 16세에서 85세까지 다양한 연령대의 시민 50명이 자율적으로 이 돈을 어디에 쓸지 결정했고, 기후와 환경, 주거 복지, 건강, 사회, 통합, 교육 분야의 프로젝트들이 혜택을 받게 되었다. 무엇보다 기부를 과시하거나 홍보하려는 시도가 없었다. 나는 이런 행동에 진심으로 존경을 표하고 싶다. 이런 사람들을 존중하고 기려야 하며, 물러설 때를 알고 스스로 퇴진하는 정치인들을 칭찬해야 한다. 젊은 세대에게 자리를 내어주는 CEO들에게 존경을 보내야 한다. 권력 포기와 나눔을 '명예로운 지위와 존중'으로 보상해야 하는 것이다.

사회를 위한 제안

이 책에서 나는 권력이 개인과 조직에 어떤 심리적 역학과 결과를 불러일으키는지에 초점을 맞췄다. 하지만 이제 마지막으로 시선을 한층 넓혀, 사회적 차원의 권력 문제를 이야기하고자 한다. 개인과 조직은 사회적 환경과 시대정신으로부터 결코 독립되어 존재할 수 없기 때문이다.

오늘날, 전 세계 인구의 절반 이상이 선거에 참여해 투표를 한다. 그런데 다양한 지역에서 각기 다른 투표를 진행하는데도 불구하고, 유사한 양상이 나타나고 있다. 바로 민주주의가 약화되고 있는 것이다. 세계가치조사World Values Survey에서는 수십 년 동안 전 세계 사람들에게 한 가지 질문을 던져왔다. "의회나 선거 같은 절차를 거치지 않고, 강력한 지도자에게 통치를 받는다면 어떻겠습니까?" 현재 전 세계 성인 중 43퍼센트가 이를 긍정적으로 평가하고 있다고 한다. 이 수치는 1990년대 이후 크게 증가했으며, 민주주의의 본산이라고 할 수 있는 미국에서도 24퍼센트에서 37퍼센트로 급증했다.[1]

점점 더 많은 사람들이 권력을 소수의 손에 넘기고 싶어 하는 셈이다. 그리고 그 권력을 원하는 사람들도 (대체로 남성이고 어느 정도의 카리스마를 가진) 존재한다.

하지만 우리가 맞서야 할 과제는 한두 사람이 해결할 수 있는 단순한 문제가 아니다. 기후 위기, 경제 위기, 무역 갈등, 세계 곳곳의 분쟁을 풀어내기 위해서는 수많은 사람들이 지식과 힘 그리고 능력을 함께 모아야 한다. 우리는 기술적·사회적·생태적 혁신을 동시에 이루어내야 하고, 더 효율적이고 생산적으로 일해야 한다.

단 한 명의 강한 권력자가 홀로 이 모든 복잡한 문제를 해결할 수 있을 거라고 믿는가? 그것은 좋은 생각이 아니며, 위험한 환상에 불과하다. 오늘날 우리가 직면하고 있는 문제들은 권력과 자원(예컨대 자본)이 너무나 불균형하게 분배되어 있다는 데서 비롯됐다. 역사와 조직 그리고 사회 곳곳에서 권위주의적 형태의 권력은 이미 수없이 많은 피해를 남겼다. 그런 시스템을 더 강화하면서 구원이 찾아오리라 믿는 것은 터무니없는 착각이다.

이 책에서 계속해서 언급했듯이, 권력은 사람의 심리에 깊이 작용한다. 권력을 쥔 사람들은 자기 충동을 잘 억누르지 않게 되고, 권력에 중독되어 빠져든다. 권력은 각성제를 맞은 것처럼 사람을 고양시키고, 안정적으로 유지될 때는 자기 자신을 과신하게 만든다. 시간이 지날수록 사람은 변한다. 사고방식도, 행동도, 심지어 내면의 심리까지 달라진다. 한 번 쥔 권력을 스스로 내려놓는 사람은 극히 드물며, 대부분의 경우 더 많은 권력을 탐한다. 이러한 관점에서 보자면, 권력을 권위주의적인 지도자에게 넘기는 순간 그것을 다시 되찾는 일은 거의 불가능하다. 설사 가능하더라도, 막대한 비용과 위험을 치러야 한다. 게다가 권위주의 체제에서 필연적으로 따라오는 부패와 지식 교류의 단절은 문제 해결을 가로막고, 인류와 지구에 더 큰 고통을 안기게 될 것이다.

그렇다면 왜 이렇게 많은 사람들이 권위주의적인 권력 집중에 끌리는 걸까? 정치학자 미하엘 취른Michael Zürn에 따르면, 그 배경에는 우리 사회에서 심화되는 불평등, 한때 지배적 지위를 누리던 집단들이 지위 상실을 겪으면서 받는 문화적 반동cultural backlash 그리고 민주적 의사 형성 과정에서 느끼는 임파워먼트의 부재 등이 자리하고 있다. 많은 사람들은 선출된 정부가 국민의 참여 없이 소수의 위원회나 전문가 집단에서 결정을 내리는 모습을 보여 기술 관료적이라고 느낀다.[2] '거짓 정보'와 '불평'이 난무하는 시대에는 전문성의 권위가 약화되며, 불평은 결국 합리적 사고의 붕괴를 불러온다. 취른은 이렇게 결론을 내린다. "사회가 진실과 거짓을 가려내는 능력을 잃고, 이

성마저 마비되며, 과학이 더 이상 지식의 권위를 인정받지 못할 때, 권위주의적 포퓰리스트가 승리한다."[3]

좋은 소식도 있다. 늦은 감은 있지만, 우리는 여전히 심화되는 불평등과 사회적 지위 상실 그리고 민주주의에 대한 불만에 맞서 싸울 수 있다. 전문성의 힘과 이성, 진실을 지켜내고, 거짓과 헛소리를 몰아낼 수도 있다. 이를 위해서는 엄청난 에너지와 동시에 권력을 책임 있게 다루려는 태도가 필요하다. 이 책의 2부를 쓰면서 나는 무엇보다도 권력을 성숙하고 책임감 있게 다룰 수 있어야 한다는 전제를 놓지 않았다. 많은 사람들에게 자신이 권력에 어떻게 반응하는지, 또 그것을 어떻게 사용할 것인지 깊이 성찰하고 현명하게 행동할 능력이 있다고 믿는다. 우리는 권력을 맡길 사람을 더 신중하게 선별할 수 있고, 권력의 사용 방식도 '임파워먼트 중심의 리더십'으로 전환할 수 있다. 개인이든, 조직이든, 더 나아가 사회 전체든, 권력의 심리적 역학을 제대로 이해할 때 더 건강한 권력 역량을 키울 수 있다.

변화는 집단이 함께 만들어가며 배워나가는 과정이다.[4] 그러나 여기에 한 가지 더 필요한 것이 있다. 바로 '무력감을 다루는 능력'이다. 우리는 불확실성이 일상인 세상에서 살고 있으며, 모든 위험을 사전에 통제할 수는 없다. 무력감을 다루는 능력이란, 이 사실을 받아들이되, 혼란을 틈타 이익을 취하려는 이들이 불안을 과장하고 증폭시키지 못하도록 막아내는 능력이다. 우리는 무력감에 휘둘리거나 무감각해져서는 안 된다.

두려움을 성공적으로 다루는 법을 익힐 수 있다면 그리고 권위주의적 해결책이 내미는 지나치게 단순한 해법에 넘어가지 않는다면, 비로소 지식이 가진 힘과 심리적 임파워먼트를 모아 21세기의 도전 과제들을 해결할 수 있다. 그런 의미에서 우리 사회가 무력감에 휘둘리지 않는 지혜를 키우고, 동시에 심리적 임파워먼트를 충만히 누리게 되길 바란다.

이 책을 집필하는 일은, 내가 그동안 써온 심리학 전문서나 논문보다 훨씬 더 어려운 작업이었다. '권력'이라는 주제 자체가 무거운 데다, 단순한 의견이 아니라 증거와 사실에 근거해 설명하고자 했기에 작업의 난이도는 더욱 높아졌다. 무엇보다 이 주제는 범위가 방대하고, 또 동시에 오늘 우리가 마주하는 현실과 깊게 연결되어 있어 그만큼 더 조심스러웠다.

그래서 이 책에 결정적인 영감을 준 사람들에게 진심으로 감사하고 싶다. 가장 먼저 내 아내에게 특별히 고마움을 전한다. 아내는 책의 방향과 주제의 초점을 잡는 데 핵심적인 조언을 아끼지 않았다. 그리고 동료 프리드 빌스커와 칼라 린네에게도 감사한다. 그들은 언제나 주저하지 않고 날카로운 비판을 해주었고, 그 덕분에 나는 잘못된 방향으로 빠지지 않을 수 있었다.

알렉산더 브룽스와 빅토리아 뷔쉬에게도 감사를 전한다. 그들의 세심하고 깊이 있는 피드백이 없었다면, 이 책은 전혀 다른, 아마도 만족스럽지 못한 방향으로 흘러갔을 것이다. 그 시기에 그들이 내 곁에 있어주었다는 사실은 큰 행운이었다.

마지막으로 다시 한번 내 아내에게 감사한다. 아내는 책의 문장과 논리 그리고 무엇보다 심리학적 내용에 대해 매우 섬세한 조언을 아끼지 않았다. 또한 요 슈크와 파비안 랑겐브루흐에게도 고마움을 전한다. 바쁜 일정 가운데, 이 책을 위해 귀중한 시간을 내어준 그 마음을 잊지 못할 것이다.

출판사의 든든한 지원에도 깊이 감사드린다. 프랑크푸르트 도서 박람회에서 처음 아이디어가 떠올랐을 때부터 출간에 이르기까지, 늘 곁에서 공감과 조언을 아끼지 않은 베른하르트 란트카머와 제시카 존넨베르크에게 고마움을 전한다. 또한 이 책의 출간 과정을 처음부터 끝까지 능숙하게 이끌어준 엘리자베트 호이에이젠에게 감사하며, 마지막으로 원고를 꼼꼼히 다듬고 문장 하나하나에 생명을 불어넣어준 루트거 이카스에게도 깊은 감사를 전한다.

주

서문

1 철학적 관점에 관심 있는 독자라면 미셸 푸코의 저작 전반을 참고할 만하다.

2 사례 중 일부는 가상의 사례가 포함되어 있다.

3 언어 역시 권력이 될 수 있다. 이 책에서는 가능한 한 모든 사람을 포괄하는 표현을 사용하고 자 했다. 동시에 실용서에서 특수문자를 사용할 때 발생하는 문제도 고려했다. 따라서 가능 한 한 이러한 표기를 피하고, 대신 중성적 표현(예를 들어, 학생들), 성별 병기 표현(예: 여학생과 남학생), 또는 성별이 드러나지 않는 동의어(예를 들어, 교사)를 사용했다(참고 Spiegel, 31, 2024).

Chapter 1. 권력이란 무엇인가

1 Paulick (2018)

2 Scholl (2012)

3 Weber (1985)

4 Paulick (2018)

5 Yukl (2006)

6 Anderson & Keltner (2012)

7 Tost (2015)

8 Magee & Galinsky (2008)

9 Cislak et al. (2018)

10 Tost (2015)

11 Magee & Galinsky (2008)

12 Ceci & Peters (1982)

13 Seligman & Maier (1967)

14 Rudolph (2009)

15 Frasch (2024)

1 Clark (2008)

2 Ebd.

3 Ebd.

4 Ebd.

5 Schermuly (2020)

6 Ebd.

7 Moran (2016)

8 Seipp (1991)

9 Edmonson (1999)

10 Ebd.

11 Bandura (1965)

12 Bätz (2023)

13 Böll (2011)

14 Ebd.

15 Ebd.

16 Ebd.

17 Schermuly (2020)

18 Kershaw (2022)

19 Scholl & Schermuly (2020)

20 Ebd.

21 Scholl (2012)

22 Schermuly (2020)

23 Scholl (2012)

24 Rieger (2021)

25 Scholl (2012)

26 '주기, 받기, 되돌려주기'라는 행위는 이미 100년 전 인류학자 마르셀 모스가 『증여론』에서 탁월하게 설명한 바 있다. 독일어판 제목은 『Die Gabe』이다.

27 Ebd.

28 Yukl (2006, S. 155)

29 Scholl (2012)

30 Yukl (2006)

31 Ebd.

32 Scholl (2012)

33   Amlinger & Nachtwey (2024)

34   여기서 앤 애플바움의 책 한 권을 추천하고 싶다.《독재자들의 축: 부패, 통제, 선전*Die Achse der Autokraten – Korruption, Kontrolle und Propaganda: Wie Dik-tatoren sich gegenseitig an der Macht halten*》.

35   Zürn (2024)

36   Arain et al. (2024)

37   Blessin & Wick (2021)

38   Ebd.

39   Conger & Kanungo (1992)

40   Ebd.

41   Halverson, Murphy, & Riggio (2004)

42   Antonakis, Fenley & Liechti (2011)

43   인용문은 위키백과 독일어판 번역을 따랐다(2024년 10월 16일 열람).

44   Antonakis, Fenley & Liechti (2011)

45   Ebd.

46   여기에서 언급된 모든 행동 양식은 Antonakis 외(2011)의 연구를 바탕으로 한다.

47   Blessin & Wick (2021)

48   Ebd.

49   Shamir, House & Arthur (1993)

50   Hübl, P. (2024, S. 11)

51   Ebd., S. 15

52   Ebd.

53   Ebd.

54   관련 개요는 Podsakoff와 Schriesheim(1985)을 참고하라.

Chapter 3. 권력의 생리학: 권력과 중독의 메커니즘

1   등장하는 이름은 모두 후손들의 사생활을 고려해 바꾼 것이다.

2   Knodel (2002)

3   Klaas (2021, S. 19)

4   Ebd.

5   Schwarz (2024)

6   Knodel (2002)

7   Ebd.

8   Rieder (2003)

9   Erbguth (2021)

10   spermidineLIFE® (o. J.)

11   Paschek (2018)

12   Knodel (2002)

13   Ebd.

14   Ebd.

15   Schmalt와 Langens는 자신의 책에서 Steele(1977)을 인용하고 있으나, 해당 실험에서는 생리적 지표가 측정되지 않았다. 이러한 측정은 Steele(1973)에서 이루어졌다.

16   Schmalt & Langens (2009)

17   Steele (1977)

18   Häcker & Stapf (2014)

19   Hussain, Reddy & Maani (2019)

20   Schmalt & Langens (2009)

21   Steele (1977)

22   Stanton & Schultheiss (2009)

23   Schmalt & Langens (2009)

24   Stanton & Schultheiss (2009)

25   Wirth, Welsh & Schultheiss (2006)

26   관련 리뷰 논문으로는 Scheepers와 Knight(2020)를 참고할 수 있다.

27   Scheepers, Röell & Ellemers (2015)

28   Schmalt & Langens (2009)

29   Ebd.

30   Roelfs et al. (2011)

31   Keltner (2016, S. 138)

32   Ebd.

33   Ebd.

34   Wang (2020)

35   Keltner (2016, S. 139)

36   Häcker & Stapf (2014)

37   Morgan et al. (2002)

38   Grant et al. (1998)

39   Martinez et al. (2010)

Chapter 4. 권력은 우리를 어떻게 바꾸는가

1   Scholl (2012)

2   Churchill (1962), 재인용 Kirch—berger (1983; S. 811)

3   Kifer et al. (2013)

4   Ebd.

5   Berdahl & Martorana (2006)

6   Ebd.

7   See et al. (2011)

8   Löwisch (2023)

9   Schermuly (2024)

10 Aronson, Wilson & Akert (2004)

11 Scholl (2012)

12 Fiske (1993)

13 Gruenfeld et al. (2018)

14 Ebd.

15 Keltner (2016)

16 Kraus, Côté & Keltner (2010)

17 Keltner (2016)

18 Moeini-Jazani et al. (2017)

19 Singer et al. (2004)

20 Hogeveen, Inzlicht & Obhi (2014)

21 Stellar et al. (2012)

22 Shiota, Keltner & John (2006)

23 Capital (2020)

24 Ebd.

25 Gilovich et al. (2016)

26 Kipnis (1976)

27 Scholl (2012)

28 Keltner, Gruenfeld & Anderson (2003)

29 Ebd.

30 Ebd.

31 Keltner (2016)

32 Ebd.

33 Dahlheim (2010)

34   Keltner (2016)

35   Ebd.

36   Acton-Creighton 서신 인용(1887, S. 364), 재인용 Scholl (2012)

37   Angelehnt an Schermuly et al. (2010)

38   Ebd.

39   Carney, Cuddy & Yap (2010)

40   Körner et al. (2022)

Chapter 5. 권력으로 가는 길

1   Dahlheim (2010, S. 33)

2   Klaas (2021)

3   Huemer (2024)

4   Waller (1938)

5   Landay, Harms & Credé (2019)

6   Ebd.

7   Einhard (1995, S. 45)

8   Taylor, Peplau & Sears (2003)

9   Ebd.

10   Hassebrauck (2006)

11   Stewart (1985)

12   Snyder, Tanke & Berscheid (1977)

13   Feingold (1992)

14   Vestal (2013)

15   t-online (2023)

16   Laenderdaten.info (o.J.)

17   Genau & Blickle (2021)

18   Elgar (2016)

19   Bittmann (2020)

20   Genau & Blickle (2021)

21   Murray & Schmitz (2011)

22   Chalabi (2017)

23   Pearce (2015)

24   Romm (2016)

25 Ebd.

26 Ebd.

27 Ebd.

28 Ebd.

29 Ebd. (2016, S. 59)

30 Töpper(2013)

31 Statistisches Bundesamt (2023)

32 Haufe (2024)

33 Ebd.

34 AllBrightstiftung (2024)

35 Ebd.

36 Paustian-Underdahl et al. (2024)

37 Badura et al. (2018)

38 Ebd.; 효과크기 d는 0.21에 불과했다.

39 Ebd.

40 Ebd.

41 Trautsch (2023)

42 Ebd.

43 Liedke (2023)

44 Schermuly (2020)

45 Costa & McCrae (1988), Rammstedt & John (2007)

46 Landay, Harms & Credé (2019)

47 Van der Meij, Schaveling & Van Vugt (2016)

48 이 장에서는 무엇보다 '사악한' 성격 특성이 리더십 발현과 관련이 있는지를 밝히는 데 초점을 맞추었다. 성과 관련 변인들은 의도적으로 제외했다. 이 영역에서는 특히 지능이 리더십 발현을 예측할 수 있다는 강한 근거가 있다(Judge, Colbert & Ilies, 2004).

49 Bass (1990)

50 Badura et al. (2018)

51 Ng, Bell & Brooke (1993)

52 McClean et al. (2018)

53 Siehe dazu auch Liang, Farh & Farh (2012).

54 Kauffeld (2007)

55 Luthans, Hodgetts & Rosenkranz (1988)

56 Schermuly (2020)

57 Wolff & Moser (2009)

Chapter 6. 권력의 구조: 위계는 왜 존재하는가

1   Strauss et al. (2022)

2   Magee & Galinsky (2008)

3   Magee & Galinsky (2008, S. 5)

4   Ebd.

5   Ebd.

6   Scholl (1991)

7   Ebd.

8   Magee & Galinsky (2008, S. 10)

9   Schermuly (2022)

10   Waschmann (2024)

11   Ebd.

12   Welzer (2005)

13   Ebd.

14   Ebd.

15   Meeus & Raaijmakers (2006)

16   Ebd.

17   Ebd.

18   Ebd.

19   Ebd.

20   Ebd.

21   Gilbert(1981)는 여기에 두 번째 설명을 덧붙인다. 그는 밀그램 실험에서 복종이 지닌 의례적 성격에 주목했다. 실험 참가자들은 자신이 하는 행동에 점차 익숙해진다. 다음 전기충격은 이전 것보다 몇 볼트 높을 뿐이다. 이런 식으로 행위의 강도는 점진적으로 높아지지만, 사람들은 그 심각성을 양심의 차원에서 점점 덜 느끼게 된다(Meeus & Raaijmakers, 2006 참조).

Chapter 7. 개인을 위한 제안

1   이 목록은 Teubel(2012)을 바탕으로 정리한 것이다.

2   Scholl (2012, S. 156)

3   Ebd.

4   Scholl (2004)

5   Woyteck (2015)

6   Ebd.

7   예컨대 Seibert 외(2011)의 메타분석을 참고할 수 있다.

8   예를 들어 Seibert 외(2011)나 Llorente-Alonso, García-Ael, Topa(2023)를 참조하라.

9   Schermuly & Meyer (2016)

10   Drazic, Schermuly & Büsch (2023)

11   Schermuly & Meyer (2020)

12   Jost, Glaser, Sulloway & Kruglanski (2018)

13   t-online (2023)

14   Nielsen, Skogstad, Matthiesen & Ein—arsen (2016)

15   Pierro, Mannetti, De Grada, Livi & Kruglanski (2003)

16   Briker, Walter & Cole, (2021)

17   Harms, Wood, Landay, Lester & Lester (2018)

18   Jost et al. (2018)

19   Wortmann & Brehm (1975)

20   Scholl (2012).

21   Gastil (1994)

Chapter 8. 조직을 위한 제안

1   Crozier & Friedberg (1979)

2   Nachtwei & Schermuly (2009)

3   Sackett et al. (2022)

4   Sackett et al. (2022)

5   Schermuly et al. (2022)

6   Schermuly, Algner & Lorenz (subm.)

7   Grützmacher & Schermuly (2021)

8   설문지와 해석에 대한 안내는 Schermuly(2024)에서 확인할 수 있다.

9   Kim, Beehr & Prewett (2018)

10   Schermuly, Wilsker & Meifert (2024)

11   Kühl (1998)

12   Dunbar (2010)

13   D'Innocenzo, Mathieu & Kukenber—ger (2016)

14   Wu, Cormican & Chen (2020)

15   Schermuly (2022)

16 Schermuly (2023)

17 HolacracyOne (2016, S. 4)

18 Schermuly & Koch (2019)

19 Koch, Drazic & Schermuly (2023)

20 t2informatik (o. J.)

21 Hämäläinen (2023)

22 Demandt (2022, S. 268)

Chapter 9. 사회를 위한 제안

1 Berbner (2024)

2 Zürn (2024)

3 Ebd.

4 Crozier & Friedberg (1979)

- AllBright Stiftung (2024). Fakten. Abgerufen am 21. März 2024 von https://www.all-bright-stiftung.de/fakten

- Anderson, C., John, O. P., & Keltner, D. (2012). The personal sense of power. Journal of Personality, 80(2), 313–344. https://doi.org/10.1gut111/j.1467-6494.2011.00734.x

- Antonakis, J., Fenley, M., & Liechti, S. (2011). Can charisma be taught? Tests of two interventions. Academy of Management Learning & Education, 10(3), 374–396. https://doi.org/10.5465/amle.2010.0012

- Amlinger, C. & Nachtwey, O. (2024, 2. Januar 2025). Nach Rechtsaußen abgebogen. https://www.faz.net/aktuell/feuilleton/debatten/elon-musk-der-chef-verstaerker-des-autoritaris-mus-110206861.html

- Arain, G. A., Bhatti, Z. A., Hameed, I., Khan, A. K., & Rudolph, C. W. (2024). A meta-analysis of the nomological network of knowledge hiding in organizations. Personnel Psychology, 77(2), 651–682. https://doi.org/10.1111/peps.12562

- Aronson, E., Wilson, T. D., & Akert, R. M. (2004). Sozialpsychologie (4. akt. Aufl.). Pearson Studium.

- Badura, K. L., Grijalva, E., Newman, D. A., Yan, T. T., & Jeon, G. (2018). Gender and leadership emergence: A meta-analysis and explanatory model. Personnel Psychology, 71(3), 335–367. https://doi.org/10.1111/peps.12266

- Bätz, A. (2023). Nero: Wahnsinn und Wirklichkeit. Rowohlt Verlag GmbH.

- Bandura, A. (1965). Influence of models' reinforcement contingencies on the acquisition of imitative responses. Journal of Personality and Social Psychology, 1(6), 589–595. https://doi.org/10.1037/h0022070

- Bass, B. M. (1990). Bass & Stogdill's handbook of leadership: Theory, research, and managerial applications (3rd ed.). Free Press.

- Berbner, B. (2024). Der Siegeszug der Autoritären. Zeit, 25, 13–15.

- Berdahl, J. L., & Martorana, P. (2006). Effects of power on emotion and expression during a controversial group discussion. European Journal of Social Psychology, 36(4), 497–509.

https://doi.org/10.1002/ejsp.354

- Bittmann, F. (2020). The relationship between height and leadership: Evidence from across Europe. Economics and Human Biology, 36, 100829. https://doi.org/10.1016/j.ehb.2019.100829
- Blessin, B. & Wick, A. (2021). Führen und führen lassen: Ergebnisse, Kritik und Anwendungen der Führungsforschung (9. Aufl.). UTB.
- Böll, S. (2011, 19. Mai). Sex-Party bei Ergo-Tochter: Die etwas andere Versicherung. Der Spiegel. https://www.spiegel.de/wirtschaft/unternehmen/sex-party-bei-ergo-tochter-die-etwas-andere-versicherung-a-763605.html
- Briker, R., Walter, F., & Cole, M. S. (2021). Hurry up! The role of supervisors' time urgency and self-perceived status for autocratic leadership and subordinates' well-being. Personnel Psychology, 74(1), 55–76. https://doi.org/10.1111/peps.12400
- Capital (2020, 23. Juli). Lange vor Wirecard: Enrons gigantischer Bilanzbetrug. Abgerufen am 12. Juli 2024 von https://www.capital.de/wirtschaft-politik/western-von-gestern-enrons-gigantischer-bilanzbetrug-wirecard
- Carney, D. R., Cuddy, A. J. C., & Yap, A. J. (2010). Power posing: Brief nonverbal displays affect neuroendocrine levels and risk tolerance. Psychological Science, 21(10), 1363–1368. https://doi.org/10.1177/0956797610383437
- Ceci, S. J., & Peters, D. P. (1982). Peer review: A study of reliability. Change: The Magazine of Higher Learning, 14(6), 44–48. https://doi.org/10.1080/00091383.1982.10569910
- Chalabi, M. (2017, 24. März). Measuring nepotism: is it more prevalent in the US than in other countries? The Guardian. https://www.theguardian.com/us-news/2017/mar/24/nepotism-data-ivanka-trump
- Cislak, A., Cichocka, A., Wojcik, A. D., & Frankowska, N. (2018). Power corrupts, but control does not: What stands behind the effects of holding high positions. Personality and Social Psychology Bulletin, 44(6), 944–957. https://doi.org/10.1177/0146167218757456
- Clark, C. (2008). Preußen – Aufstieg und Niedergang 1600–1947. Pantheon.
- Conger, J. A., & Kanungo, R. N. (1992). Perceived behavioural attributes of charismatic leadership. Canadian Journal of Behavioural Science, 24(1), 86–102. https://doi.org/10.1037/h0078703
- Costa, P. T., Jr., & McCrae, R. R. (1988). From catalog to classification: Murray's needs and the five-factor model. Journal of Personality and Social Psychology, 55(2), 258–265. https://doi.org/10.1037/0022-3514.55.2.258
- Crozier, M. & Friedberg, E. (1979). Macht und Organisation. Die Zwänge des kollektiven Handelns. Athenäum Verlag.

- Dahlheim, W. (2010). Augustus: Aufrührer, Herrscher, Heiland. Eine Biographie. C. H. Beck.
- Demandt, A. (2022). Diokletian. C. H. Beck.
- D'Innocenzo, L., Mathieu, J. E., & Kukenberger, M. R. (2014). A Meta-Analysis of different forms of shared leadership-team performance relations. Journal of Management, 42(7), 1964–1991. https://doi.org/10.1177/0149206314525205
- Drazic, I., Schermuly, C. C., & Büsch, V. (2024). Empowered to stay active: Psychological Empowerment, retirement timing, and later life work. Journal of Adult Development, 31, 261–278. https://doi.org/10.1007/s10804-023-09453-8
- Dunbar, R. (2010). How many friends does one person need? Dunbar's number and other evolutionary quirks. Faber & Faber.
- Edmondson, A. (1999). Psychological Safety and Learning Behavior in Work Teams. Administrative Science Quarterly, 44(2), 350–383. https://doi.org/10.2307/2666999
- Einhard (1995). Vita Karoli Magni / Das Leben Karls des Großen (Lateinisch/Deutsch). Reclam Verlag.
- Elgar, M. A. (2016). Leader selection and leadership outcomes: Height and age in a sporting model. The Leadership Quarterly, 27(4), 588–601. https://doi.org/10.1016/j.leaqua.2015.12.005
- Erbguth, F. (2021, 29. September). Unser Gehirn – was es leistet, was es krank macht. Deutsche Hirnstiftung. https://hirnstiftung.org/2021/09/magazin-1-gehirn/#:~:text=F%C3%BCr%20diese%20Hochleistungsaufgaben%20ist%20das,das%20R%C3%BCckenmark%20sowie%20Nervenfasern%20verbunden.
- Feingold, A. (1992). Good-looking people are not what we think. Psychological Bulletin, 111(2), 304–341. https://doi.org/10.1037/0033-2909.111.2.304
- Fiske, S. T. (1993). Controlling other people: The impact of power on stereotyping. American Psychologist, 48(6), 621–628. https://doi.org/10.1037/0003-066x.48.6.621
- Frasch, T. (2024, 3. Juni). Elke Heidenreich über notwendiges Fremdgehen und Glück ab 60. Frankfurter Allgemeine Zeitung. https://www.faz.net/aktuell/gesellschaft/menschen/elke-hedenreich-ueber-notwendiges-fremdgehen-und-glueck-ab-60-19753788.html
- Gastil, J. (1994). A meta-analytic review of the productivity and satisfaction of democratic and autocratic leadership. Small Group Research, 25(3), 384–410. https://doi.org/10.1177/1046496494253003
- Genau, H. A. & Blickle, G. (2021, 15. Januar). Wie sich die Körpergröße auf den Berufserfolg auswirkt. Forschung & Lehre. https://www.forschung-und-lehre.de/karriere/wie-sich-die-koerpergroesse-auf-den-berufserfolg-auswirkt-3379
- Gilbert, S. J. (1981). Another look at the Milgram obedience studies: The role of the gradat-

ed series of shocks. Personality and Social Psychology Bulletin, 7(4), 690–695. https://doi.org/10.1177/014616728174028

Gilovich, T., Keltner, D., Chen, S., & Nisbett, R. E. (2016). Social psychology. W. W. Norton & Company.

Grant, K. A., Shively, C. A., Nader, M. A., Ehrenkaufer, R. L., Line, S. W., Morton, T. E., Gage, H. D., & Mach, R. H. (1998). Effect of social status on striatal dopamine D2 receptor binding characteristics in cynomolgus monkeys assessed with positron emission tomography. Synapse, 29(1), 80–83. https://doi.org/10.1002/(SICI)1098-2396(199805)29:1%3C80::AID-SYN7%3E3.0.CO;2-7

Gruenfeld, D. H., Inesi, M. E., Magee, J. C., & Galinsky, A. D. (2008). Power and the objectification of social targets. Journal of Personality and Social Psychology, 95(1), 111–127. https://doi.org/10.1037/0022-3514.95.1.111

Grützmacher, L. S., & Schermuly, C. C. (2021). A social learning perspective on the trickle-down of psychological empowerment from supervisor to subordinate. Zeitschrift für Arbeits-und Organisationspsychologie, 65(3), 138–152. https://doi.org/10.1026/0932-4089/a000358

Häcker, H. O. & Stapf, K.-H. (2014). Dorsch – Psychologisches Wörterbuch. Verlag Hans Huber.

Halverson, S. K., Murphy, S. E., & Riggio, R. E. (2004). Charismatic leadership in crisis situations: A laboratory investigation of stress and crisis. Small Group Research, 35(5), 495–514. https://doi.org/10.1177/1046496404264178

Hämäläinen, P. (2023). Der indigene Kontinent: Eine andere Geschichte Amerikas. Verlag Antje Kunstmann.

Harms, P. D., Wood, D., Landay, K., Lester, P. B., & Lester, G. V. (2018). Autocratic leaders and authoritarian followers revisited: A review and agenda for the future. The Leadership Quarterly, 29(1), 105–122. https://doi.org/10.1016/j.leaqua.2017.12.007

Hassebrauck, M. (2006). Physische Attraktivität. In H.-W. Bierhoff & D. Frey (Hrsg.), Handbuch der Sozialpsychologie und Kommunikationspsychologie (220–225). Hogrefe.

Haufe Online Redaktion. (2024, 22. Januar). Frauenanteil in Aufsichtsräten, Vorständen und Führungspositionen 2024. Haufe. https://www.haufe.de/personal/hr-management/frauenanteil-in-aufsichtsrat-vorstand-und-fuehrungspositionen_80_482366.html#:~:text=Januar%202024%20leicht%20auf%2023,h%C3%B6her%20als%20im%20Juli%202023

Hogeveen, J., Inzlicht, M., & Obhi, S. S. (2014). Power changes how the brain responds to others. Journal of Experimental Psychology General, 143(2), 755–762. https://doi.org/10.1037/a0033477

- HolacracyOne (2015). Introductory Whitepaper. [White paper]. www.holacracy.org/wp-content/uploads/2015/05/holacracy-whitepaper-v4.1__1.pdf

- Hübl, P. (2024). Moralspektakel: Wie die richtige Haltung zum Statussymbol wurde und warum das die Welt nicht besser macht. Siedler Verlag.

- Huemer, S. (2024, 25. März). Statussymbole: Angeben geht auch ohne Rolex. Frankfurter Allgemeine Zeitung. Abgerufen am 30. März 2024 von https://www.faz.net/aktuell/finanzen/rolex-porsche-und-co-haben-ausgedient-das-sind-die-neuen-statussymbole-19606002.html

- Hussain, L. S., Reddy, V., & Maani, C. V. (2023). Physiology, Noradrenergic Synapse. StatPearls. StatPearls Publishing.

- Institut für Qualität und Wirtschaftlichkeit im Gesundheitswesen (IQWiG) (2024, 13. März). Wie funktioniert die Schulter? Gesundheitsinformation.de. https://www.gesundheitsinformation.de/wie-funktioniert-die-schulter.html#:~:text=Das%20Schultergelenk%20ist%20das%20beweglichste,alle%20Richtungen%20bewegt%20werden%20kann.

- Jost, J. T., Glaser, J., Kruglanski, A. W., & Sulloway, F. J. (2003). Political conservatism as motivated social cognition. Psychological Bulletin, 129(3), 339–375. https://doi.org/10.1037/0033-2909.129.3.339

- Judge, T. A., Colbert, A. E., & Ilies, R. (2004). Intelligence and leadership: A quantitative review and test of theoretical propositions. Journal of Applied Psychology, 89(3), 542–552. https://doi.org/10.1037/0021-9010.89.3.542

- Kauffeld, S. (2007). Jammern oder Lösungsexploration? Zeitschrift für Arbeits-und Organisationspsychologie, 51(2), 55–67. https://doi.org/10.1026/0932-4089.51.2.55

- Keltner, D., Gruenfeld, D. H., & Anderson, C. (2003). Power, approach, and inhibition. Psychological Review, 110(2), 265–284. https://doi.org/10.1037/0033-295x.110.2.265

- Keltner, D. (2016). Das Macht-Paradox: Wie wir Einfluss gewinnen – oder verlieren. Campus Verlag.

- Kershaw, I. (2022). Der Mensch und die Macht: Über Erbauer und Zerstörer Europas im 20. Jahrhundert. DVA.

- Kifer, Y., Heller, D., Perunovic, W. Q. E., & Galinsky, A. D. (2013). The good life of the powerful: The experience of power and authenticity enhances subjective well-being. Psychological Science, 24(3), 280–288. https://doi.org/10.1177/0956797612450891

- Kim, M., Beehr, T. A., & Prewett, M. S. (2018). Employee responses to empowering leadership: A meta-analysis. Journal of Leadership & Organizational Studies, 25(3), 257–276. https://doi.org/10.1177/1548051817750538

- Kipnis, D. (1976). The powerholders. U Chicago Press.

- Kirchberger, J. H. (1983). Zeugen ihrer Zeit. 4000 Zitate aus der abendländischen Geschichte. Piper.

- Klaas, B. (2021). Corruptible: Who gets power and how it changes us. Hodder and Stoughton Ltd.

- Knodel, H. (2002). Linder Biologie. J. B. Metzler.

- Koch, J., Drazic, I., & Schermuly, C. C. (2023). The affective, behavioral, and cognitive outcomes of agile project management: A preliminary meta-analysis. Journal of Occupational and Organizational Psychology, 96(3), 678–706. https://doi.org/10.1111/joop.12429

- Körner, R., Röseler, L., Schütz, A., & Bushman, B. J. (2022). Dominance and prestige: Meta-analytic review of experimentally induced body position effects on behavioral, self-report, and physiological dependent variables. Psychological Bulletin, 148(1–2), 67–85. https://doi.org/10.1037/bul0000356

- Kraus, M. W., Côté, S., & Keltner, D. (2010). Social Class, contextualism, and empathic accuracy. Psychological Science, 21(11), 1716–1723. https://doi.org/10.1177/0956797610387613

- Kühl, S. (1998). Wenn die Affen den Zoo regieren: die Tücken der flachen Hierarchien. Campus.

- Laenderdaten.info (2024). Durchschnittsgröße von Mann und Frau. https://www.laenderdaten.info/durchschnittliche-koerpergroessen.php

- Landay, K., Harms, P. D., & Credé, M. (2019). Shall we serve the dark lords? A meta-analytic review of psychopathy and leadership. Journal of Applied Psychology, 104(1), 183–196. https://doi.org/10.1037/apl0000357

- Liang, J., Farh, C. I. C., & Farh, J.-L. (2012). Psychological antecedents of promotive and prohibitive voice: A two-wave examination. Academy of Management Journal, 55(1), 71–92. https://doi.org/10.5465/amj.2010.0176

- Liedtke, S. (2023, 19. Oktober). Überzogene Gehälter und protzige Dienstwagen: Ex-Awo-Chef muss 1,8 Millionen Euro Schadensersatz zahlen. Frankfurter Neue Presse. https://www.fnp.de/frankfurt/ueberzogene-gehaelter-und-protzige-dienstwagen-ex-geschaeftsfuehrer-der-arbeiterwohlfahrt-frankfurt-soll-millionen-euro-schadensersatz-zahlen-92584302.html

- Llorente-Alonso, M., García-Ael, C., & Topa, G. (2023). A meta-analysis of psychological empowerment: Antecedents, organizational outcomes, and moderating variables. Current Psychology, 43(2), 1759–1784. https://doi.org/10.1007/s12144-023-04369-8

- Löwisch, G. (2023, 6. Juni). »Work-Life-Balance? Abstrus!«. Zeit Online. https://www.zeit.de/2023/25/thomas-de-maiziere-work-life-balance-generation-z

- Luthans, F., Hodgetts, R. M., & Rosenkranz, S. A. (1988). Real managers. Cambridge, MA: Ballinger.

- Magee, J. C., & Galinsky, A. D. (2008). Social hierarchy: The self-reinforcing nature of power and status. The Academy of Management Annals, 2(1), 351–398. https://doi.org/10.1080/19416520802211628

- Martinez, D., Orlowska, D., Narendran, R., Slifstein, M., Liu, F., Kumar, D., Broft, A., Van Heertum, R., & Kleber, H. D. (2010). Dopamine Type 2/3 Receptor availability in the striatum and social status in human volunteers. Biological Psychiatry, 67(3), 275–278. https://doi.org/10.1016/j.biopsych.2009.07.037

- McClean, E. J., Martin, S. R., Emich, K. J., & Woodruff, T. (2018). The social consequences of voice: An examination of voice type and gender on status and subsequent leader emergence. Academy of Management Journal, 61(5), 1869–1891. https://doi.org/10.5465/amj.2016.0148

- Meeus, W., & Raaijmakers, Q. (2006). Autoritätsgehorsam. In H. W. Bierhoff & D. Frey (Hrsg.), Handbuch der Sozialpsychologie und Kommunikationspsychologie (77–84). Göttingen: Hogrefe.

- Moeini-Jazani, M., Knoeferle, K., De Molière, L., Gatti, E., & Warlop, L. (2017). Social power increases interoceptive accuracy. Frontiers in Psychology, 8(1). https://doi.org/10.3389/fpsyg.2017.01322

- Moran, T. P. (2016). Anxiety and working memory capacity: A meta-analysis and narrative review. Psychological Bulletin, 142(8), 831–864. https://doi.org/10.1037/bul0000051

- Morgan, D., Grant, K. A., Gage, H. D., Mach, R. H., Kaplan, J. R., Prioleau, O., Nader, S. H., Buchheimer, N., Ehrenkaufer, R. L., & Nader, M. A. (2002). Social dominance in monkeys: dopamine D2 receptors and cocaine self-administration. Nature Neuroscience, 5(2), 169–174. https://doi.org/10.1038/nn798

- Murray, G. R., & Schmitz, J. D. (2011). Caveman politics: Evolutionary leadership preferences and physical stature. Social Science Quarterly, 92(5), 1215–1235. https://doi.org/10.1111/j.1540-6237.2011.00815.x

- Nachtwei, J. & Schermuly, C. C. (2009). Acht Mythen über Eignungstests. Harvard Business Manager, 4/09, 6–10.

- Nielsen, M. B., Skogstad, A., Matthiesen, S. B., & Einarsen, S. (2016). The importance of a multidimensional and temporal design in research on leadership and workplace safety. The Leadership Quarterly, 27(1), 142–155. https://doi.org/10.1016/j.leaqua.2015.08.003

- Ng, S. H., Bell, D., & Brooke, M. (1993). Gaining turns and achieving high influence ranking in small conversational groups. British Journal of Social Psychology, 32(3), 265–275. https://doi.org/10.1111/j.2044-8309.1993.tb01000.x

- Papageorgiou, D., & Farine, D. R. (2020). Shared decision-making allows subordinates to lead when dominants monopolize resources. Science Advances, 6(48). https://doi.org/10.1126/sciadv.aba5881

- Paulick, C. (2018, 17. September). Macht. Sozialnet-Lexikon. https://www.socialnet.de/lexikon/Macht#:~:text=%E2%80%9EMacht%20bedeutet%20jede%20Chance%2C%20innerhalb,Macht%20birgt%20also%20Potenzialit%C3%A4t.

- Paustian-Underdahl, S. C., Sockbeson, C. E. S., Hall, A. V., & Halliday, C. S. (2024). Gender and evaluations of leadership behaviors: A meta-analytic review of 50 years of research. The Leadership Quarterly, 35(6). https://doi.org/10.1016/j.leaqua.2024.101822

- Paschek, N. (2018, 01. März). Das Gehirn hat immer Hunger. dasgehirn.info. https://www.dasgehirn.info/handeln/ernaehrung/das-gehirn-hat-immer-hunger

- Pearce, J. L. (2015). Cronyism and Nepotism are bad for everyone: The research evidence. Industrial and Organizational Psychology, 8(1), 41–44. https://doi.org/10.1017/iop.2014.10

- Pierro, A., Mannetti, L., De Grada, E., Livi, S., & Kruglanski, A. (2003). Autocracy bias in informal groups under need for closure. Personality and Social Psychology Bulletin, 29(3), 405–417. https://doi.org/10.1177/0146167203251191

- Podsakoff, P. M., & Schriescheim, C. A. (1985). Field studies of French and Raven's bases of power: Critique, reanalysis, and suggestions for future research. Psychological Bulletin, 97(3), 387–411. https://psycnet.apa.org/buy/1985-22587-001

- Rammstedt, B., & John, O. P. (2006). Measuring personality in one minute or less: A 10-item short version of the Big Five Inventory in English and German. Journal of Research in Personality, 41(1), 203–212. https://doi.org/10.1016/j.jrp.2006.02.001

- Rieder, H. (2003). Der große Wurf der frühen Jäger: Nachbau altsteinzeitlicher Speere. Biologie in unserer Zeit, 33(3), 156–160.

- Rieger, M. (2021, 14. November). Schiedsrichter Deniz Aytekin: »Verhaltensweisen im Fußball, die für mich nicht tolerierbar sind«. Deutschlandfunk. https://www.deutschlandfunk.de/schiedsrichter-deniz-aytekin-verhaltensweisen-im-fussball-die-fuer-mich-nicht-tolerierbar-sind-100.html

- Roelfs, D. J., Shor, E., Davidson, K. W., & Schwartz, J. E. (2011). Losing life and livelihood: A systematic review and meta-analysis of unemployment and all-cause mortality. Social Science & Medicine, 72(6), 840–854. https://doi.org/10.1016/j.socscimed.2011.01.005

- Romm, J. (2016). Der Geist auf dem Thron. C. H. Beck.

- Rudolph, U. (2009). Motivationspsychologie. Beltz.

- Sackett, P. R., Zhang, C., Berry, C. M., & Lievens, F. (2022). Revisiting meta-analytic estimates of validity in personnel selection: Addressing systematic overcorrection for restriction of range. Journal of Applied Psychology, 107(11), 2040–2068. https://doi.org/10.1037/

apl0000994

- Scheepers, D. (2008). Turning social identity threat into challenge: Status stability and cardiovascular reactivity during inter-group competition. Journal of Experimental Social Psychology, 45(1), 228–233. https://doi.org/10.1016/j.jesp.2008.09.011
- Scheepers, D., & Knight, E. L. (2020). Neuroendocrine and cardiovascular responses to shifting status. Current Opinion in Psychology, 33, 115–119. https://doi.org/10.1016/j.copsyc.2019.07.035
- Scheepers, D., Röell, C., & Ellemers, N. (2015). Unstable power threatens the powerful and challenges the powerless: Evidence from cardiovascular markers of motivation. Frontiers in Psychology, 6. https://doi.org/10.3389/fpsyg.2015.00720
- Scheepers, D., & Knight, E. L. (2020). Neuroendocrine and cardiovascular responses to shifting status. Current Opinion in Psychology, 33, 115-119. https://doi.org/10.1016/j.copsyc.2019.07.035
- Schermuly, Algner, & Lorenz (subm.). The psychologically empowering leadership scale (PELS).
- Schermuly, C. C. (2020). Mini-Handbuch Führungspraxis. Beltz.
- Schermuly, C. C. (2022). New Work Utopia – Zukunftsvision einer besseren Arbeitswelt. Haufe.
- Schermuly, C. C. (2023). Führen, wenn es sinnvoll ist. Neues Lernen, 03/23, 64–69.
- Schermuly, C. C. (2024). New Work – Gute Arbeit gestalten: Psychologisches Empowerment von Mitarbeitern (4. Aufl.). Haufe.
- Schermuly, C. C., Wilsker, F. & Meifert, M. (2024). Zahlen zum Haltungsstreit. Neues Lernen, 5/24, 50–54.
- Schermuly, C. C., Creon, L. E., Gerlach, P., Graßmann, C., & Koch, J. (2022). Leadership styles and psychological empowerment: A Meta-Analysis. Journal of Leadership & Organizational Studies, 29(1), 73–95. http://doi.org/10.1177/15480518211067751
- Schermuly, C. C., & Meyer, B. (2020). Transformational leadership, psychological empowerment, and flow at work. European Journal of Work and Organizational Psychology, 29(5), 740–752. https://doi.org/10.1080/1359432X.2020.1749050
- Schermuly C. C., & Koch J. (2019). New Work und psychische Gesundheit. In B. Bandura, A. Ducki, H. Schröder, J. Klose, & M. Meyer (Hrsg.), Fehlzeiten-Report 2019. Digitalisierung – gesundes Arbeiten ermöglichen (127–139). Springer.
- Schermuly, C. C., & Meyer, B. (2016). Good relationships at work: The effects of Leader–Member Exchange and Team–Member Exchange on psychological empowerment, emotional exhaustion, and depression. Journal of Organizational Behavior, 37(5), 673–691.

https://doi.org/10.1002/job.2060

- Schermuly, C. C., Schröder, T., Nachtwei, J. & Scholl, W. (2010). Das Instrument zur Kodierung von Diskussionen (IKD). Zeitschrift für Arbeits-und Organisationspsychologie, 54(4), 149–170. https://doi.org/10.1026/0932-4089/a000026
- Scholl, W., & Schermuly, C. C. (2020). The impact of culture on corruption, gross domestic product, and human development. Journal of Business Ethics. 162(1), 171–189. https://doi.org/10.1007/s10551-018-3977-0
- Scholl, W. (1991). Grundkonzepte der Organisation. In H. Schuler (Hrsg.), Lehrbuch der Organisationspsychologie (515–556). Huber.
- Scholl, W. (2004). Innovation und Information: Wie in Unternehmen neues Wissen produziert wird (Reihe Wirtschaftspsychologie, Band 23). Göttingen: Hogrefe.
- Scholl, W. (2012). Machtausübung oder Einflussnahme: Die zwei Gesichter der Machtnutzung. In B. Knoblach, T. Oltmanns, I. Hajnal & D. Fink (Hrsg.), Macht in Unternehmen – Der vergessene Faktor (S. 203–221). Wiesbaden: Gabler.
- Schmalt, H. & Langens, T. A. (2009). Motivation (4. Aufl.). Kohlhammer Verlag.
- Schwarz, F. (2024, 24. November). Merkel schildert in Memoiren erste Begegnung mit Trump. Frankfurter Rundschau. https://www.fr.de/politik/merkel-schildert-in-memoiren-erste-begegnung-mit-trump-zr-93424428.html
- Schwenkenbecher, J. (2024, 18. März). Der Psychopath in uns. Frankfurter Allgemeine Zeitung. https://m.faz.net/aktuell/wissen/medizin-ernaehrung/psychologie-negative-persoenlichkeitszuege-sollen-zum-erfolg-beitragen-19588873.html
- See, K. E., Morrison, E. W., Rothman, N. B., & Soll, J. B. (2011). The detrimental effects of power on confidence, advice taking, and accuracy. Organizational Behavior and Human Decision Processes, 116(2), 272–285. https://doi.org/10.1016/j.obhdp.2011.07.006
- Seibert, S. E., Wang, G., & Courtright, S. H. (2011). Antecedents and consequences of psychological and team empowerment in organizations: A meta-analytic review. Journal of Applied Psychology, 96(5), 981–1003. https://doi.org/10.1037/a0022676
- Seipp, B. (1991). Anxiety and academic performance: A meta-analysis of findings. Anxiety Research, 4(1), 27–41. https://doi.org/10.1080/08917779108248762
- Seligman, M. E., & Maier, S. F. (1967). Failure to escape traumatic shock. Journal of Experimental Psychology, 74(1), 1–9. https://doi.org/10.1037/h0024514
- Shamir, B., House, R. J., & Arthur, M. B. (1993). The motivational effects of charismatic leadership: A self-concept based theory. Organization Science, 4(4), 577–594. https://doi.org/10.1287/orsc.4.4.577
- Shiota, M. N., Keltner, D., & John, O. J. (2006). Positive emotion dispositions differentially

associated with Big Five personality and attachment style. Journal of Positive Psychology, 1(2), 61–71. https://doi.org/10.1080/17439760500510833

• Singer, T., Seymour, B., O'Doherty, J., Kaube, H., Dolan, R. J., & Frith, C. D. (2004). Empathy for pain involves the affective but not sensory components of pain. Science, 303(5661), 1157–1162. https://doi.org/10.1126/science.1093535

• Snyder, M., Tanke, E. D., & Berscheid, E. (1977). Social perception and interpersonal behavior: On the self-fulfilling nature of social stereotypes. Journal of Personality and Social Psychology, 35(9), 656–666. https://doi.org/10.1037/0022-3514.35.9.656

• spermidineLIFE®. (2021, 19. April). Unsere Gehirnzellen und die Neurogenese. https://spermidinelife.com/de-de/blogs/articles/neurogenesis-and-our-brain-cells

• Stanton, S. J., & Schultheiss, O. C. (2009). The hormonal correlates of implicit power motivation. Journal of Research in Personality, 43(5), 942–949. https://doi.org/10.1016/j.jrp.2009.04.001

• Statistisches Bundesamt (2023). Frauenanteile in der akademischen Laufbahn. https://www.destatis.de/DE/Themen/Gesellschaft-Umwelt/Bildung-Forschung-Kultur/Hochschulen/Tabellen/frauenanteile-akademischelaufbahn.html

• Steele, R. S. (1973). The physiological concomitants of psychogenic motive arousal in college males. [Doctoral dissertation, Harvard University].

• Steele, R. S. (1977). Power motivation, activation, and inspirational speeches. Journal of Personality, 45(1), 53–64. https://doi.org/10.1111/j.1467-6494.1977.tb00592.x

• Stellar, J. E., Manzo, V. M., Kraus, M. W., & Keltner, D. (2012). Class and compassion: Socioeconomic factors predict responses to suffering. Emotion, 12(3), 449–459. https://doi.org/10.1037/a0026508

• Stewart, J. E. (1985). Appearance and punishment: The attraction-leniency effect in the courtroom. The Journal of Social Psychology, 125(3), 373–378. https://doi.org/10.1080/00224545.1985.9922900

• Strauss, E. D., Curley, J. P., Shizuka, D., & Hobson, E. A. (2022). The centennial of the pecking order: current state and future prospects for the study of dominance hierarchies. Philosophical Transactions of the Royal Society B, 377(1845). https://doi.org/10.1098/rstb.2020.0432

• t2informatik (o. D.). Delegation Poker. https://t2informatik.de/wissen-kompakt/delegation-poker/

• Taylor, S. E., Peplau, L. A., & Sears, D. O. (2006). Social Psychology. Prentice Hall.

• Teubel, T. (2012). Das Anschlussmotiv zur Erklärung sportlicher Leistungen. Verlag Dr. Kovac.

- Töpper, V. (2013, 05. Dezember). Schmähpreis »Goldene Runkelrübe«: Die schlimmsten Pannen bei der Personalsuche. Der Spiegel. https://www.spiegel.de/karriere/goldene-runkel-ruebe-schmaehpreis-fuer-die-schlechtesten-karriereseiten-a-937270.html

- t-online (2023, 25. August). Trumps Angaben in Gefängnisdokument sorgen für Häme. https://www.t-online.de/nachrichten/panorama/id_100231390/donald-trump-gewicht-und-groesse-nach-besuch-im-gefaengnis-sorgen-fuer-haeme.html

- t-online (2023, 10. November). Heino: »Der Meinung bin ich natürlich auch heute noch«. https://www.t-online.de/unterhaltung/stars/id_100278656/heino-aeussert-sich-politisch-die-afd-muesste-man-verbieten-.html

- Tost, L. P. (2015). When, why, and how do powerholders »feel the power«? Examining the links between structural and psychological power and reviving the connection between power and responsibility. Research in Organizational Behavior, 35, 29–56. https://doi.org/10.1016/j.riob.2015.10.004

- Trautsch, M. (2024, 29. Januar). Jürgen Richter wegen falschen Doktortitels verurteilt. Frankfurter Allgemeine Zeitung. https://www.faz.net/aktuell/rhein-main/frankfurt/frankfurt-er-ex-awo-chef-juergen-richter-wegen-falschen-doktortitels-verurteilt-19482049.html

- Van der Meij, L., Schaveling, J., & Van Vugt, M. (2016). Basal testosterone, leadership and dominance: A field study and meta-analysis. Psychoneuroendocrinology, 72, 72–79. https://doi.org/10.1016/j.psyneuen.2016.06.005

- Vestal, T. A. (2013). The bias of physical attractiveness in leader emergence: A meta-analytic review. Texas A&M University.

- Waller, W. (1938). The family: A dynamic interpretation. Dryden Press.

- Wang, D. (2020). Hair cortisol as a retrospective biomarker of stress among minorities and immigrants during the first year of the trump administration. [Doctoral dissertation, Yale University].

- Waschmann, S. (2024). Fair Pay: EU-konforme und diskriminierungsfreie Gehaltssysteme. Haufe.

- Weber, M. (1985). Wirtschaft und Gesellschaft – Grundriss der verstehenden Soziologie (5. Aufl., S. 28). Johannes Winkelmann (Hrsg.). Mohr Verlag.

- Welzer, H. & Christ, M. (2005). Täter – Wie aus ganz normalen Menschen Massenmörder werden. Fischer.

- Wirth, M. M., Welsh, K. M., & Schultheiss, O. C. (2005). Salivary cortisol changes in humans after winning or losing a dominance contest depend on implicit power motivation. Hormones and Behavior, 49(3), 346–352. https://doi.org/10.1016/j.yhbeh.2005.08.013

- Wolff, H., & Moser, K. (2009). Effects of networking on career success: A longitudinal study.

Journal of Applied Psychology, 94(1), 196–206. https://doi.org/10.1037/a0013350

- Wortmann, C. B., & Brehm, J. W. (1975): Responses to uncontrollable outcomes: An integration of reactance theory and the learned helplessness model. In L. Berkowitz (Ed.): Advances in experimental social psychology (277–336). Elsevier.
- Woyteck, B. (2015). Hominem te memento! Der mahnende Sklave im römischen Triumph und seine Ikonographie. Tyche, 30, 193–209. https://doi.org/10.15661/tyche.2015.030.16
- Wu, Q., Cormican, K., & Chen, G. (2018). A Meta-Analysis of shared leadership: Antecedents, consequences, and moderatorsJournal of Leadership & Organizational Studies, 27(1), 49–64. https://doi.org/10.1177/1548051818820862
- Yukl, G. (2006). Leadership in Organizations (6th ed.). Pearson Education.
- Zürn, M. (2024, 30. Dezember 2024). Wie kann eine demokratische Gesellschaft ihre Vernunft verlieren? Frankfurter Allgemeine Zeitung. https://www.faz.net/aktuell/feuilleton/bilder-und-zeiten/wahl-donald-trumps-angriffe-auf-unser-wahrheitsverstaendnis-110197489.htm

역자 곽지원

한국외국어대학교 통번역대학원에서 독일어·한국어 통번역 석사 과정을 마친 후, 테크니컬라이터 겸 전문 번역가로 활동 중이다. 독일어, 영어, 프랑스어, 네덜란드어 등 여러 언어권의 도서를 우리말로 옮겼다. 새로운 언어를 배우고 번역에 적용하는 과정을 즐기며 인문, 과학 등 다양한 분야에서 독자에게 정확하고 생동감 있는 번역을 전달하고자 노력하고 있다. 옮긴 책으로《코드 밖 커뮤니케이션》,《우리는 모두 생물이니까》,《안녕! 미래 도시》,《원자폭탄》 등이 있다.

그들은 왜 지배할수록 괴물이 되는가

권력중독

초판 1쇄 발행 2026년 4월 17일
초판 2쇄 발행 2026년 4월 24일

지은이 카르스텐 C. 셰르뮬리
옮긴이 곽지원
펴낸이 성의현
펴낸곳 미래의창

편집주간 김성옥
편집장 정보라
책임편집 정보라
디자인 공미향·강혜민
마케팅 권장규·이건효·김채영

등록 제2019-000291호
주소 서울시 마포구 잔다리로 62-1 미래의창빌딩(서교동 376-15, 5층)
전화 070-8693-1719 **팩스** 0507-0301-1585
홈페이지 www.miraebook.co.kr
ISBN 979-11-24073-28-5 (03320)

※ 책값은 뒤표지에 표기되어 있습니다.